Franz-Josef-Land
Sewernaja Semlja
Neusibirische Inseln
Nowaja Semlja
Nordkap
Taimyr
Nördlicher Polarkreis
Werchojansker Gebirge
Kolymagebirge
Narodnaja 1894
Ural
Sibirien
Jenissei
Ob
Lena
Bering-meer
Aleuten
Aleutengraben
Kamtschatka
Ochotskisches Meer
Sachalin
Stanowoigebirge
Jablonowy-gebirge
Amur
Moskau
Jekaterinburg
Nowosibirsk
Irtysch
Wolga
Altai
ASIEN
Gobi
Mandschurei
Japanisches Meer
Kurilen-Kamtschatka-Graben
10542
Nordwest-pazifisches Becken
Donau
Schwarzes Meer
Kaukasus
Kaspisches Meer
Tiefland von Turan
Tienschan
7439 Pik Pobedy
Peking
Honschu
Tokio
1962
Athen
Teheran
Bagdad
Euphrat
Pamir
Hindukusch
Kuenlun
Tibet
Himalaya
Brahmaputra
Hwangho
Jangtsekiang
Schanghai
Ostchinesisches Meer
Boningraben
10340
Kairo
Nil
Arabien
Rotes Meer
Delhi
Indus
8848 Mount Everest
Vorderindien
Kolkata
Hinterindien
Hongkong
Philippinen-becken
Marianen
Marianengraben
11022
10540
Arabisches Meer
Mumbai
Golf von Bengalen
Mekong
Bangkok
Manila
Philippinen
Philippinengraben
4620
Aden
Kap Guardafui
Addis Abeba
AFRIKA
Chennai
Arabisches Becken
Ceylon
Südchinesisches Meer
Karolinen
Kongo
Kongo-becken
Victoria-see
5895 Kilimandscharo
Somalibecken
Seychellen
Arabisch-Indischer Rücken
Zentral-indisches Becken
Indischer Rücken
Singapur
Borneo
Sumatra
Sundainseln
5520
Äquator
Daressalam
INDISCHER OZEAN
Sundagraben
Java
7455
7440
5030
Neuguinea
9140
Salomoninseln
Arafurasee
Komoren
Sambesi
Straße von Mosambik
Madagaskar
Maskarenen
Mauritius
6335
Zentralindischer Rücken
Ostindischer Rücken
Nordwestaustralisches Becken
Korallen-becken
Korallensee
Fidschi-Inseln
Neu-kaledonien
Kalahari
Johannesburg
Drakensberge
Madagaskar-becken
6400
Mosambik-becken
Südwest-indisches Becken
2067
870
Westaustralisches Becken
AUSTRALIEN
1515
Perth
Kap Agulhas
1980
Große Australische Bucht
Mount Kosciusko
2230
Murray
Sydney
770
Westindischer Rücken
940
Südaustralisches Becken
Tasmanien
Südkap
Tasmansee
Neuseeland
Kerguelen
Kerguelenrücken
Indisch-Antarktischer Rücken
4755
969
6972
6089
485
Indisch-Antarktisches Becken
Macquarie-inseln
Östlicher Indisch-Antarktischer Rücken
Auckland-inseln
6250
Südpolarbecken
2300
ANTARKTIS

Das Titelfoto zeigt einen Teil des Stadtstaates Singapur.

Mensch und Raum

Geographie

9/10

Schleswig-Holstein

Herausgegeben von
Peter Fischer
und Dr. Manfred Koch

Cornelsen

Autorinnen und Autoren: Dr. Thomas Breitbach, Dr. Margret Buder, Peter Fischer, Horst Georg, Cecilia Hoppe, Dr. Klaus Kaden, Dr. Manfred Koch, Rainer Koch, Hans-Peter Konopka, Rolf Krüger, Frank V. Kühnen, Dr. Elmar Kulke, Dr. Wolfgang Mittag, Jürgen Neumann, Dr. Dieter Richter, Dr. Gabriele Saupe, Dr. Ulrich Theißen

Redaktion: Dr. Frank Erzner

Karten: Peter Kast, Ingenieurbüro für Kartografie, Schwerin
Grafik: Lisa Gangwisch, Dietmar Griese, Karl-Heinz Wieland, Hans Wunderlich, Wolfgang Zieger
Illustration: Franz-Josef Domke, Otto Götzl, Volkmar Rinke, Dieter Stade
Technische Umsetzung: sign.Berlin
Umschlaggestaltung: Klein & Halm Grafikdesign, Berlin

www.cornelsen.de

1. Auflage, 1. Druck 2008

Alle Drucke dieser Auflage sind inhaltlich unverändert und können im Unterricht nebeneinander verwendet werden.

Druck: CS-Druck CornelsenStürtz, Berlin

ISBN: 978-3-06-064668-5

Inhalt gedruckt auf säurefreiem Papier aus nachhaltiger Forstwirtschaft.

Inhalt

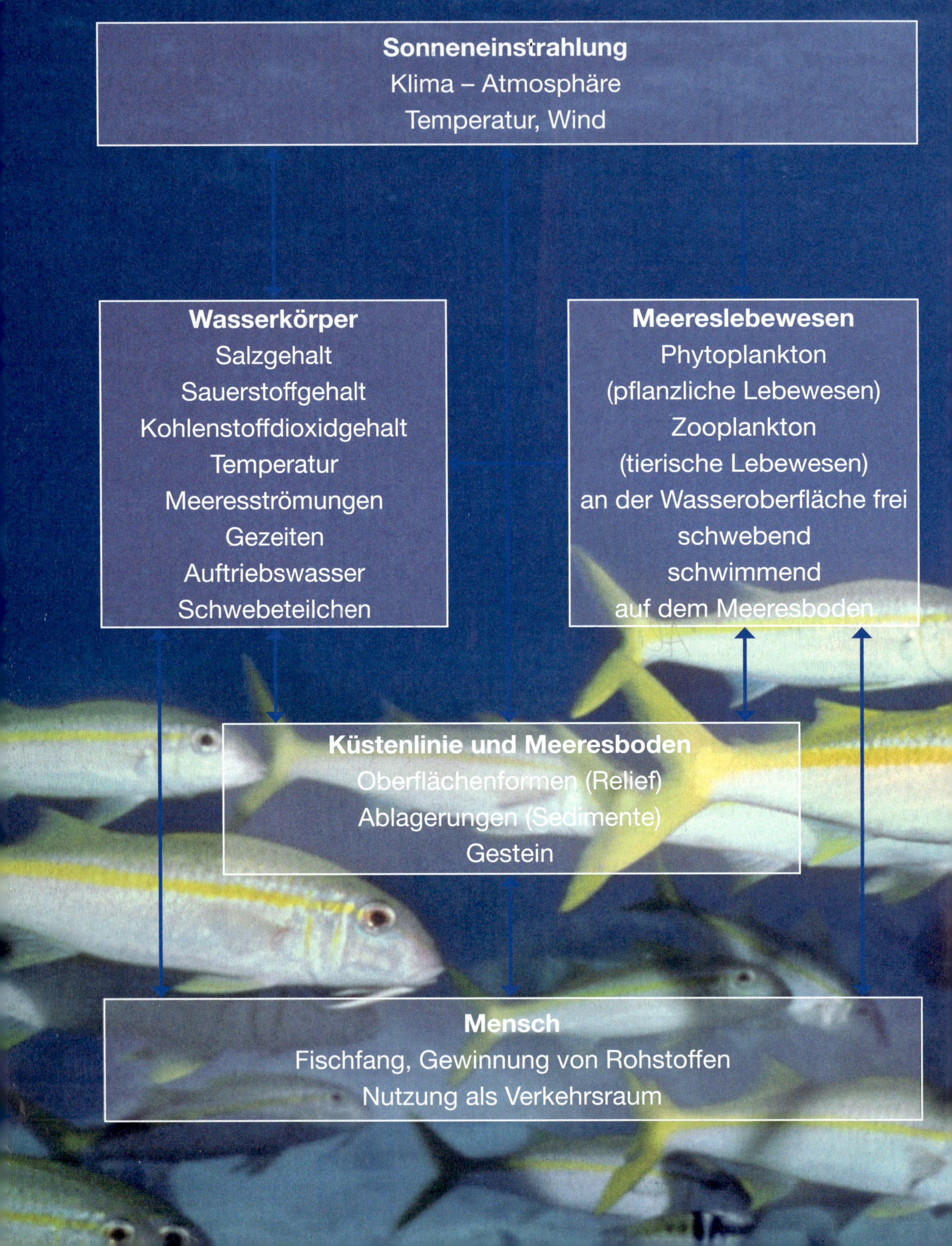
Sonneneinstrahlung
Klima – Atmosphäre
Temperatur, Wind
Wasserkörper
Salzgehalt
Sauerstoffgehalt
Kohlenstoffdioxidgehalt
Temperatur
Meeresströmungen
Gezeiten
Auftriebswasser
Schwebeteilchen
Meereslebewesen
Phytoplankton
(pflanzliche Lebewesen)
Zooplankton
(tierische Lebewesen)
an der Wasseroberfläche frei
schwebend
schwimmend
auf dem Meeresboden
Küstenlinie und Meeresboden
Oberflächenformen (Relief)
Ablagerungen (Sedimente)
Gestein
Mensch
Fischfang, Gewinnung von Rohstoffen
Nutzung als Verkehrsraum

Ökosystem Weltmeer

Die Ozeane sind das größte Ökosystem der Erde. Sie umfassen Wasser und Klima, den Meeresboden sowie alles Leben im Wasser Das Ökosystem besteht aus mehreren Teilsystemen. Sie stehen miteinander in Beziehung.
Der Mensch greift auf vielfältige Weise in die Teilsysteme ein.

Fisch – ein wichtiges Nahrungsmittel

Unsere Erde – ein Wasserplanet

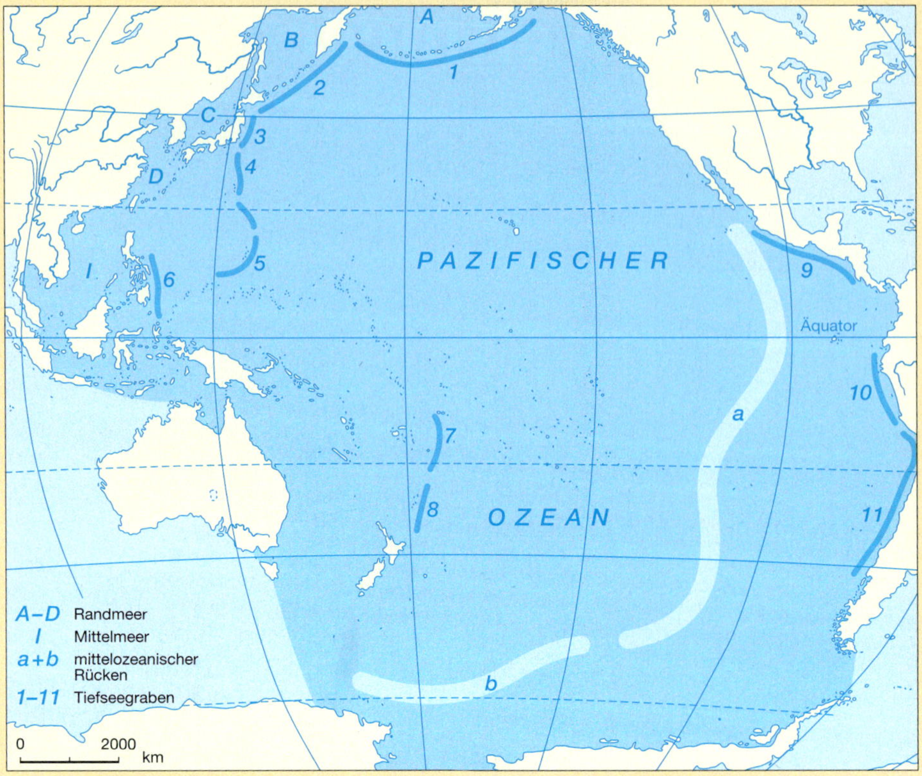

Pazifischer Ozean
durchschnittliche Tiefe:
4280 m

größte Tiefe:
Marianengraben
11 034 m

Nord-Süd-Erstreckung:
rd. 15 000 km

West-Ost-Erstreckung:
rd. 20 000 km

Randmeere:
Beringmeer
Ochotskisches Meer
Japanisches Meer
Gelbes Meer
Ostchinesisches Meer
Südchinesisches Meer
Korallensee
Tasmansee

M1 Der Pazifische Ozean

M2 Die drei Ozeane

Schon seit mehr als 2000 Jahren dient das Meer als Verbindungsweg zwischen Ländern und Kontinenten. Den Reichtum der Meere an Nahrung nutzt der Mensch seit Jahrtausenden. Aber die eigentliche Eroberung der Meere erfolgte erst in jüngerer Zeit.
Meereskundliche Forschungseinrichtungen wurden gegründet, Forschungsschiffe gebaut und für weltweite Forschungsvorhaben eingesetzt. Der Reichtum der Meere soll erschlossen und genutzt, aber gleichzeitig auch erhalten werden.
Die riesige zusammenhängende Wasserfläche der Erde wird durch Festländer in drei Ozeane geteilt. Den Ozeanen werden alle Buchten sowie die durch Inseln und Landzungen abgetrennten Nebenmeere zugerechnet. Die Flächen der Ozeane verhalten sich wie 5:3:2. Gewaltige Wassermassen werden durch Meeresströmungen bewegt, die bis in eine Tiefe von 200 Metern reichen.

Der Pazifische Ozean
Der Name „Stiller Ozean“ oder „Pazifik“ (Pazifikation, lateinisch = Beruhigung) wurde ihm von dem portugiesischen Seefahrer Magellan gegeben, der bei seiner Erdumsegelung 1521 zufällig eine ruhige Überfahrt hatte.
Die kürzeste Linie zwischen Kap Hoorn – der Südspitze Südamerikas – und dem Grahamland auf dem antarktischen Kontinent gilt als Grenze zum Atlantik. Pazifischer und Indischer Ozean werden durch Südostasien und Australien getrennt.
Besonders inselarm ist der südöstliche Pazifik. Im westlichen Teil liegen zahlreiche Inseln und Inselgruppen, die unter dem Namen „Ozeanien“ zusammengefasst werden. An der asiatischen Seite sind durch Inselbögen sowie größere und kleinere Inseln Randmeere angegliedert. Vor der amerikanischen Küste findet man keine Randmeere.

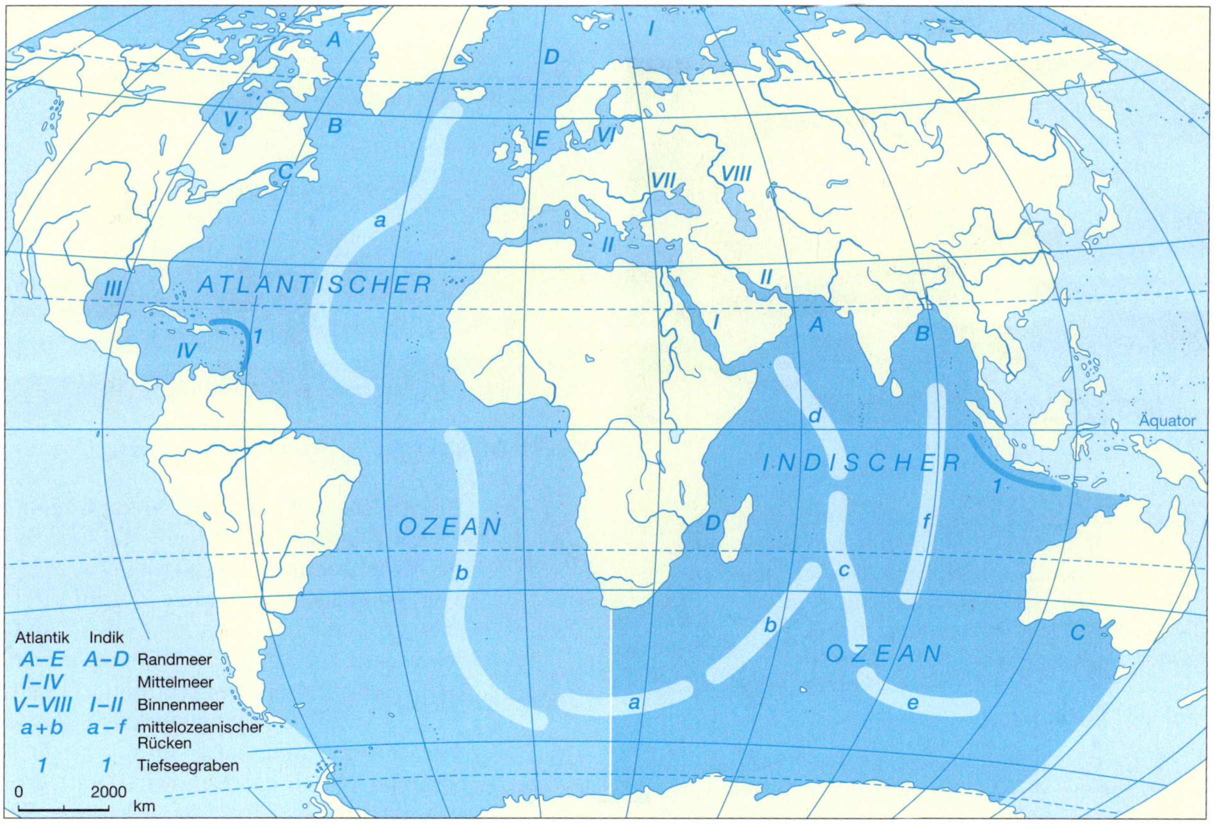

M3 Der Atlantische Ozean und der Indische Ozean

Atlantischer Ozean

Der Name des Ozeans wurde im 16. und 17. Jahrhundert durch die deutschen Geographen Gerhard Mercator und Bernhardus Varenius eingeführt. Im Altertum hieß die See westlich der Straße von Gibraltar *mare atlanticum*.

Der Atlantik läuft von Norden nach Süden wie ein S zwischen Nord- und Südamerika im Westen, Europa und Afrika im Osten. Er steht mit dem Nordpolarmeer in breiter Verbindung. Binnenmeere des Atlantischen Ozeans sind die Ostsee und das Schwarze Meer.

Indischer Ozean

Der inselarme Ozean liegt zwischen Afrika im Westen, dem asiatischen Festland im Norden sowie dem Malaiischen Archipel und Australien im Osten. Der Indische Ozean erstreckt sich zum größten Teil über die Südhalbkugel. Gegen den Atlantischen Ozean wird er durch Afrika abgetrennt.

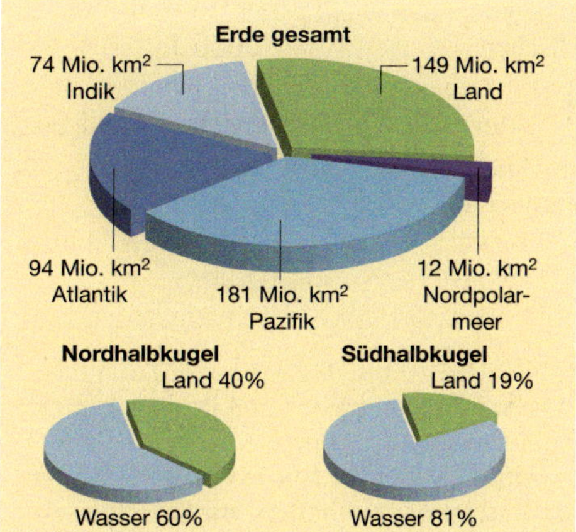

M4 Wasser und Land auf der Erde

1. Ordne den Buchstaben und Zahlen die richtigen Begriffe zu (M1, M2). Lege in deinem Arbeitsheft eine Tabelle an.
2. Beschreibe die Lage der Ozeane zu den Kontinenten. Vergleiche ihre Größe (M1, M2, M3).

Atlantischer Ozean
durchschnittliche Tiefe: 3293 m
größte Tiefe: Puerto-Rico-Graben 9219 m
Randmeere: Nordpolarmeer, Europäisches Nordmeer, Nordsee, Karibisches Meer, Golf von Mexiko, Hudson Bay

Indischer Ozean
durchschnittliche Tiefe: 3840 m
größte Tiefe: Sundagraben 7455 m
Randmeere: Rotes Meer, Persischer Golf, Arabisches Meer, Golf von Bengalen

Nahrung aus dem Meer

M1 Auf einem Fischmarkt

M2 Fischfang in Papua-Neuguinea

Hering wird 12 bis 36 Zentimeter lang; kommt im Nordatlantik und seinen Nebenmeeren vor; lebt in großen, mehrere Kilometer langen und mehrere hundert Meter breiten Schwärmen meist in Nähe der Wasseroberfläche; wandert regelmäßig zwischen Nahrungs- und Laichplätzen hin und her; Sprotten sind das kleinere Abbild der Heringe.

Dorsch oder Kabeljau wird bis zu 150 Zentimeter lang; bewohnt den Nordatlantik und seine Nebenmeere; als Dorsch wird die Jugend- und die kleinere Ostseeform des Kabeljaus bezeichnet; lebt hauptsächlich in küstennahen Gewässern; Dorsche gehören neben den Heringen zu den wichtigsten Wirtschaftsfischen.

Flunder wird 30 bis 40 Zentimeter lang; bewohnt das Wattenmeer an der Nordseeküste und die Ostsee; lebt in Gemeinschaften am Meeresboden.

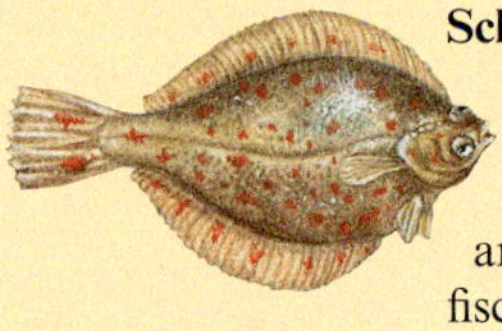

Scholle wird 30 bis 70 Zentimeter lang; bewohnt die europäischen Küstengewässer, in der Ostsee nur im westlichen und mittleren Gebiet; lebt in Gemeinschaften am und im Meeresboden; wird als Speisefisch höher geschätzt als die Flunder.

Makrele wird bis zu 50 Zentimeter lang; bewohnt als Schwarmfisch die Nordsee, die Ostsee, das Mittelmeer, das Schwarze Meer und die Küstengewässer Nordamerikas; wird als guter Speisefisch eingestuft; eignet sich wegen des hohen Fettgehaltes gut zum Räuchern.

M3 Speisefische

Fischreiche und fischarme Meeresräume
Den Lebewesen der Meere steht bei einer durchschnittlichen Tiefe der Ozeane von 4000 Meter ein etwa dreihundertfach größerer Lebensraum als den Landlebewesen zur Verfügung. Weltweit werden 15 Prozent des Bedarfs an tierischem Eiweiß aus dem Meer gedeckt.
Die Fischgründe sind unterschiedlich verteilt. Wie in der Landwirtschaft gibt es auch im Meer fruchtbare Räume. Sie umfassen etwa 20 Prozent der Ozeane.
Die Lebensräume der Fische sind abhängig vom Lichteinfall, vom Wasserdruck, von der Temperatur und dem Nahrungsangebot.

Das Oberflächenwasser der Meere wird vom Plankton belebt. Die im Wasser schwebenden sehr kleinen tierischen oder pflanzlichen Lebewesen benötigen Licht und Nährsalze. Nährsalze enthalten vor allem die küstennahen Meeresgebiete und die kalten Meere der gemäßigten Zone. Friedfische ernähren sich vor allem von Plankton, Raubfische vorwiegend von jungen Friedfischen.
In der gemäßigten Zone durchmischt sich das Meerwasser regelmäßig bis in etwa 1000 Metern Tiefe, weil die Wassertemperatur zwischen Sommer und Winter schwankt. Dabei gelangen Nährsalze nach oben. In den tropischen Meeren verändert sich die Wassertemperatur nicht und das Wasser wird nicht umgeschichtet. Die Nährsalze verbleiben im unteren Meeresbereich.

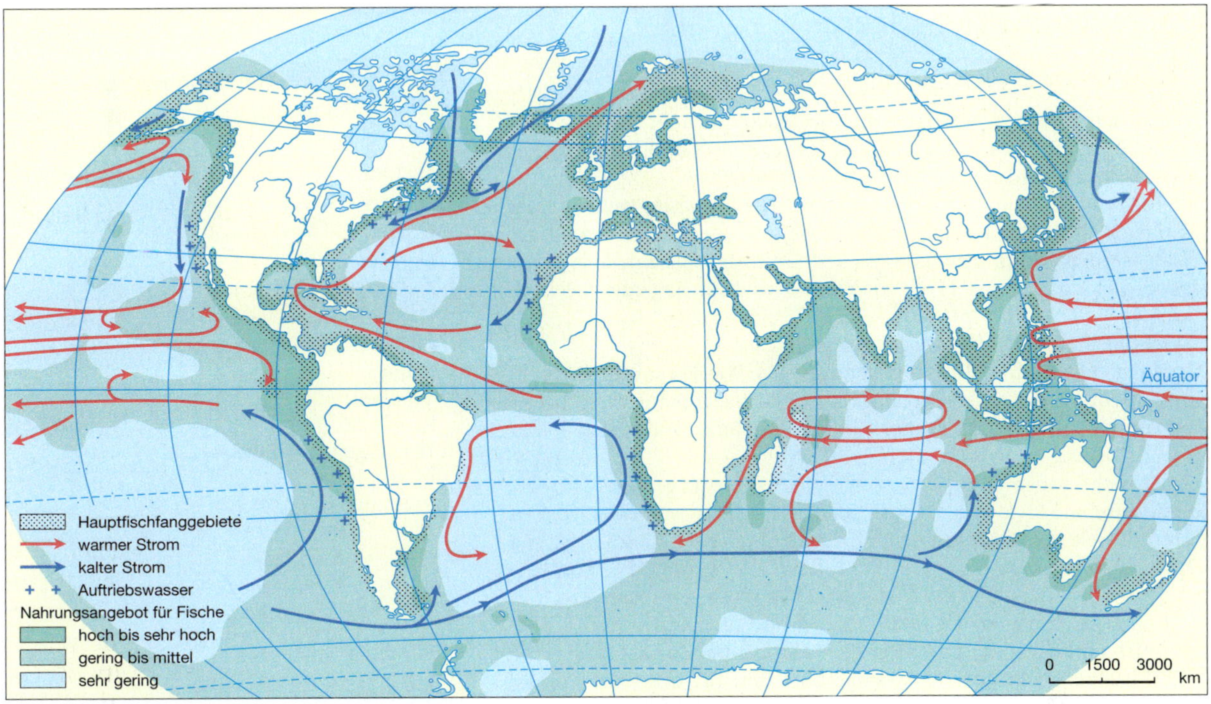

M4 Meeresströmungen, Nahrungsangebot und Hauptfischfanggebiete

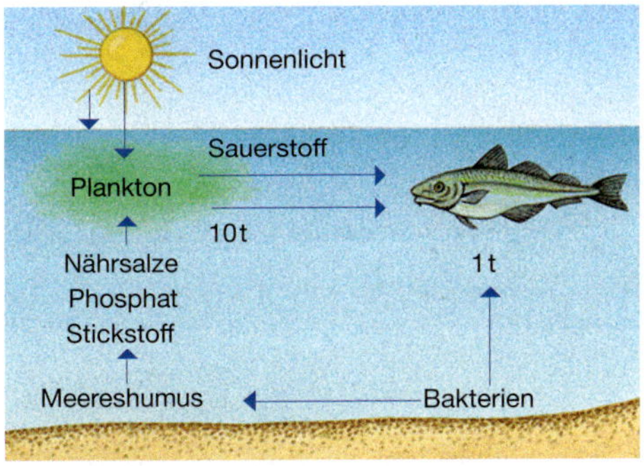

M5 Nährstoffkreislauf im Meer

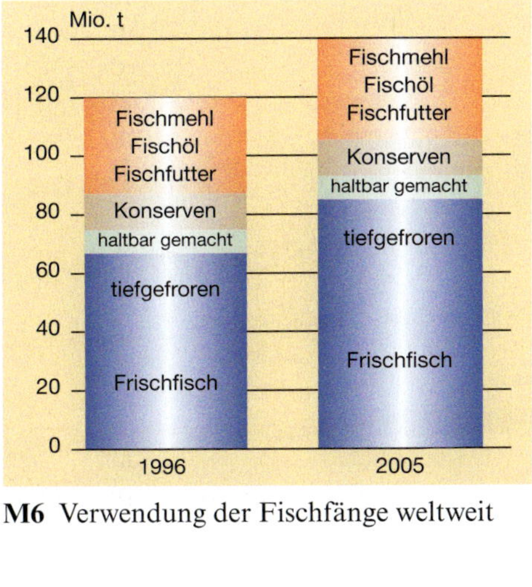

M6 Verwendung der Fischfänge weltweit

Fisch – ein wertvolles Nahrungsmittel

Fisch gehört zu den Grundnahrungsmitteln der Menschen. Es gibt Völker auf der Erde – z. B. die Japaner – , bei denen Fisch täglich auf dem Speiseplan steht. Fisch enthält lebensnotwendige Stoffe wie Eiweiß, Mineralien und Vitamine. Vor allem das Fischeiweiß ist für eine gesunde Ernährung von Bedeutung. Zudem ist das Fleisch des Fisches sehr zart. Dadurch ist es sehr leicht verdaulich und gut bekömmlich.
Der Fettgehalt von Fischen ist äußerst unterschiedlich. So enthält Hering im Gegensatz zum Dorsch mehr Fett. Die Fette im Fisch sind wichtig für die Entwicklung der Gehirnfunktion.

Deutschland
1.1.2007

Große Hochseefischerei: 9 Schiffe
Kutter- und Küstenfischerei: 1931 Schiffe

Anlandungen 2006: 318 000 t, davon Inlandsanlandungen 110 700 t

Fischverbrauch 2006: 14,5 kg/Person

Selbstversorgungsgrad an Fisch: 24,9 %

1. Beschreibe die räumliche Lage der Fischfanggebiete und vergleiche sie mit den Meeresströmungen (M4).
2. Erläutere den Nährstoffkreislauf im Meer (M5).
3. Erkläre, warum im Mischbereich kalter und warmer Meeresströmungen und im Bereich von Auftriebswasser die meisten Fische leben (Text, M4).
4. Erläutere die Verwendung der Fischfänge. Vergleiche die Veränderungen von 1996 bis 2005 (M6).

Überfischung der Meere

M1 Stoppt die Plünderung der Ozeane

Noch manch einem scheint heute der Reichtum der Meere unerschöpflich. Eine Illusion: Fischfang im Übermaß und ohne Augenmaß lässt Fisch heute zur Mangelware werden.
75 Prozent der kommerziell genutzten Fischbestände weltweit wie Tunfisch, Rotbarsch oder Nordseekabeljau sind bereits überfischt oder werden bis an ihre biologischen Grenzen befischt. Wie lange noch werden wir uns Fisch als wertvolles Nahrungsmittel leisten können?
Wichtige Lebensräume werden durch intensive Fischereipraktiken zerstört und auch nicht gewünschte Fische wie Haie und Rochen, außerdem Wale, Delfine, Schildkröten und Seevögel geraten als so genannter „Beifang" in großer Zahl in die Netze und gehen später tot über Bord.
Aber nicht nur in Europa werden die Ressourcen geplündert – die europäische Flotte hat schockierenden Einfluss weit weg von zu Hause: viele Boote fangen heute Fisch in den fernen Gewässern von Entwicklungsländern wie z. B. Westafrika – so werden die Probleme der Überfischung exportiert, anstatt sie zu lösen.
Für überfischte Arten wie Kabeljau, Scholle und Seehecht sind Wiederaufbaupläne nötig. Langfristige, mehrjährige Managementpläne für Fischbestände müssen durchgeführt und für die Fischerei geschlossene Gebiete eingerichtet werden. Wir [WWF] werden mit vielen Partnern daran arbeiten, weniger zerstörerische Fischereimethoden zu entwickeln, um so die Beifänge zu verringern und Lebensräume zu schützen.
Subventionen sind hier sinnvoll.
Und was für Europa gilt, muss auch für die Aktivitäten in Entwicklungsländern gelten. Faire Fischereiabkommen müssen eine umweltverträgliche Fischerei fördern und die Rechte der lokalen Fischer schützen. [...] Wenn wir Fragen stellen, woher der Fisch, den wir kaufen, kommt, und uns aktiv für nachhaltig gefangenen Fisch entscheiden, wird sich das Angebot langsam aber sicher verändern – und so auch die Fischereipolitik. So haben Verbraucher die Möglichkeit, die Plünderung der Ozeane zu stoppen.

(Quelle: www.wwf.de/unsere-themen/meere-kuesten/Fischerei; verändert)

M3 Größte Fischereiproduzenten 2005

Land	Mio. t Fischfänge	Mio. t Aquakultur
China	17,1	32,4
Peru	9,4	0,3
Indien	3,5	2,8
Indonesien	4,4	2,2
USA	4,9	0,5
Japan	4,1	0,8
Chile	4,4	0,7
Thailand	2,6	1,2
Russland	3,2	0,1
Norwegen	2,4	0,7
Philippinen	2,3	0,6
Vietnam	1,9	1,4

(Quelle: faostat 2007)

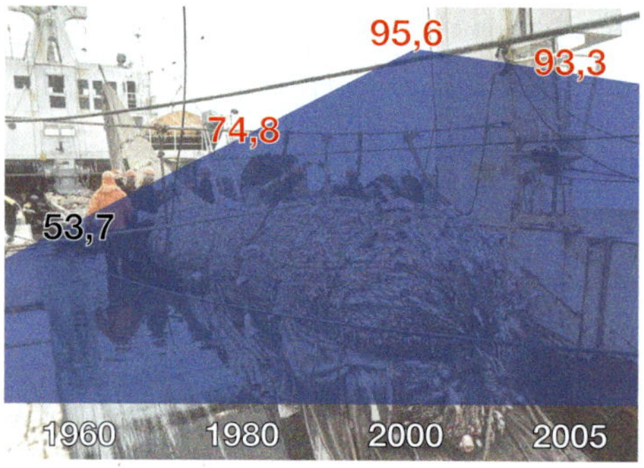

M4 Weltfischfänge (Mio. t), ohne Aquakultur

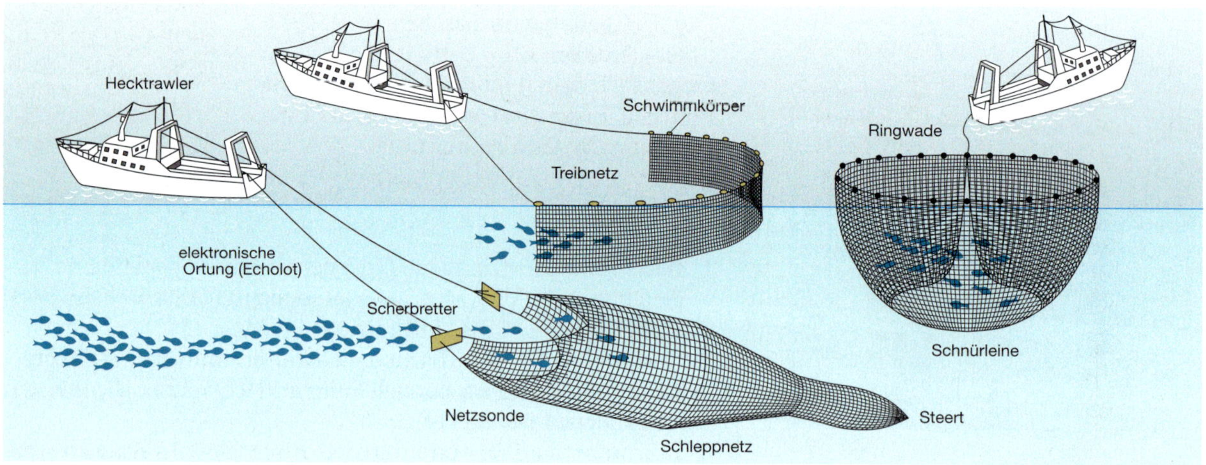

M2 Moderne Fangmethoden

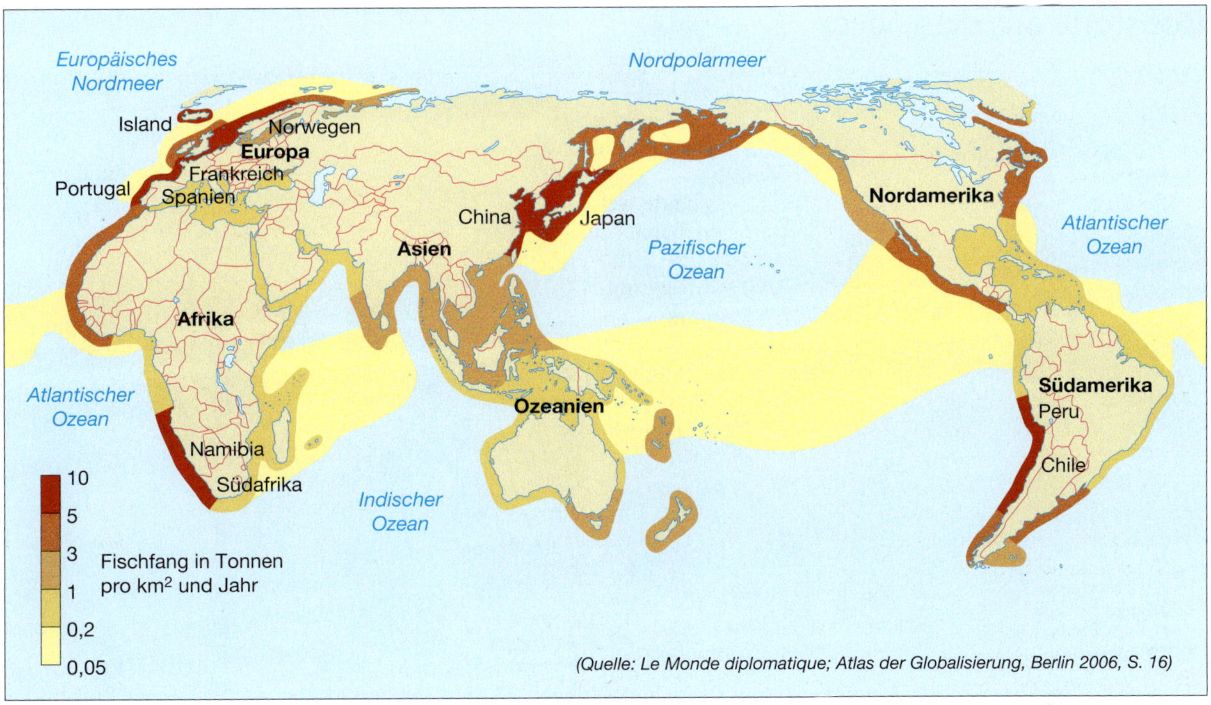

M5 Plünderung der Ozeane durch industriellen Fischfang

M6 Lachsfarm in Norwegen

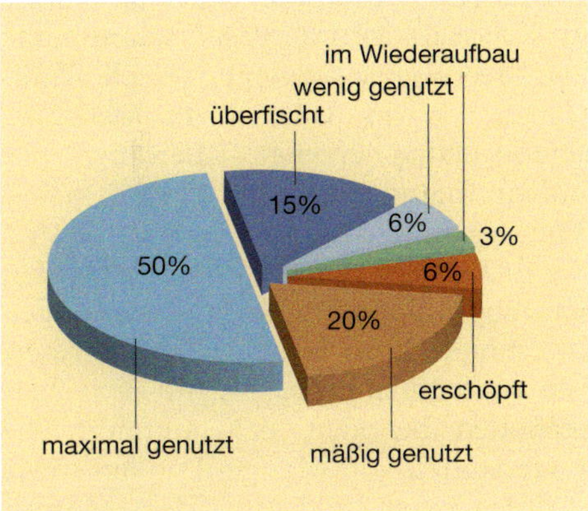

M7 Fischbestände der Meere in Gefahr

Aquakulturen als Lösung?

Rund ein Drittel der weltweiten Fischereierträge stammt heute bereits aus Teichen, riesigen Käfigen und Fischfarmen. In zwei Jahrzehnten wird wahrscheinlich die Hälfte aller Speisefische aus Zuchtanlagen kommen. Zu den wichtigsten Zuchtarten gehören in der EU Miesmuscheln, Forellen und Lachs, in Asien die Shrimps (Garnelen).

Da die Weltmeere überfischt sind, die Nachfrage nach Meeresprodukten aber weiter steigt, wird auf die Aquakultur große Hoffnungen gesetzt. Damit wachsen jedoch die Gefahren für das Ökosystem. Denn die Abwässer aus den Fischfarmen belasten das Wasser ebenso wie Antibiotika zum Schutz gegen Fischkrankheiten.

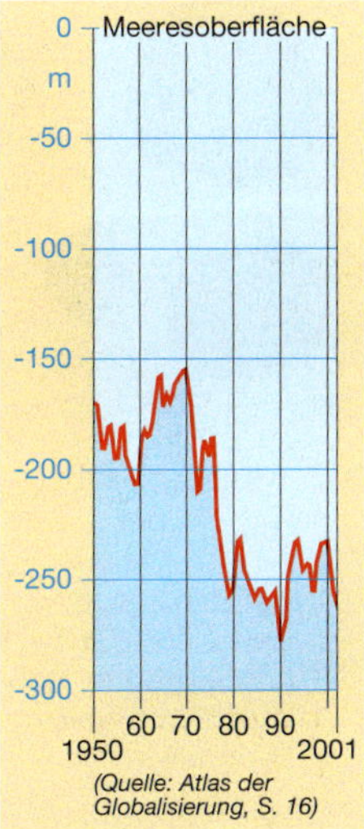

M8 Durchschnittliche Fangtiefe (in Metern)

1. Erläutere, wie sich die Fangmethoden auf die Fischbestände auswirken (M2, M3, M5).
2. Beschreibe die Entwicklung des Weltfischfangs (M4, M8).
3. Bewerte die Maßnahmen zur Überwindung der Krise in der weltweiten Fischerei (Text, M1).
4. Diskutiert andere Maßnahmen, die zur Erhaltung der Fischbestände beitragen können.

Rohstoffe aus dem Meer

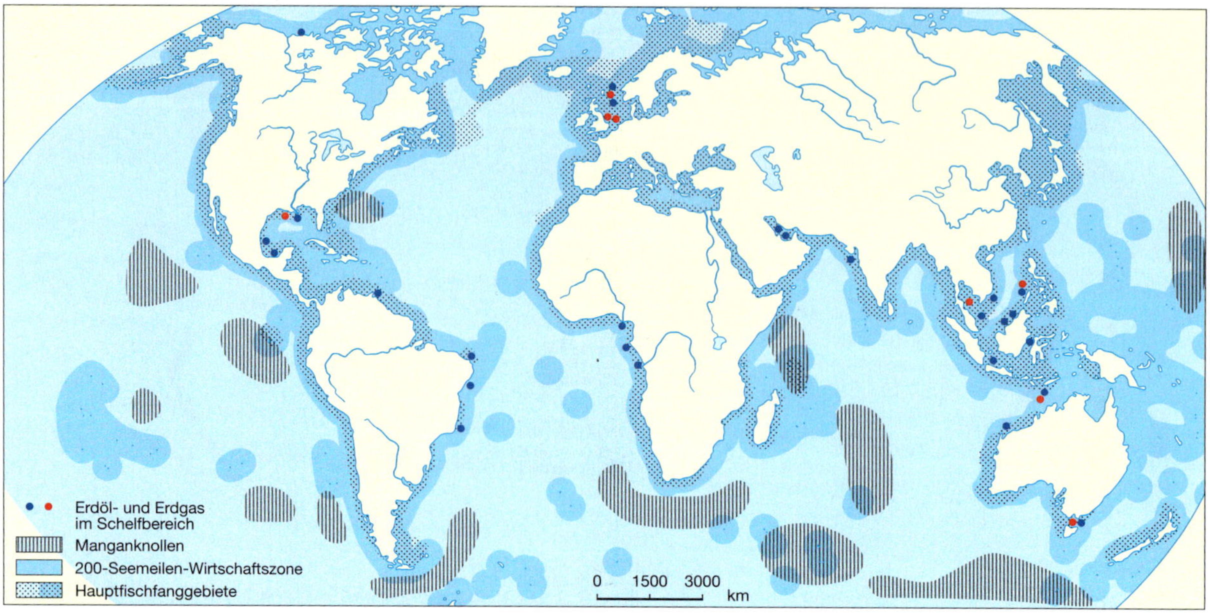

M1 Rohstoffvorkommen und Hauptfischfanggebiete im Weltmeer

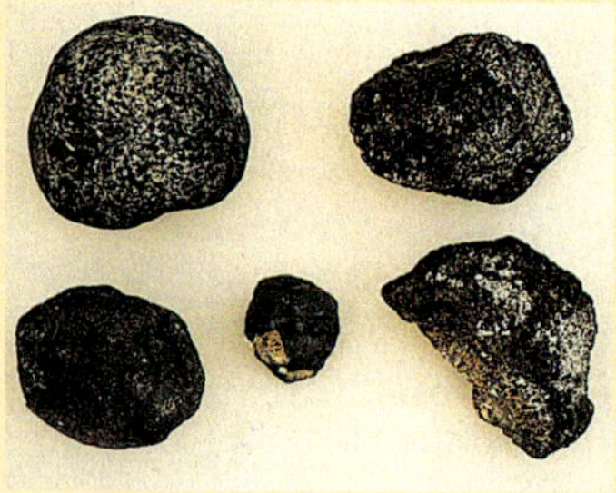

Manganknollen sind schalig, wie Zwiebeln aufgebaute schwarze Metallverklebungen. Sie enthalten Mangan, Eisen, Nickel, Kupfer und Kobalt. Die Knollen liegen in 3000 bis 6000 Metern Tiefe. Die größten Vorkommen befinden sich im Pazifischen Ozean.

M2 Manganknollen

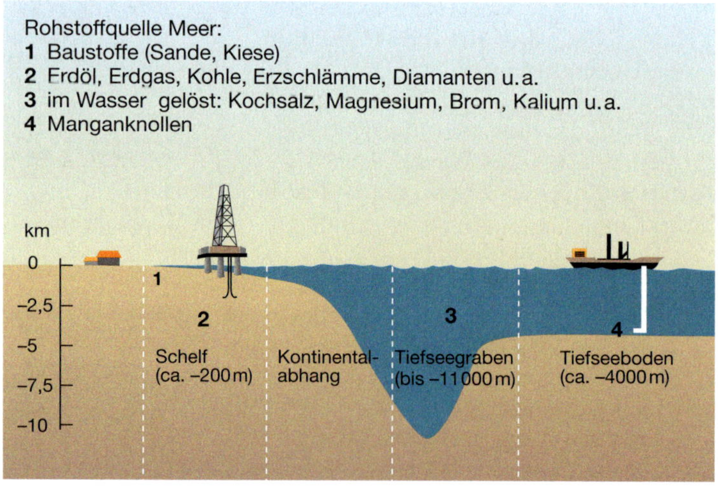

M3 Lagerstätten im Weltmeer

Vielseitige Rohstoffquelle

Das Weltmeer ist nicht nur der größte Lebensraum unseres Planeten, es ist auch eine bedeutende Nahrungs- und Rohstoffquelle für die Menschheit. Bodenschätze befinden sich im Meerwasser sowie auf und unter dem Meeresboden. So birgt der flache Schelf vor der thailändischen Küste Zinnerz und in Südafrika holt man Diamanten vom Meeresgrund. Im Meerwasser selbst sind etwa 500 Millionen Tonnen Silber gelöst. Doch lässt sich das Edelmetall wegen seiner feinen Verteilung nicht gewinnen. Die Hälfte des Weltbedarfs an Kochsalz wird hingegen schon heute aus Meerwasser gewonnen. Auch Trinkwasser wird in Anlagen zur Meerwasserentsalzung erzeugt, allerdings mit hohem Energieeinsatz.

Von ständig wachsender Bedeutung sind die Erdöl- und Erdgasförderung vor den Küsten (off-shore). Nach Schätzungen lagert hier über ein Drittel der Weltreserven an Erdöl und Erdgas. Auf dem Tiefseeboden befinden sich umfangreiche Lagerstätten von Manganknollen sowie anderen Erzen, und unter dem Meeresboden lagern viele andere Bodenschätze.

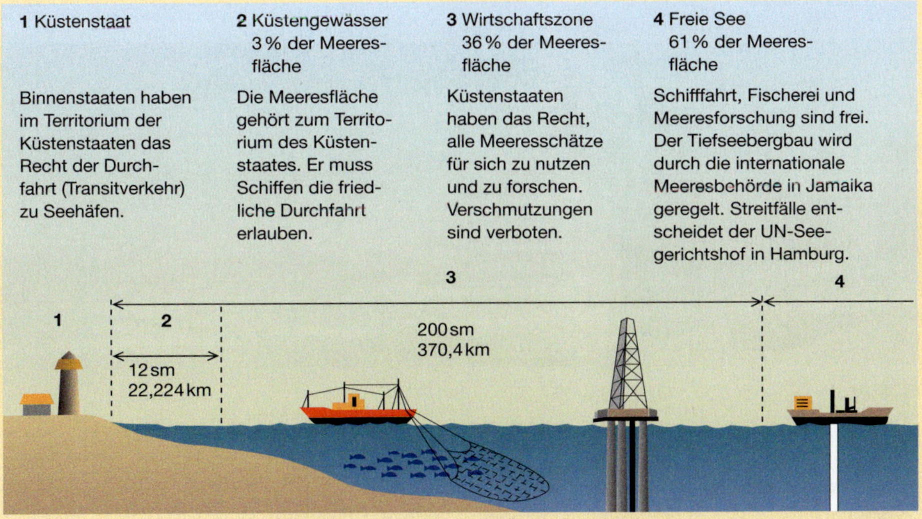

Erdölförderung
60 % der gegenwärtigen weltweiten Förderung aus Offshore-Anlagen;

allein in der Nordsee rd. 400 Plattformen, die Öl und Gas fördern;

einzige deutsche Offshore-Bohrinsel: Mittelplate im Wattenmeer westlich von Friedrichskoog

M4 Wirtschaftszonen des Weltmeeres

Seerecht

Viele Jahrhunderte galt der Grundsatz von der „Freiheit der Meere". Schifffahrt und Fischerei standen allen offen. Seit dem 18. Jahrhundert beanspruchten die Küstenstaaten ein Hoheitsrecht von drei Seemeilen (5556 m). Das entsprach damals der Reichweite einer Kanonenkugel. Die modernen Entwicklungen in der Fischereiwirtschaft und im Meeresbergbau erforderten jedoch neue Regelungen. Seerechtskonferenzen der Vereinten Nationen befassten sich damit. Seit 1994 ist das „Gesetz der Meere" in Kraft. Danach gelten drei Fünftel des Meeresbodens als gemeinsames Erbe der gesamten Menschheit. Dessen Erforschung und Nutzung sollen ausschließlich friedlichen Zwecken dienen. Die internationale Meeresbehörde in Kingston (Jamaika) und der Seegerichtshof in Hamburg wachen über die Einhaltung des neuen Seerechts.

Tiefseebergbau – noch zu teuer

Als besonders ertragreich galten die erstmals 1973 gefundenen Manganknollen. Der technisch aufwändige Tiefseebergbau war bisher jedoch nicht kostendeckend. Die Förderung vom Tiefseeboden wird erst dann wirtschaftlich sein, wenn die Vorräte auf dem Festland knapp und somit teurer werden.

M5 Black Smokers

Die Entdeckung der Manganknollen war in den 1970er-Jahren eine Sensation. Inzwischen sind aber andere Erzvorkommen des Tiefseebodens für die Forscher wichtig geworden: die 1977 in 2400 Metern Tiefe entdeckten Black Smokers. Die Entstehungsorte dieser schwarzrauchenden Schlote befinden sich in den mittelozeanischen Rücken. Hier quillt glutflüssiges Magma aus der Erdkruste empor. In Schloten werden mit dem Magma Kupfer-, Zink- und Eisenerze an die Oberfläche des Meeresbodens gefördert. Der „schwarze Rauch" ist aber kein Rauch, sondern bis zu 360 °C heißes Wasser, das von kleinsten Metallteilchen schwarz gefärbt ist. Die Erze wachsen dort zu Hügeln von rund 20 Metern Höhe heran. Ein einziger Block Smoker produziert rund zehn Kilogramm Erze pro Sekunde. Mehr als hundert solcher „Erzfabriken" haben Forscher bisher in den Ozeanen entdeckt.

1. Beschreibe die Verteilung von Rohstoffvorkommen auf dem Meeresboden und die Lage der Hauptfischfanggebiete (M1, M2).
2. Begründe, warum das Weltmeer eine nahezu unerschöpfliche Rohstoffquelle darstellt (Text, M1, M2, M5).
3. Erläutere die Zielsetzungen des Seerechts. Beziehe die wirtschaftlichen Möglichkeiten der Binnenstaaten mit ein (Text, M3, M4).
4. Diskutiert andere Maßnahmen, die zur Erhaltung der Fischbestände beitragen können.

Das Meer als Verkehrsraum

M1 An einem Containerterminal

M2 Passagierschiff

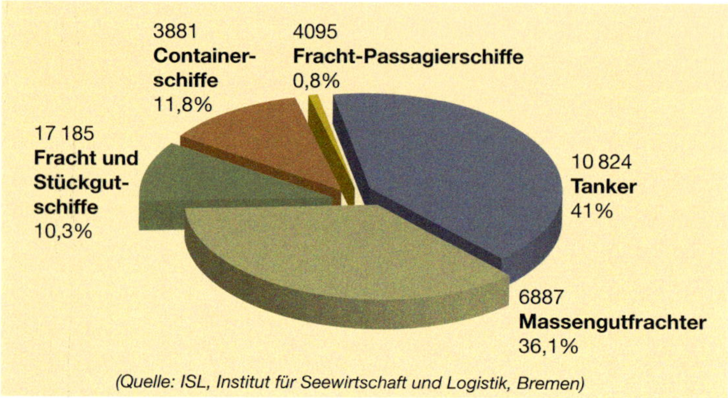

M3 Welthandelsflotte: Schiffszahl, Anteil an der Tonnage (1. 1. 2007)

Weltseeverkehr
Handelsschiffe wählen aus wirtschaftlichen Gründen den kürzesten Weg. So bilden sich viel befahrene Seewege heraus; dazu gehören auch die europäischen Nebenmeere, Meerengen und die drei großen Seekanäle. Moderne Seeschiffe sind heute technisch gut ausgerüstet: Mittels Satelliten und modernsten Computern werden ihr Standort bestimmt und der Kurs überwacht. Echolote messen die Wassertiefe; Radargeräte bilden Eisberge oder Schiffe bis zu einer Entfernung von 90 Kilometern als Lichtpunkte ab.

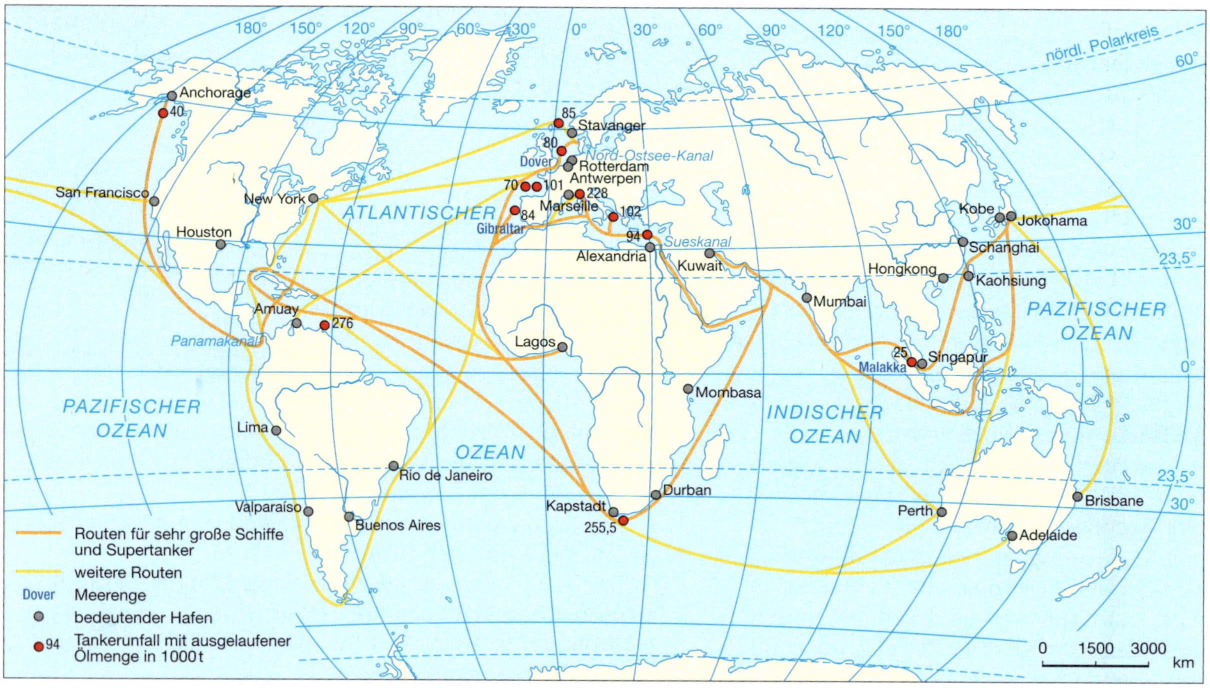

M4 Bedeutende Seewege

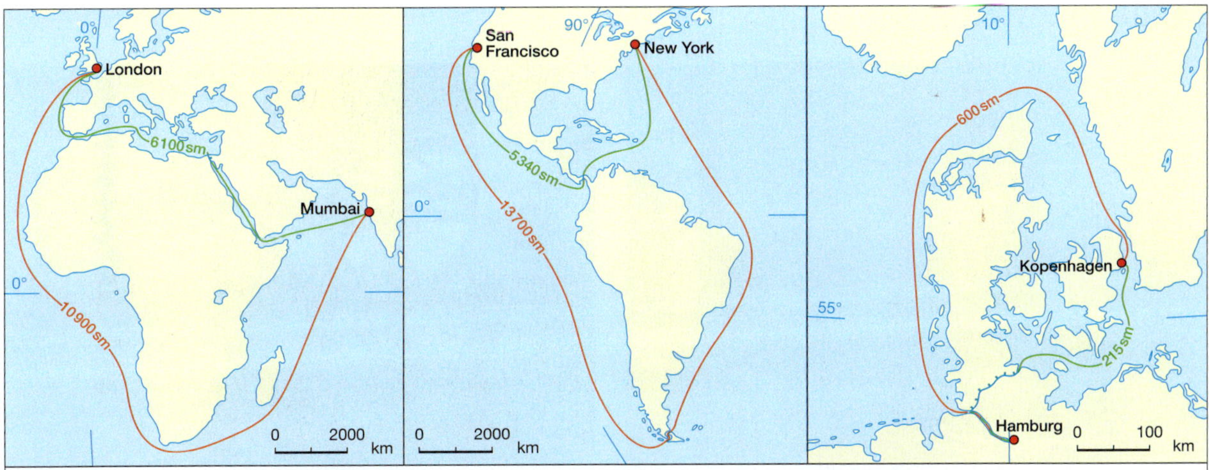

	Sueskanal	Panamakanal	Nord-Ostsee-Kanal
Eröffnungsjahr	1869	1914	1895
Länge in km	162,5	81,6	98,7
Tiefe in m	21,0	14,3	10,3
Anzahl der Schleusen	–	6	2
Kapazität, Schiffe pro Jahr	30000	15000	40000
Durchfahrtzeiten in Stunden	15	24	6-8

1 sm ≙ 1,852 km

M5 Seeschifffahrtskanäle

90 Prozent der Welthandelsgüter werden heute auf dem Seeweg transportiert. Die höchsten Zuwachsraten verzeichnet der Containerverkehr. Grund ist das enorme Wirtschaftswachstum im asiatisch-pazifischen Raum, vor allem in China. Der Rohstoffhunger der asiatischen Volkswirtschaften nach Eisenerz, Kohle und Bauxit hat die Nachfrage nach Massengutfrachtern für trockene Schüttgüter stark ansteigen lassen. Auch die Tankerflotte – vom Supertanker für Rohöl bis zum Gastanker – gehört zum Rückgrat der weltweiten Produktion. Da die Schiffe immer größer werden, können nur noch Häfen mit großer Wassertiefe angelaufen werden.

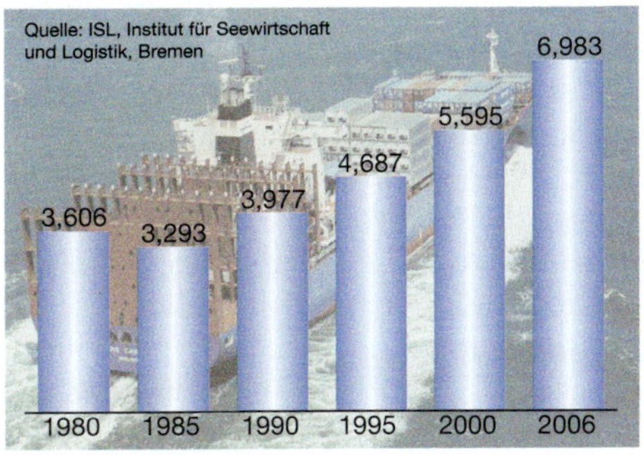

M6 Weltseehandel (in Mio. t)

M7 Umschlag in den größten Seehäfen

	2002	2006
Hafen	Mio. t	
Schanghai	264,0	537,0
Singapur	309,9	448,2
Rotterdam	321,8	378,2
Ningbo	153,0	309,0
Kanton	153,3	302,0
Tianjin	129,9	258,0
Hongkong	192,5	238,2
Tsingtau	122,1	224,0
Nagoya	161,7	208,0
Dalian	108,5	200,0
Antwerpen	131,6	167.4
Hamburg	97,6	134,8

M8 Handelsflotten über 1000 Bruttoraumzahl (1 BRZ = 2,831 m^3)

	2006
Land	Schiffszahl
Panama	5473
China	1723
Liberia	1687
Malta	1220
Russland	1178
Bahamas	1177
Singapur	1063
Antigua und Barbuda	1011
Hongkong	924
Zypern	884
Deutschland	394
Welt	33222

Wie viel 2006 mit Seeschiffen transportiert wurde:
- Rohöl- und Mineralölprodukte 33,4 %
- Massengut trocken (Eisenerz, Kohle, Getreide) 27,4 %
- anderes Massengut 1,5 %
- Waren allgemein, Ro-Ro, Container 37,7 %

1. Verfolge die Schifffahrtsroute von Schanghai nach Hamburg. Nenne Meere, Meerengen und Seekanäle (M4, M5).
2. Beschreibe die Entwicklung des Weltseeverkehrs (Text, M3, M6, M8).
3. Erläutere die Rangfolge der größten Seehäfen (Text, M7).

Müllkippe Weltmeer

M1 Brennender Tanker

M2 Seelöwen retten sich nach einer Ölverschmutzung

M3 Verschmutzung durch Erdöl

Großtanker transportieren über 500 000 Tonnen Erdöl. Trotz modernster technischer Ausrüstung benötigen sie im Notfall einen etwa fünf Kilometer langen Bremsweg. Deshalb kommen in Küstennähe häufiger Unfälle mit Öltankern vor. Das auslaufende Öl verschmutzt den Strand, Tiere und Pflanzen fallen der „Ölpest“ zum Opfer. Auf offener See bildet sich ein kilometerweiter Ölteppich, der allmählich in Klumpen auf den Meeresboden absinkt.
Bei Seevögeln verklebt das zähflüssige Öl das Gefieder. Beim Putzen mit dem Schnabel gelangt Öl in ihre Mägen, und das führt zu Vergiftungen. Stark verölte Vögel sterben an Unterkühlung, weil das Gefieder keine isolierende Schutzwirkung mehr besitzt.
Besonders gefährdet ist die Deutsche Bucht – eines der am stärksten befahrenen Meeresgebiete der Welt. Ein Tankerunfall wäre für das Wattenmeer eine Katastrophe. Da Würmer, Krebse und Muscheln den Wattboden laufend umgraben, würde Öl in die unteren Bodenschichten gelangen und keinen Sauerstoff mehr durchlassen. Sauerstoff ist aber nötig, damit Mikroorganismen das Öl abbauen können.

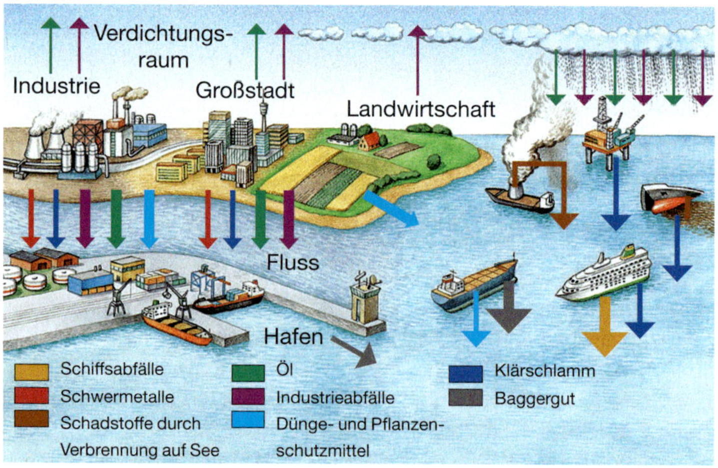

M4 Ursachen und Wege der Meeresverschmutzung

Gefährdung der Meere

Vom Festland aus wird das Meer mit vielen Schadstoffen belastet. Doch auch die Schifffahrt trägt zur Verschmutzung bei. Zwar ist der Transport auf dem Seeweg ökologisch sinnvoll. Andererseits aber führen uns Meldungen von Schiffsunglücken immer wieder die Umweltgefahren der Seeschifffahrt vor Augen.
Immer größere und schnellere Schiffe befahren die Meere. Doch auch die Zahl der Schiffsunfälle ist gestiegen. Eine besondere Gefährdung geht von Unfällen mit Öltankern aus: Dann fließen oft mehr als 100 000 Tonnen Erdöl in das Meer. Trotz Verbots spülen noch immer viele Tankschiffe ihre leeren Tanks auf offener See mit Meerwasser aus. Ein noch größeres Problem sind allerdings die schleichende Verschmutzung aus geborstenen Ölpipelines und Havarien an Förderplattformen. Auch Industrie- und Hausmüll sowie ungeklärte Abwässer werden in vielen Ländern immer noch in die Flüsse und Meere gekippt.
Selbst bei Walen in abgelegenen Gebieten haben Forscher Umweltgifte festgestellt. Wale orientieren sich über Schallwellen, die sie absondern und deren Echo sie auffangen. Ihr Orientierungssinn leidet aber unter dem Lärm großer Schiffsmotoren und künstlicher Explosionen, die bei der Erforschung des Meeresgrundes auf der Suche nach Erdölvorkommen ausgelöst werden.

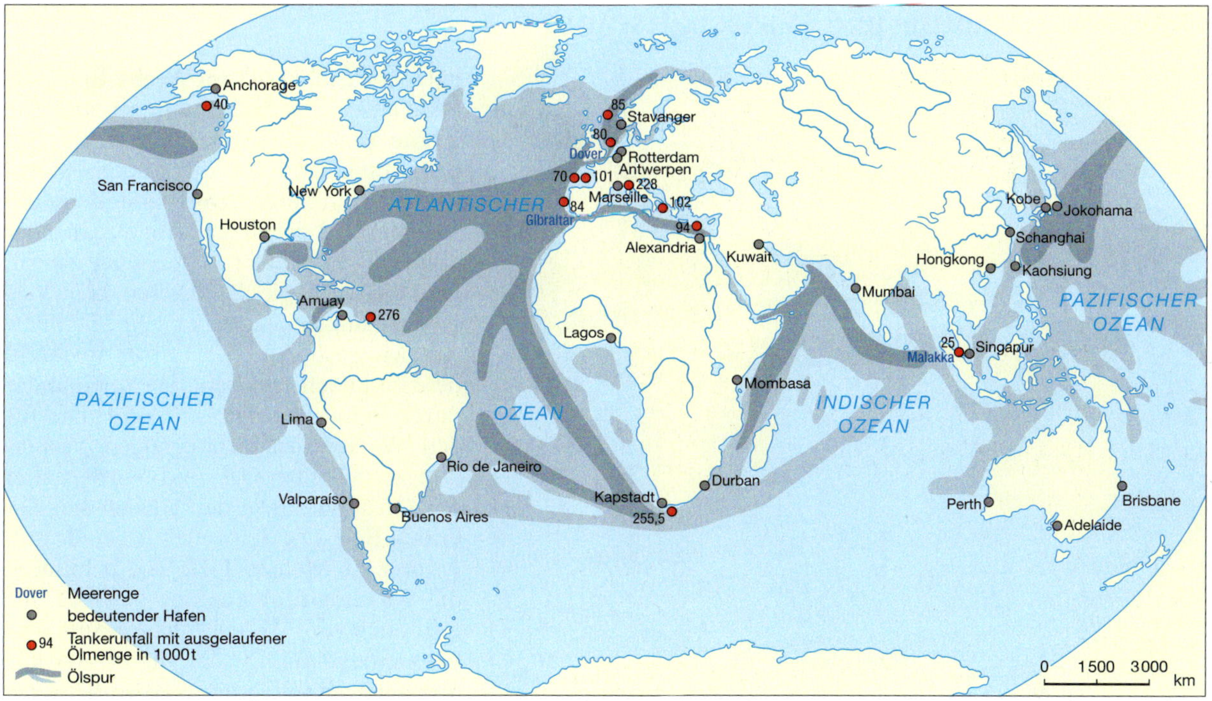

M5 Tankerunfälle und Ölspuren auf dem Meer

Schutz der Meere

Die Meere sind für das Überleben der Menschheit unverzichtbar. Umso wichtiger ist es, dass der Meeresumweltschutz verstärkt wird. Seit 1985 bemühen sich UN-Meereskonferenzen um Vorschläge, die der Verschmutzung wirksam begegnen sollen. Die Seeschifffahrts-Organisaation der UNO (IMO, International Maritime Organization) mit Sitz in London befasst sich mit dem Schutz der Meeresumwelt. Sie zählt über 150 Mitglieder. Ziele ihrer Arbeit: Mehr Sicherheit in der Schifffahrt und mehr Sauberkeit der Ozeane.

Einiges ist schon erreicht worden: So darf z. B. seit 1993 kein Atommüll mehr im Meer versenkt werden. Auch Dünnsäure – das ist verdünnte Schwefelsäure, die bei der Herstellung von Farben anfällt – darf im Nordostatlantik nicht mehr verklappt werden. Ebenso ist es seit 1999 verboten, Klärschlamm im Meer zu entsorgen. Aber Öltanker mit nur einer Außenhülle dürfen noch bis 2015 Rohöl über die Ozeane transportieren. Erst dann ist eine Doppelhülle für alle Tankschiffe Pflicht.

M6 Verschmutzung der Meere mit Plastikmüll

Hamburg/Hawaii, 26.10.2006 – Mehr als eine Million Seevögel sowie 100 000 Meeressäugetiere und Schildkröten gehen jährlich an den Überresten von Plastikmüll zugrunde, der in den Ozeanen treibt.
Hauptverursacher des Mülls im Meer ist die internationale Schifffahrt. Fischer landen oft nicht die Abfälle in den Häfen an, die in ihren Netzen landen, da sie häufig noch dafür bezahlen müssen. Aber auch Haushalts- und Industrieabfälle fließen über die Flüsse in die Ozeane. So gelangen jedes Jahr 20 000 Tonnen Müll in die Nordsee. Betroffen sind vor allem Hochseevögel wie Eissturmvogel und Basstölpel. Rund 97 Prozent der Nordsee-Eissturmvögel tragen rund 0,31 Gramm Plastikmüll im Magen. Hochgerechnet auf den Menschen ist das die Menge einer Brotdose – voll mit scharfkantigen Plastikresten.
Wie für die Eissturmvögel in der Nordsee ist der Plastikmüll auch für die Albatrosse vor Hawaii eine tödliche Falle. Zwei von fünf Albatross-Küken sterben auf einer der Hawaii-Inseln innerhalb der ersten sechs Lebensmonate, da ihr Magen zwar gefüllt und ihr Hunger gestillt ist, ihre Hauptnahrung aber aus Plastik besteht und keinerlei Nährstoffe enthält.

(Quelle im Internet: www.greenpeace.de/25-jahre); Beitrag gekürzt

1. Beschreibe die Ursachen der Meeresverschmutzung sowie die Einleitungswege der Schadstoffe (Text, M4).
2. Erläutere Folgen der Meeresverschmutzung (Text, M1–M3, M4, M6).
3. Erkläre, warum Unfälle von Tankern besonders gefährlich sind (M3, M4).
4. Beschreibe die Rolle der Vereinten Nationen bei der Eindämmung der Meeresverschmutzung (Text).

Die Ostsee – Natur- und Wirtschaftsraum

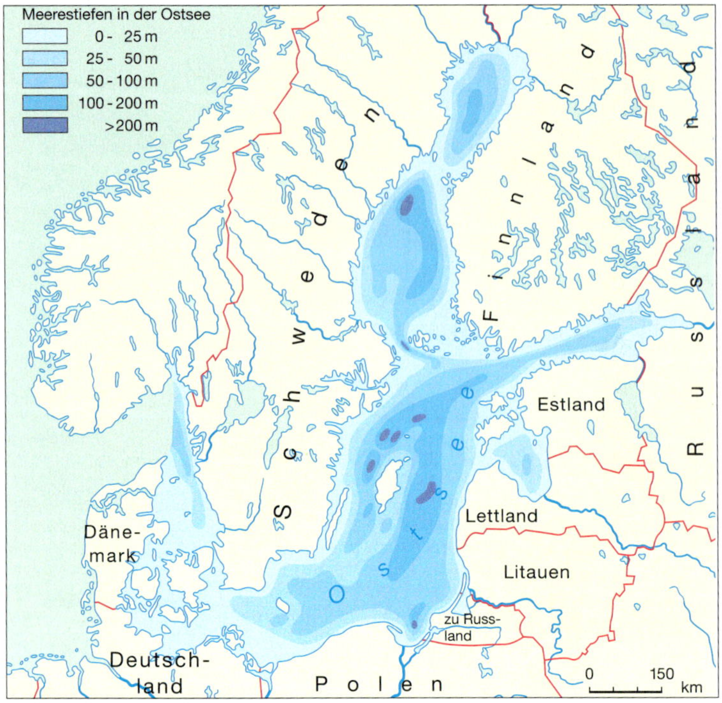

M1 Tiefenverteilung der Ostsee

M2 Steckbrief der Ostsee (www.io.warnemuende.de/forum/de)

Fläche: 412 560 km² (Deutschland: 356 957 km²)	Volumen: 21 631 km³ (rd. die Hälfte der Nordsee)
Süd-Nord-Erstreckung: rd. 1300 km (54°–66°N)	Wes-Ost-Erstreckung: rd. 1000 km (10°–30°O)
maximale Breite: rd. 300 km mittlere Tiefe: 52 m	maximale Tiefe: 459 m (im Landsorttief)
Wasserhaushalt: Flusswasserzufuhr 440 km³/Jahr Niederschlag 225 km³/Jahr Verdunstung 185 km³/Jahr	Süßwasserbilanz 480 km³/Jahr Einstrom 470 km³/Jahr Gesamtstrom 960 km³/Jahr

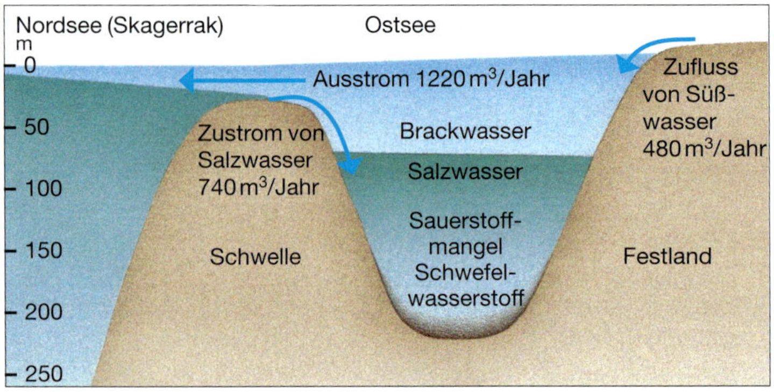

M3 Längsschnitt durch die Ostsee

Salz- und Süßwasser im Wechselspiel

Die Ostsee ist ein Binnenmeer und das größte Brackwassermeer der Erde. Die Lebewesen sind an die außergewöhnlichen Bedingungen angepasst, denn der Salzgehalt ist geringer als im Ozean, aber höher als in anderen Binnengewässern. Deshalb sind die Lebewesen hier Verschmutzungen gegenüber sehr anfällig.

Am Meeresboden der Ostsee wechseln tiefe und flache Becken, die voneinander durch Schwellen getrennt sind. Die für den Wasseraustausch einzigen Verbindungen zwischen Ost- und Nordsee sind der Öresund sowie der Kleine und der Große Belt. Die Schwellen liegen dort in 13 bzw. 26 Metern Tiefe. Sie behindern die Wasserzufuhr aus der Nordsee, die aber auch vom Wetter abhängig und deshalb unregelmäßig ist. Nur bei starken und lange anhaltenden Westwinden können Salzwassereinbrüche auftreten. Sie bringen sauerstoffhaltiges Salzwasser in die Becken. Es ist die einzige Erneuerung des Tiefenwassers in der Ostsee. 25 bis 30 Jahre vergehen, bis das Ostseewasser einmal vollständig ausgetauscht ist.

Das leichtere Süßwasser der rund 200 Zuflüsse schiebt sich über das schwerere Meerwasser. So entsteht insbesondere in den tiefen Becken der Ostsee eine Schichtung. Zwischen Salzwasser und Süßwasser wird der Stoffaustausch behindert. Hierdurch kann es in der Tiefe zu Sauerstoffmangel kommen. Die Folgen sind Fäulnisvorgänge, bei denen giftiges Schwefelwasserstoffgas entsteht, das den Meereslebewesen schadet.

Der Wirtschaftsraum

Die Ostseeanlieger und die Europäische Union gründeten 1992 den Ostseerat. Er soll die Unterstützung der westlichen Ostseestaaten für die marktwirtschaftliche Umstrukturierung in Polen, Litauen, Lettland, Estland und Russland koordinieren. Außerdem will man in den Bereichen Umweltschutz, Verkehr, Bildung und Tourismus zusammenarbeiten. Zusätzlich besteht ein Netzwerk von Städtepartnerschaften.

M4 Wirtschaftsraum Ostsee

Seit der Zeit der Hanse hat die Ostsee eine erhebliche Transport- und Mittlerfunktion. Heute reicht der internationale Schiffsverkehr in seiner Bedeutung nicht an den der Nordsee heran, mit der über den Nord-Ostsee-Kanal eine kurze und sichere Verbindung besteht. Trotzdem ist die Ostsee dicht befahren. Zahlreiche Verbindungen zwischen den Anliegerstaaten bestehen über Brücken und Fähren.

1. Beschreibe die räumliche Lage des Ostseeraumes (Atlas). Beachte Umriss, Zuflüsse und Anliegerstaaten. Erkläre den Begriff „Binnenmeer".
2. Erläutere natürliche Besonderheiten der Ostsee. Erkläre, warum die Ostsee ein Brackwassermeer ist (Text, M1 – M3).
3. Nenne Häfen und andere Industriestandorte an der Ostsee sowie deren Industrien (M4). Lege eine Tabelle an.
4. Informiere dich über die frühere Bedeutung der Hanse (Geschichtsbuch, Geschichtsatlas, Internet).

Die Ostsee – Gefährdung und Schutz

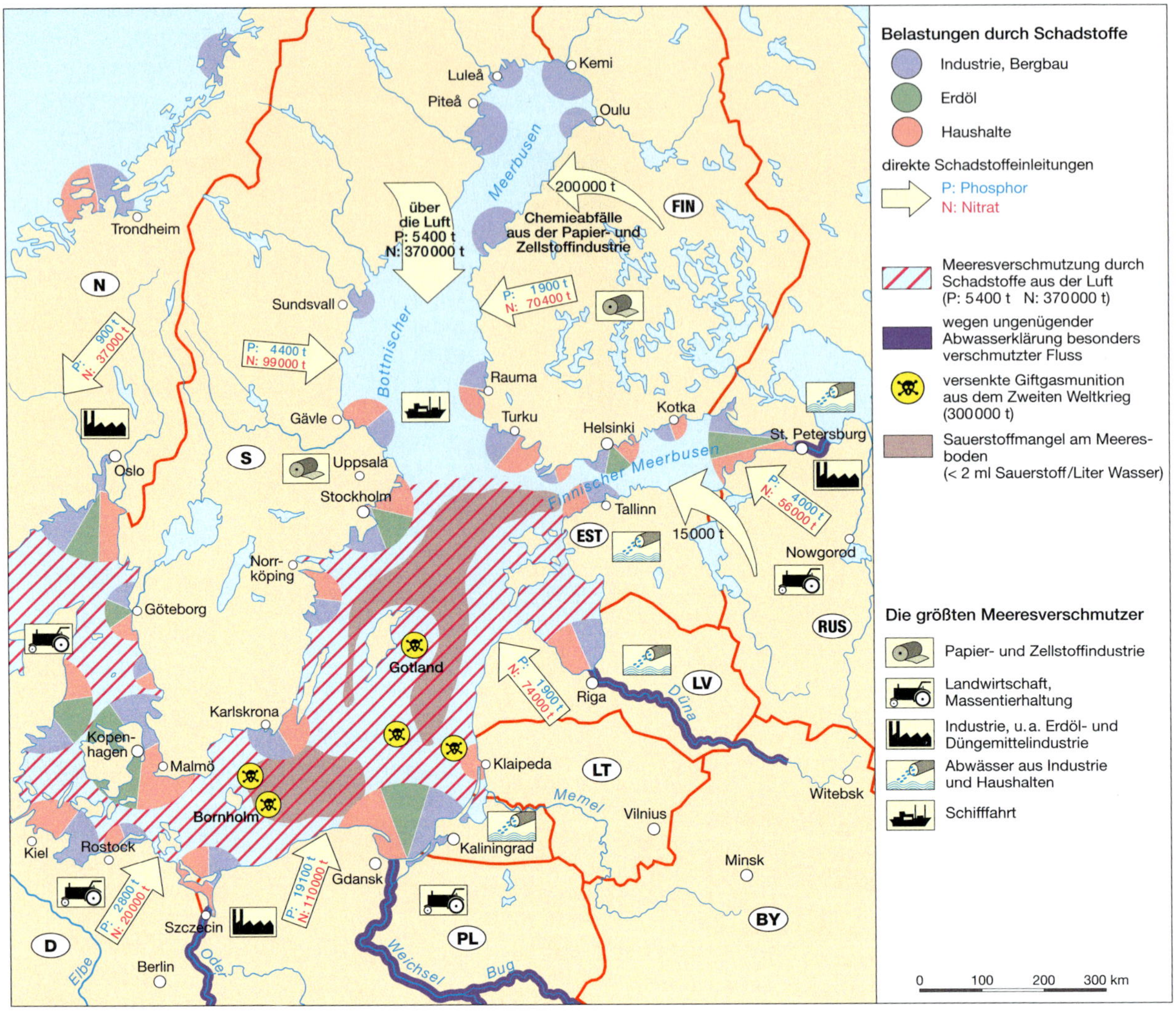

M1 Tiefenverteilung der Ostsee

Ökosystem zusätzlich gefährdet
Eine große, im Ballastwasser von Schiffen aus Nordamerika eingeschleppte Rippenqualle bedroht die Fischbestände – vor allem von Heringen und Sprotten. Die Qualle ernährt sich von Plankton und Fischlarven. Eine einzige Qualle kann bis zu 14000 Eier legen.

Verschmutzung der Ostsee

Die starke Belastung der Ostsee durch Meeresverschmutzung ist auf die dichte Besiedlung der Küstengebiete und den geringen Wasseraustausch mit dem Atlantik zurückzuführen. Das Anwachsen der Abwassermenge von Städten und Industriebetrieben, der Massentourismus an den Küsten und der dichte Schiffsverkehr tragen seit den 1960er-Jahren zunehmend zur Schadstoffbelastung des Binnenmeeres bei.

Durch die Zufuhr von Pflanzennährelementen – z. B. Stickstoff aus Düngemitteln und Phosphor aus Waschmitteln – über die Flüsse und aus der Luft setzt ein explosionsartiges Wachstum von Plankton und Algen ein. Bei deren Zersetzung wird Sauerstoff verbraucht und es entsteht Schwefelwasserstoff.

Die übermäßige Planktonproduktion, die infolge nährstoffreicher Abwässer ausgelöst wird, bezeichnet man als „Eutrophierung". Teilweise führt die Überdüngung in Küstennähe zur Vernichtung von Laichgründen der Fische. So konnten z. B. in den eutrophierten Buchten der östlichen und nördlichen Ostsee über Jahrzehnte hinweg keine Hechte mehr gefangen werden.

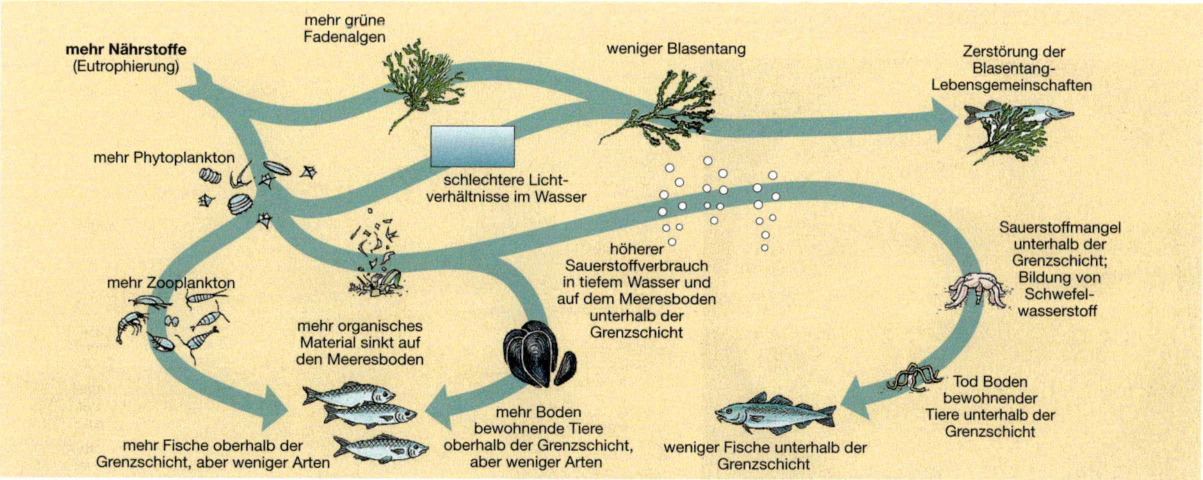

M2 Wozu mehr Nährstoffe führen

Schutzmaßnahmen

Die natürlichen Gegebenheiten der Ostsee – z. B. die Entstehung von Brackwasser – sind vom Menschen kaum zu beeinflussen. Es wird immer ein mehr oder weniger lebensfeindlicher Raum insbesondere für Fische in den tiefen Becken bestehen. Aber die vom Menschen ausgelöste Meeresverschmutzung könnte weitgehend vermieden werden.

Schon 1974 beteiligten sich alle Anliegerstaaten an einer Ostsee-Schutzkonferenz. Die Beschlüsse wurden jedoch wegen Geldmangels von osteuropäischen Staaten kaum umgesetzt. Erst 1992 einigten sich die Ostseeländer auf Maßnahmen mit veranschlagten Kosten von rund 500 Milliarden Euro:

- Neubau von Kläranlagen
- Verringerung der Belastung durch die Landwirtschaft (weniger Chemikalien)
- Einleitungsverbot für Schadstoffe aus Industrie und privaten Haushalten
- Verminderung der Luftverschmutzung
- Verbesserte Abfall-, Abwasser- und Altölentsorgung für Schiffe durch Einrichtungen in den Häfen
- Schutz von Küstengebieten.

1998 verabschiedete der Ostseerat die „Baltic Agenda 21". Dabei geht es u. a. um Langzeitstrategien für die Fischbestände wie Dorsch, Lachs und Hering, um die Wiederherstellung von Lebensräumen wichtiger Süßwasserfische und um eine nachhaltige Aquakultur.

M3 Algen am Strand

Algen sind Teil des natürlichen Ökosystems. In den letzten Jahrzehnten ist eine Zunahme von Braun- und Grünalgen durch Eutrophierung zu beobachten. Bei Wind werden die Algen von der Unterlage losgerissen und an den Strand gespült, dort sind sie Lebensraum für verschiedene Tiergemeinschaften. Bei ihrer Zersetzung verbreiten sie einen unangenehmen Geruch.

M4 Experiment

Füllt ein Glasgefäß zur Hälfte mit kaltem, salzigen Wasser. Gießt anschließend rosa eingefärbtes warmes Wasser (Süßwasser aus der Leitung) hinzu. Beobachtet, wie sich das warme Wasser verhält.
Gebt anschließend mit einer Pipette etwas Tinte in das kalte Wasser. Wie verhält sich die Tinte?
Rührt anschließend mit einem Löffel alles Wasser um. Beschreibt, wie sich die Wasserfarbe verändert.

1. Zeige an Beispielen die Meeresverschmutzung der Ostsee auf (Text, M1, M2).
2. Begründe, warum das Leben in der Ostsee im besonderen Maße durch Verschmutzung bedroht ist (Text, M1, M3 sowie Seite 18, M1).
3. Werte das Experiment (M4) aus und übertrage deine Erkenntnisse auf die Ostsee.
4. Erörtert die Zukunft der Ostsee. Welchen Beitrag kann jeder zum Schutz leisten (Text, Internet)?

Meere beeinflussen das Klima

M1 Wolkenbildung

M2 Hurrikan im Golf von Mexiko

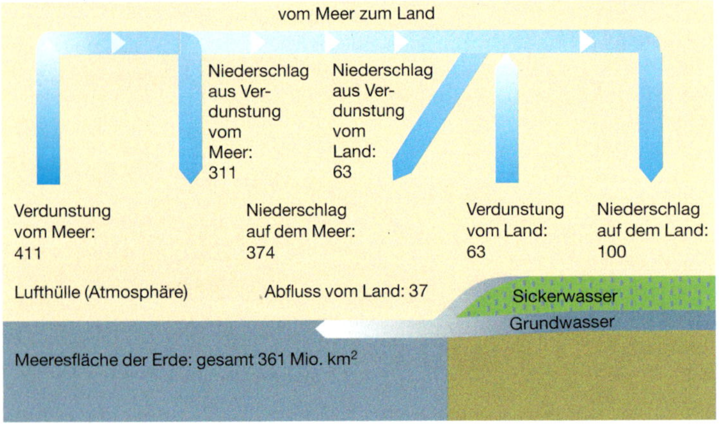

M3 Wasserhaushalt der Erde (Angaben in 1000 km³ pro Jahr)

Ozeane bringen feuchte Luft

An der Meeresoberfläche verdunsten gewaltige Wassermengen. Sie beeinflussen maßgeblich den Wasserhaushalt der Erde, denn mit den Winden gelangen feuchte Luftmassen zum Festland und sorgen dort für Niederschlag. In der gemäßigten Klimazone herrschen Westwinde vor, deshalb nehmen in Europa und Nordasien die Niederschlagsmengen mit zunehmender Meeresferne ab. An der Westküste Amerikas verhindern die sich von Nord nach Süd erstreckenden Hochgebirge das Eindringen der feuchten Westwinde.

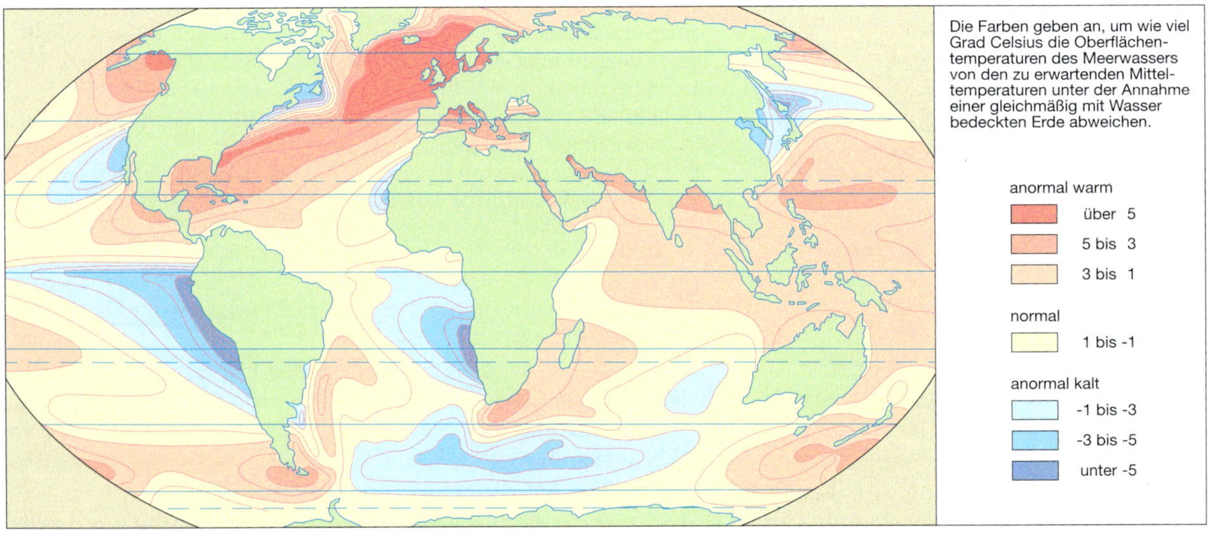

M4 Temperaturabweichungen vom Jahresmittel an der Wasseroberfläche (°C)

Ozeane speichern Wärme

Wasser ist ein schlechter Wärmeleiter; es benötigt zu seiner Erwärmung große Mengen Sonnenenergie. Nur langsam wird die Wärme des Oberflächenwassers weitergeleitet und durchmischt sich mit kaltem Wasser aus tieferen Schichten. Aus diesen Gründen erwärmt sich das Meer in der gemäßigten Klimazone im Sommer nur langsam von etwa 2 °C auf 16 °C. Wegen der gewaltigen Wassermassen werden aber dennoch große Mengen an Sonnenenergie gespeichert. Im Winter gibt das Meer die gespeicherte Wärme nur allmählich an die kühlere Luft ab.

In den tropischen Regionen wird das Meerwasser ununterbrochen von der Sonne aufgeheizt. Die Wassertemperatur beträgt daher während des ganzen Jahres bei über 20 °C.

Meeresströmungen transportieren Wärme

Regelmäßige Winde bewegen das Wasser der Meeresoberflächen und verursachen Strömungen. Man unterscheidet zwischen warmen und kalten Meeresströmungen. Ein Strom ist warm, wenn seine Temperatur höher ist als der Meeresteil, in den er hineinfließt (Beispiel: Golfstrom); er wird als „kalt" bezeichnet, wenn er in wärmeres Wasser fließt (Beispiel: Labradorstrom).

Die Meeresströmungen bewegen große Wassermengen über weite Entfernungen. Sie transportieren aus den Tropen warmes Wasser bis in die gemäßigten Klimazonen und erwärmen dort die Meeresluft. Westwinde tragen diese Meeresluft zum Festland und sorgen dort für einen Klimaausgleich: Im Sommer mildern sie die Temperatur der heißen Festlandsluft; im Winter erwärmen sie die kalte Festlandsluft. Doch dieser ausgleichende Einfluss der milden Meeresluft nimmt mit zunehmender Entfernung vom Meer ab.

Das Wasser in den Meeren der polaren Klimazone ist wegen der dort geringeren Sonneneinstrahlung kalt. Auch die darüber liegende Meeresluft bleibt kalt und beeinflusst so das Klima des angrenzenden Festlandes: Der Sommer ist weniger warm; die Winterkälte hält länger an.

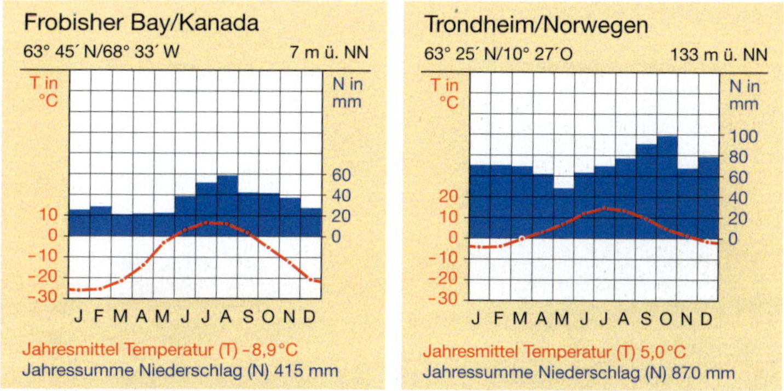

M5 Klimadiagramme

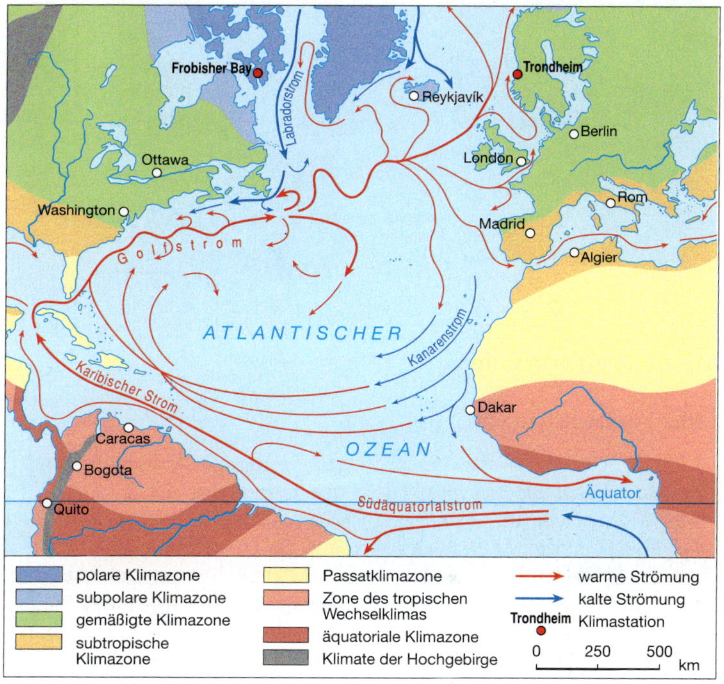

M6 Meeresströmungen und Klima

Schon gewusst?

Die Grenze zwischen dem Golfstrom und dem arktischen Kaltwasser vor Neufundland ist äußerst scharf. Schnelle Fahrgastschiffe fahren in 15 Minuten aus dem 20 °C warmen Wasser des Golfstroms in das 10 bis 15 °C kühle Wasser des Labradorstroms.

1. Schildere den Einfluss der Ozeane auf den Wasserhaushalt der Erde (Text, M3).
2. Beschreibe den Verlauf der Meeresströmungen im Atlantik. Beachte Strömungsringe, warme und kalte Strömungen (M6).
3. Begründe die Temperaturabweichungen vom Jahresmittel (Text, M4, M5).
4. Erkläre die Klimaunterschiede zwischen der Ostseite von Nordamerika und der Westseite von Europa (M4 – M6).

Die Wetterkarte

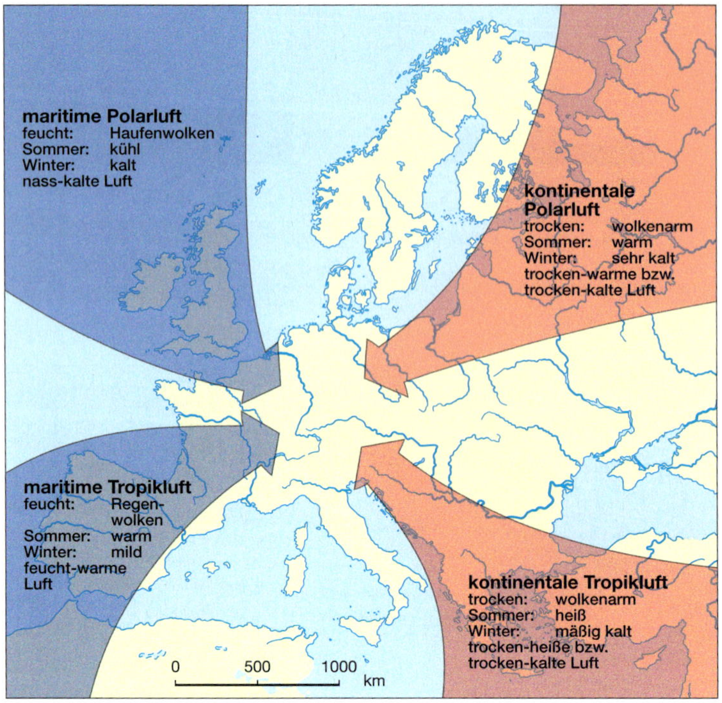

M1 Luftmassen in Europa

M2 Eigenschaften von Luftmassen

Liegt Luft tagelang über einem Gebiet, so nimmt sie Eigenschaften dieses Gebietes an. Sie gleicht sich der Temperatur der Land- oder Meeresoberfläche an. Über Wasserflächen oder von der Vegetation des Festlandes nimmt sie Wasserdampf auf. So entstehen in der Troposphäre, die an den Polen bis in acht Kilometern Höhe und am Äquator bis in 18 Kilometern Höhe reicht, eine einige hundert Kilometer lange und breite Luftmassen. Sie zeichnen sich durch verhältnismäßig einheitliche Eigenschaften der Wetterelemente aus: z. B. kalt, feucht, hoher Luftdruck, Windstille, neblig-trüb, kein Niederschlag.

Die amtliche Wetterkarte des Deutschen Wetterdienstes in Offenbach ist die Grundlage für den Wetterbericht in den Medien. Die Vorhersagen gelten in der Regel für 24 bis 36 Stunden. Die Wetterkarte enthält die Wetterelemente Lufttemperatur und -druck. In einer einfachen Wetterkarte werden Windrichtung und -geschwindigkeit sowie die Bewölkung nicht dargestellt, aber die Bewegungen von Luftmassen. Die Flächen, an denen sich Luftmassen treffen, werden „Fronten“ genannt. An ihnen kommt es zur Wolkenbildung und häufig zu Niederschlägen.

Witterung

In Deutschland wechselt das Wetter häufig. Der Wechsel ist eine Folge unterschiedlicher Wetterlagen. Sie ergeben sich aus der Verteilung von Hoch- und Tiefdruckgebieten sowie ihrer Luftmassen über Europa. Eine mehrere Tage oder länger anhaltende Wetterlage und deren Wetterablauf bestimmen die Witterung in einem Gebiet.

Meteorologen unterscheiden für Europa 29 Wetterlagen. Davon trifft in Mitteleuropa die Westlage am häufigsten ein. An etwa 100 Tagen im Jahr werden in rascher Folge Tiefdruckgebiete vom nördlichen Atlantik über Deutschland geführt. So ergibt sich im Sommer eine mäßig warme und im Winter eine milde, aber immer niederschlagsreiche Witterung.

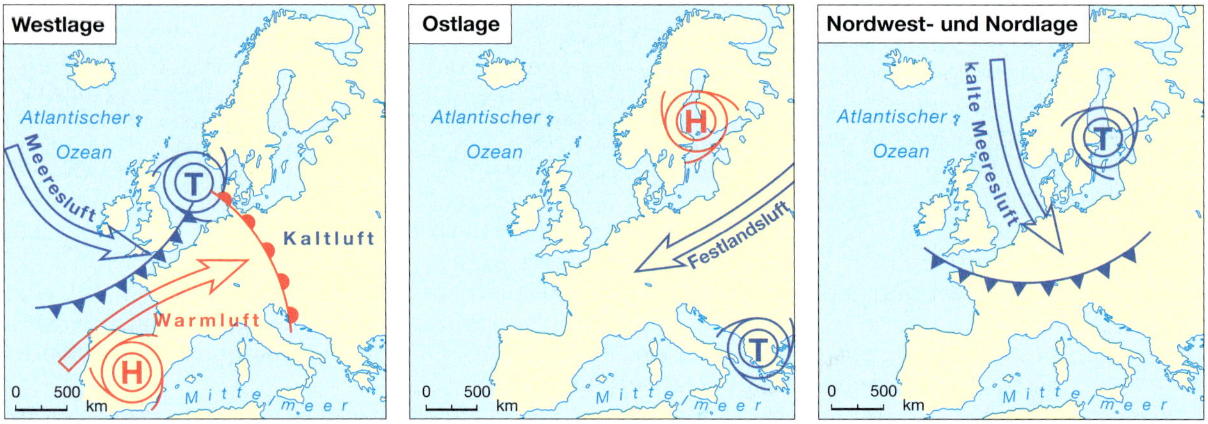

M3 Ausgewählte Großwetterlagen in Europa

M4 Wetterkarte vom 4. 08. 2007

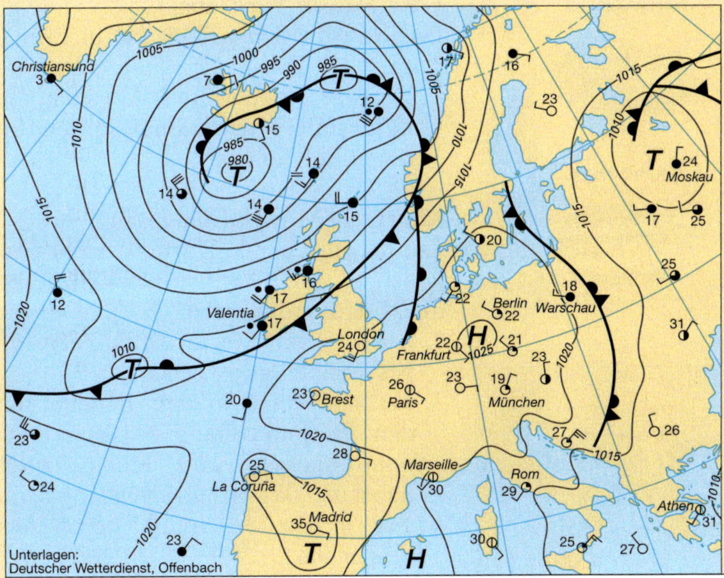

Wetterlage:
Ein umfangreiches Tiefdrucksystem über Mitteleuropa bringt in seinem Umfeld verbreitet kühles und wolkenreiches Wetter mit Regenfällen. Hoher Luftdruck herrscht über Nordeuropa.

Vorhersage:
Bei oft stark bewölktem Himmel ist es heute verbreitet regnerisch. Die Frühtemperaturen liegen zwischen 11 und 13 Grad. Es weht frischer Wind aus nordöstlichen Richtungen.

Anmerkung: Eine Okklusion ist der Zusammenschluss einer Kaltfront und einer Warmfront.

M5 Checkliste für das Lesen einer Wetterkarte

1. Schritt: Einordnen der Karte
   - Für welchen Tag gilt die Karte?
   - Welches Gebiet wird betrachtet?
2. Schritt: Kennzeichnen der Darstellung von Temperatur, Luftdruck, Luftmassen, Fronten
3. Schritt: Beschreiben der Wetterlage
   - Welches sind die wichtigsten inhaltlichen Aussagen?
   - Welche Fragen müssen beantwortet werden?
4. Schritt: Erklären der Wetterlage
   - Für welches Teilgebiet soll die Wetterlage erklärt werden?
   - Welche Erkenntnisse über den Wetterablauf sind zu gewinnen?

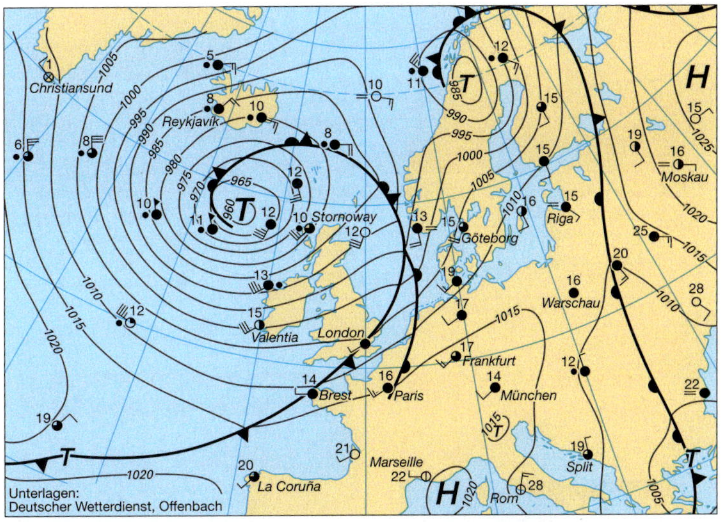

M6 Wetterkarte vom 18. 09. 1983 (Legende siehe M4)

Merke:
Auf der Nordhalbkugel strömt die Luft aus einem Hochdruckgebiet im Uhrzeigersinn heraus. In ein Tiefdruckgebiet strömt die Luft entgegengesetzt dem Uhrzeigersinn. Auf der Südhalbkugel ist es umgekehrt.

1. Beschreibe die Herausbildung unterschiedlicher Luftmassen in Europa (M1 – M3).
2. Erläutere den Einfluss zweier Großwetterlagen auf Schleswig-Holstein (Text, M3).
3. Verfasse anhand der Wetterkarte M6 einen kurzen schriftlichen Wetterbericht.

Wie gut weißt du über das Weltmeer Bescheid?

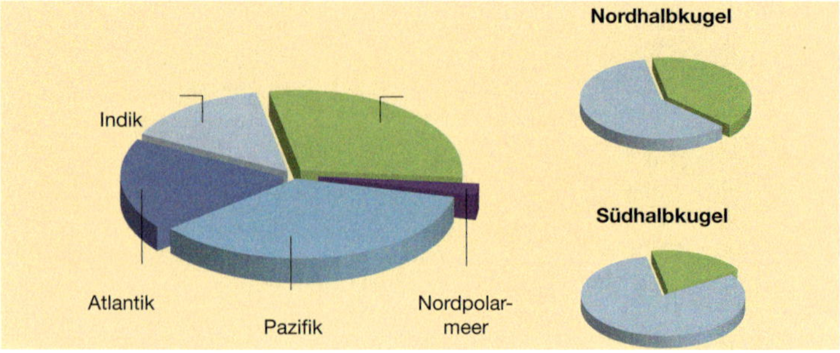

M1

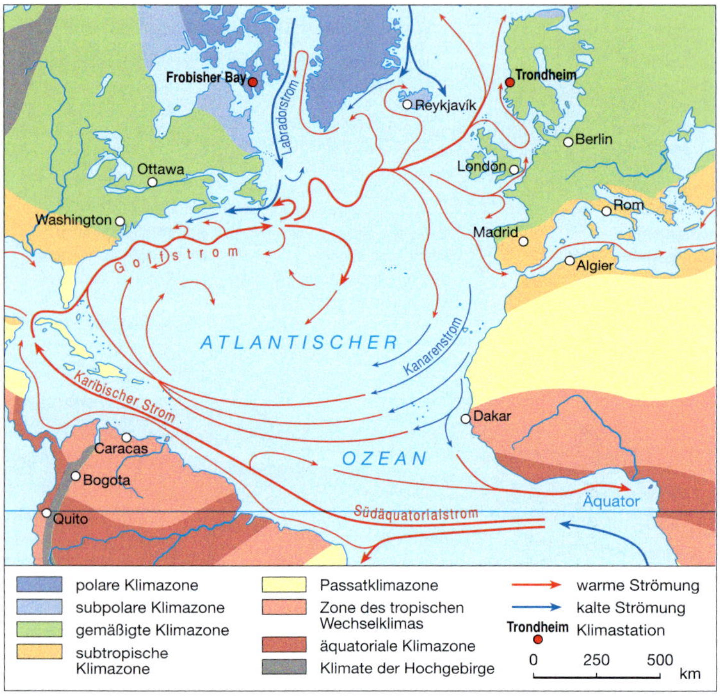

M2

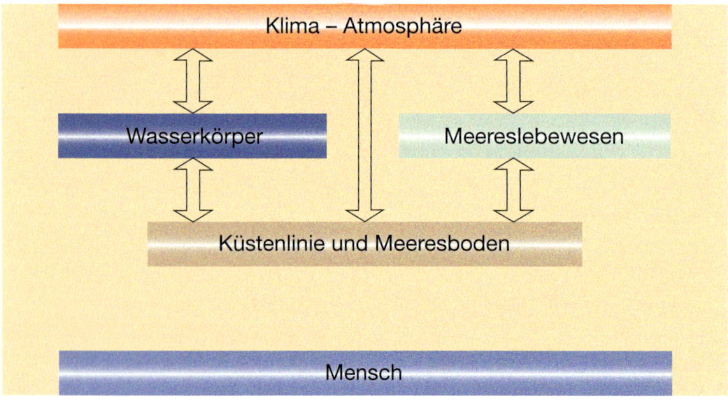

M3

Land-Wasser-Verteilung

Das hast du sicher noch gut in Erinnerung.

1. Ergänze die fehlenden Angaben. Gehe notfalls noch einmal an den Anfang des Kapitels.

Klima und Meeresströmungen

Die nebenstehende Karte ist nicht ganz vollständig. Du kennst inzwischen aber die Meeresströmungen.

2. Benenne die Meeresströmungen und beschreibe ihren Verlauf.
3. Verfasse einen kurzen Bericht über den Zusammenhang zwischen Meeresströmungen und Klima. Stelle dabei die „Warmwasserheizung Europas“ in den Mittelpunkt deiner Ausführungen.
4. Nachbarn von dir wollen zum Baden auf die Kanarischen Inseln fliegen. Sie sagen, das Meerwasser sei sehr warm, weil die Kanaren vor Afrika liegen und die Sahara nicht weit entfernt ist. Was erklärst du deinen Nachbarn?

Ökosystem Meer

Das Ökosystem setzt sich aus mehreren Teilsystemen zusammen.

5. Welche Begriffe gehören zu welchen Teilsystemen?
   1 Auftriebswasser, 2 Fischfang, 3 Gesteine, 4 Gewinnung von Rohstoffen, 5 Gezeiten, 6 Kohlendioxidgehalt, 7 Meeresströmungen, 8 Nutzung als Verkehrsraum, 9 Phytoplankton, 10 Relief, 11 Salzgehalt, 12 Sauerstoffgehalt, 13 Schwebeteilchen, 14 Sedimente, 15 Sonneneinstrahlung, 16 Temperatur, 17 Wind, 18 Zooplankton
6. Welche Pfeile fehlen deiner Meinung nach in der Graphik zwischen den Teilsystemen

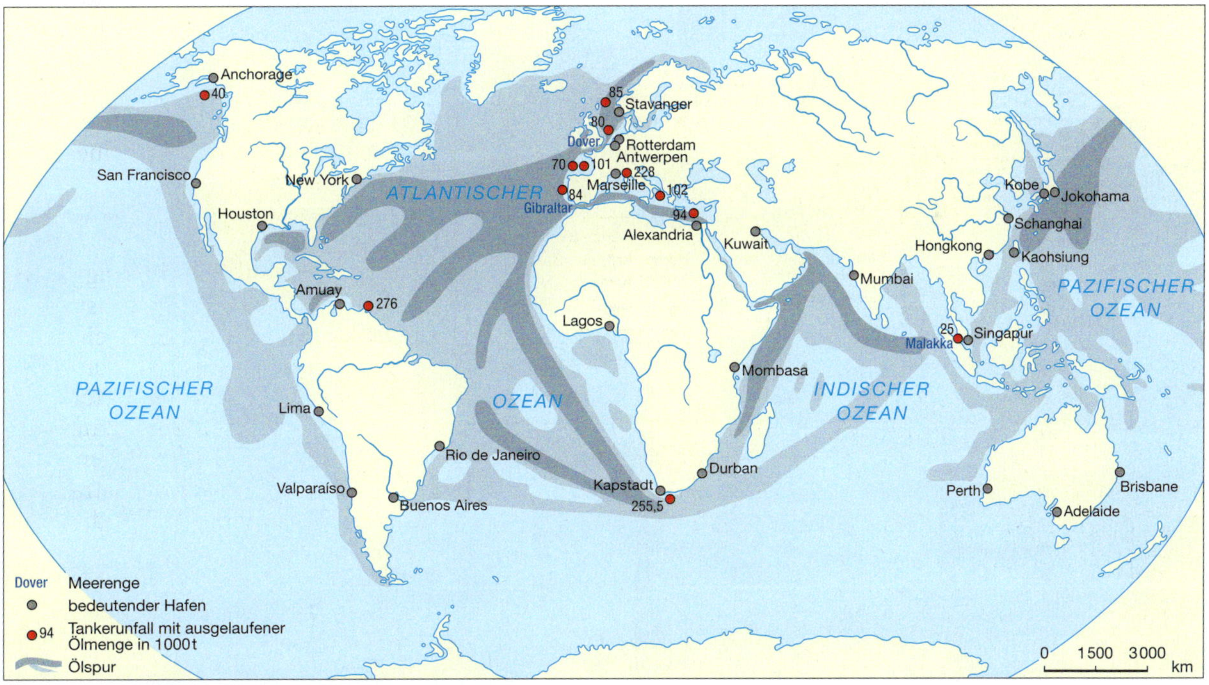

M4 Tankerunfälle und Ölspuren auf dem Meer

7. Du sollst für die Jugendseite deiner Lokalzeitung einen Bericht schreiben. Als Grundlage dienen dir die Karte und die Bilder. Du hast Platz für eine handgeschriebene Seite in deinem Arbeitsheft.

Räumliche Unterschiede bei den Herstellungskosten
Zollsenkungen, Abbau von Handelsschranken
Zunahme des Warenhandels
Billiger Transport (Seeweg, Container)
Billige Telekommunikation (Internet)

Der asiatische Pazifikraum: Motor der Weltwirtschaft

In den letzten Jahrzehnten wuchsen Handel, Auslandinvestitionen und Finanzströme zwischen den asiatisch-pazifischen Staaten und den anderen Ländern der Erde stark an.
In einem bisher nicht bekannten Umfang wird mit Waren über die Grenzen hinweg gehandelt und Geld im Ausland investiert. Es kommt zu einem starken Zuwachs der weltweiten Verflechtungen. Man spricht von „Globalisierung“.

Im Hafen von Singapur

Wirtschaftsräume in Ost- und Südostasien

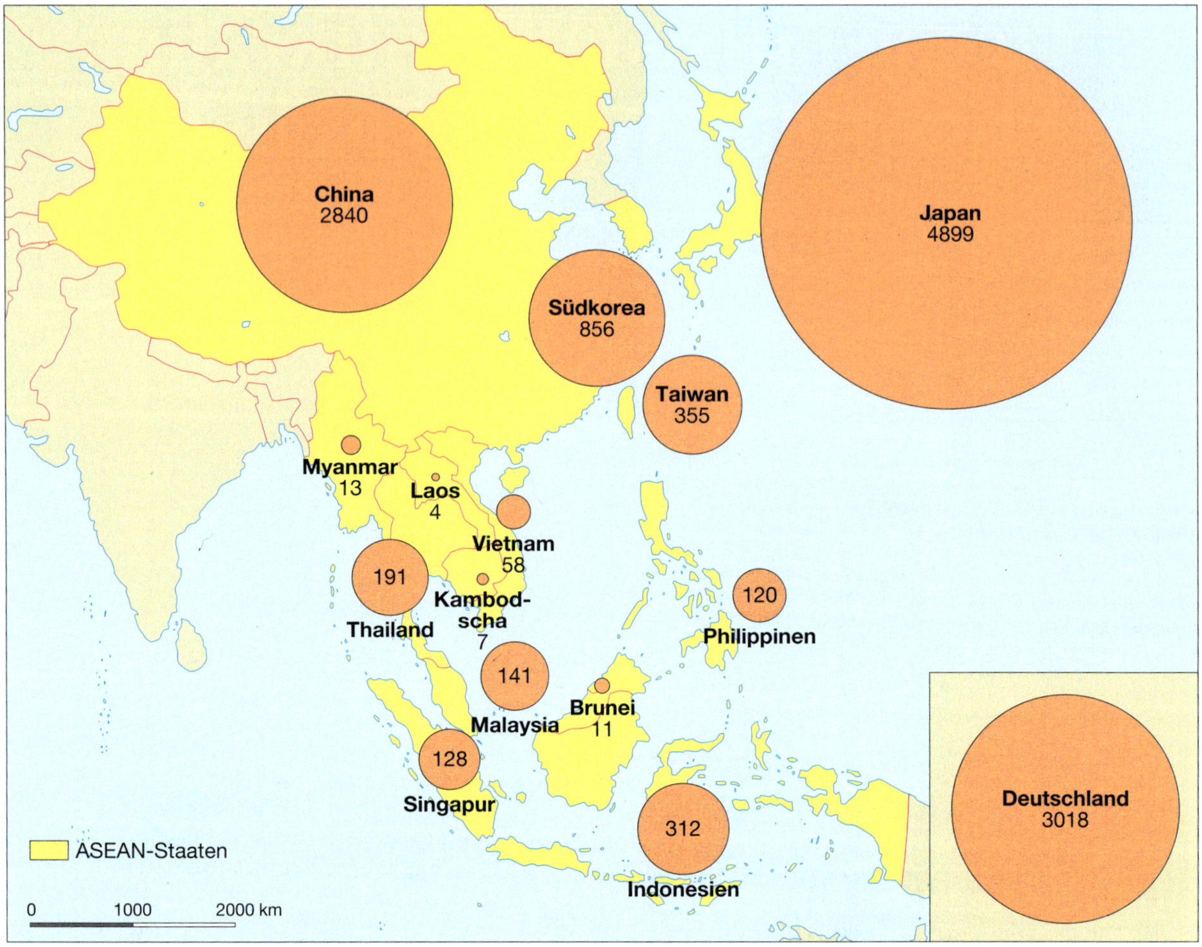

M1 Der asiatisch-pazifische Wirtschaftsraum nach der Wirtschaftskraft (Bruttonationaleinkommen 2006 in Mrd. US-$)

M2 Kultur, Religion und wirtschaftlicher Erfolg

Als Voraussetzung des wirtschaftlichen Erfolgs wird vielfach die konfuzianische Ethik genannt, welche insbesondere die chinesischen Volksgruppen Ost- und Südostasiens prägt. Konfuzius war ein chinesischer Philosoph und lebte von 551 bis 479 v. Chr. Merkmale des Konfuzianismus sind: Disziplin und Achtung von Vorgesetzten sowie Älteren, Fortschrittsglaube, hohe Arbeitsmoral und eine weitreichende Lernbereitschaft.
Der Buddhismus ist im gesamten asiatisch-pazifischen Raum verbreitet und geht auf die von Buddha (560–480 v. Chr.) gestiftete Religion zurück. Wirtschaftliche Tugenden werden allerdings nicht besonders betont. In Indonesien, Malaysia und Brunei ist der Islam Staatsreligion. Indirekt ist damit seine Bedeutung für die Wirtschaft hoch.
Man muss allerdings vorsichtig sein und darf keine allzu enge Verbindung von Weltanschauung und wirtschaftlicher Entwicklung vornehmen, denn auch Entscheidungen von Regierungen, weltpolitische und weltwirtschaftliche Einflüsse sind von Bedeutung.

Entwicklungsvoraussetzungen
Viele Länder Südostasiens litten nach dem Zweiten Weltkrieg unter kriegerischen Konflikten, wie dem Koreakrieg (1950–1953), der zur Teilung des Landes führte, dem Indochinakrieg (1946–1954) und dem Vietnamkrieg (1957/58–1975), der vor allem Vietnam, Kambodscha und Laos verwüstete.
Taiwan (Republik China) trennte sich 1949 von der Volksrepublik China. Auch heute noch gibt es Konflikte in Ost- und Südasien.
Die größte Veränderung hat in China mit der Öffnung von einem kommunistisch geführten Staat zur Marktwirtschaft stattgefunden.

M3 „Fliegende Wildgänse" – ein umstrittenes Modell der Entwicklung im asiatisch-pazifischen Raum von 1996

Ähnlichkeiten der wirtschaftlichen Entwicklung

In fast allen Ländern Ost- und Südostasiens ist der wirtschaftliche Aufschwung durch die Verbindung von einer straffen politischen Führung mit marktwirtschaftlichen Bestandteilen geprägt. Die Regierung macht genaue Vorgaben für die Wirtschafts-, Sozial- und Bildungspolitik. Umgesetzt werden sie aber durch eigenständige Unternehmen, z. B. den aus Familienunternehmen hervorgegangenen Konzernen Südkoreas wie Hyundai und Daewoo. In Singapur hingegen sind nach wie vor viele Unternehmen Staatsbetriebe.

Oft zeigt sich eine zweigeteilte Wirtschaftsstruktur, d. h., den Großunternehmen stehen Kleinbetriebe gegenüber, die ihnen zuarbeiten. Ein weiteres Kennzeichen ist ein straff organisiertes Bildungswesen – insbesondere in Japan und Südkorea.

Begrenzende Faktoren

Der ost- und südostasiatische Raum ist gegenwärtig der am stärksten wachsende Wirtschaftsraum der Erde. Dennoch gibt es noch zahlreiche Entwicklungshemmnisse. So ist die Zahl der Unterbeschäftigten sehr hoch, und Stadt-Land-Wanderungen tragen ebenso zu sozialen Spannungen bei wie die Schere zwischen Arm und Reich.

Räumliche Disparitäten zeigen sich zwischen den städtischen Wirtschaftszentren und zurückgebliebenen ländlichen Räumen. Auch Umweltschäden sind langfristig Hindernisse.

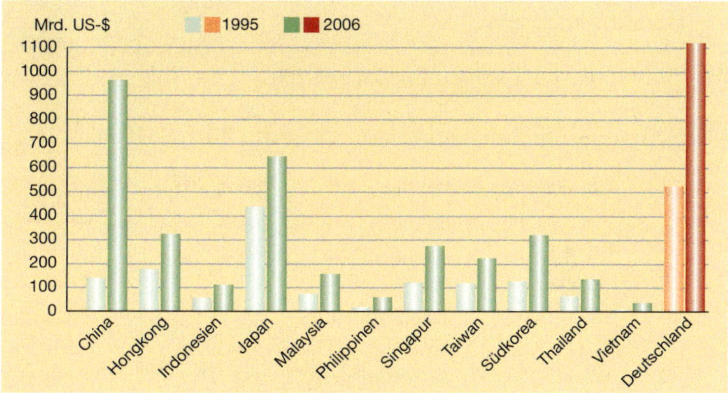

M4 Export von Waren 1995 und 2006 (Mrd. US-$)

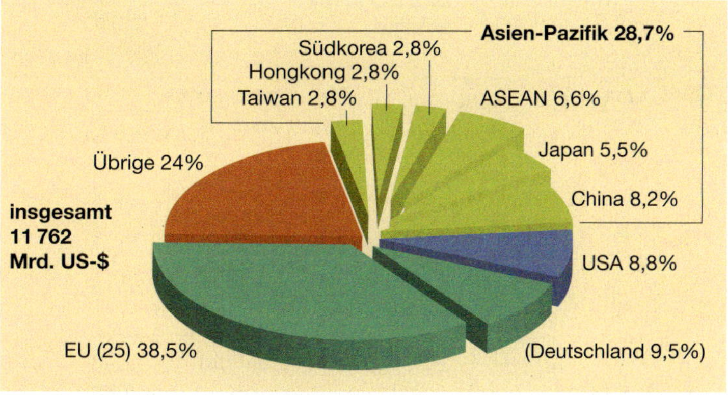

M5 Anteil an den Weltexporten 2006

1. Erläutere die Bedingungen für die Wirtschaftsentwicklung im asiatisch-pazifischen Raum (Text, M2).
2. Erstelle eine Rangfolge der Länder nach ihrer Wirtschaftskraft (M1).
3. Beschreibe das Bild der „Fliegenden Wildgänse" (M3). Stelle einen Zusammenhang mit der Wirtschaftskraft her (M1).
4. Vergleiche den Warenexport der einzelnen Länder (M4).
5. Erläutere den weltweiten Warenexport (M5).

Japan – Handelsmacht und Global Player

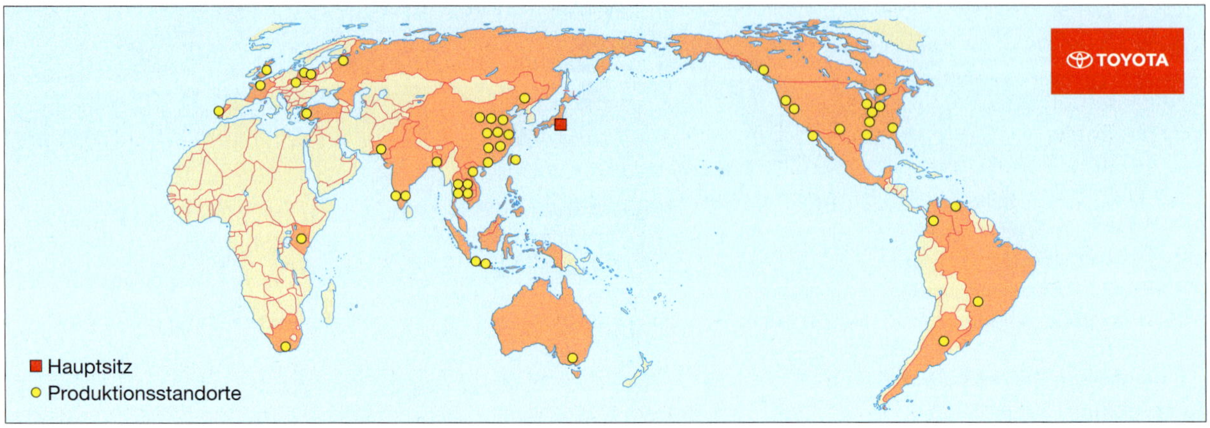

M1 Standorte von Toyota (ohne Japan) 2007

M2 Fünf japanische Unternehmen unter den Top 50 (2006)

Rang	Unternehmen	Branche	Beschäftigte	Umsatz (Mrd. €)
7	Toyota	Automobil	299 394	142,9
22	Honda	Automobil	167 231	66,2
26	NTT	Telekommunikation	199 733	64,2
31	Nissan	Automobil	165 729	62,5
34	Hitachi	Elektro/Technologie	349 996	61,2
41	Matsushita	Elektro/Technologie	328 645	54,4

M3 Japans größte Importpartner

	(2006)	Mrd. €	%
1	China	94,0	21,2
2	USA	55,1	12,4
3	EU (25)	47,2	10,7
4	Saudi-Arabien	29,4	6,6
5	VAE	25,2	5,7
6	Australien	22,0	5,0
7	Südkorea	21,7	4,9
8	Indonesien	19,2	4,3
9	Thailand	13,5	3,1
10	Malaysia	12,3	2,8
11	Katar	11,9	2,7
12	Iran	8,6	1,9
13	Kanada	7,6	1,7
14	Kuwait	7,5	1,7
15	Philippinen	6,2	1,4
16	Singapur	5,9	1,3

M4 Japans größte Exportpartner

	(2006)	Mrd. €	%
1	USA	116,8	24,4
2	EU (25)	74,5	15,6
3	China	73,6	15,4
4	Südkorea	39,9	8,3
5	Hongkong	28,9	6,0
6	Thailand	18,2	3,8
7	Singapur	15,5	3,2
8	Malaysia	10,5	2,2
9	Australien	9,9	2,1
10	Kanada	7,9	1,7
11	Mexiko	7,4	1,5
12	Philippinen	7,1	1,5
13	Panama	6,3	1,3
14	Indonesien	5,9	1,2
15	Russland	5,6	1,2
16	VAE	4,8	1,0

Höchst entwickeltes Industrieland in Asien

Japan konnte durch eine genau geplante Lenkung bei der Herstellung ausgewählter Handelsgüter auf europäischen und nord-amerikanischen Märkten bedeutende Marktanteile gewinnen.
Auch in Ostasien behauptet Japan eine Vorrangstellung. Die wachsende Konkurrenz Chinas könnte Japans Wirtschaft jedoch in Bedrängnis bringen.
Für die asiatischen Länder wird Japan auch künftig in dreierlei Hinsicht Bedeutung haben: als Großmacht mit technologischem Vorsprung, als bedeutender Absatzmarkt und als Kapitalgeber für die wirtschaftliche Entwicklung.

Globalisierung

Der Toyota-Konzern ist – neben vielen anderen japanischen Großunternehmen ein Global Player.
Diese Firmen organisieren ihre Produktion und vermarkten ihre Produkte weltweit. Sie richten in Ländern mit niedrigen Arbeits-, Rohstoff- oder Energiekosten sowie anderen Standortvorteilen ihre Produktionsstätten ein. Zugleich erschließen Global Player Absatzmärkte in anderen Industrieländern. Die weltweite Verflechtung bezeichnet man als „Globalisierung".

Organisation der Produktion

Seit über hundert Jahren wirken der Staat, Banken sowie Großunternehmen beim Auf- und Ausbau der Industrie zusammen. Der Staat fördert gezielt in den großen Betrieben die Entwicklung wettbewerbsfähiger Produkte. Die Japaner entwickelten Verfahren zur Kostensenkung in Betrieben. *Lean Production* (schlanke Produktion) umfasst Maßnahmen wie das Ausgliedern von Transportleistungen, den Einsatz von Robotern oder den Verzicht auf große Materiallager. Die fast lagerlose Produktion erfordert Just-in-time-Transporte: Lastwagen werden zu rollenden Lagerhäusern. Sie transportieren zu festen Zeiten Einzelteile und Baugruppen zum Großbetrieb. Tausende von Klein- und Mittelbetrieben sind durch Verträge an Großbetriebe gebunden. Etwa 70 Prozent der Produktion von Großbetrieben fertigen Zulieferbetriebe.

Ende der 1980er-Jahre geriet die japanische Wirtschaft in eine schwere Krise. Durch die Änderungen in den weltwirtschaftlichen Rahmenbedingungen waren die bisher bewährten Verfahren ungeeignet geworden. Die großen Unternehmen der Industrieländer verflechten sich (Globalisierung). Sie beschaffen sich das Kapital auf weltweiten Märkten. Unter diesen Bedingungen war das geschlossene System von Staat, Banken und Großunternehmen in Japan nicht mehr wettbewerbsfähig.

Früher prägte die Großfamilie das Leben. Die Älteren waren angesehen, die Jüngeren mussten ihnen gehorchen. Diese Rangordnung übertrug man auf das Arbeitsverhältnis in den Großbetrieben. Alle Mitarbeiter waren zur gewissenhaften Erfüllung ihrer Aufgaben verpflichtet. Ihr Arbeitsplatz war auf Lebenszeit gesichert. Diese Art der Unternehmensführung ändert sich. Es setzt sich die Kultur des Kaizen (Verbesserung durch Veränderung) durch. Sie soll die Grundlage wirtschaftlicher Erfolge werden. Eine wachsende Zahl junger Japaner gründet eigene Unternehmen. Sie riskieren dafür die Sicherheit des Arbeitsplatzes in einem Großunternehmen.

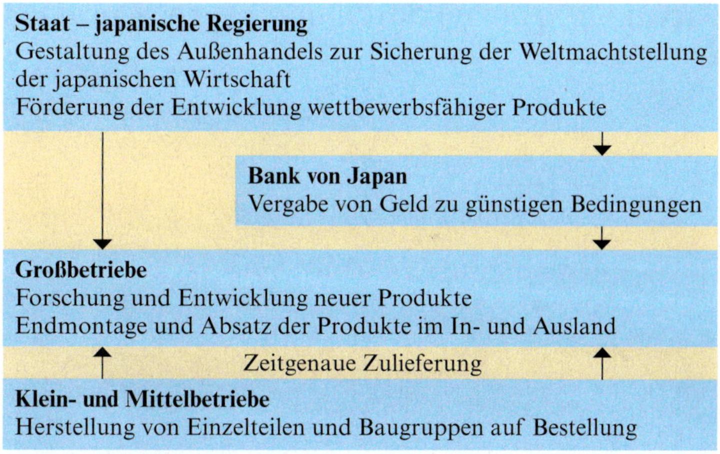

M5 Zusammenwirken von Staat, Banken und Großbetrieben

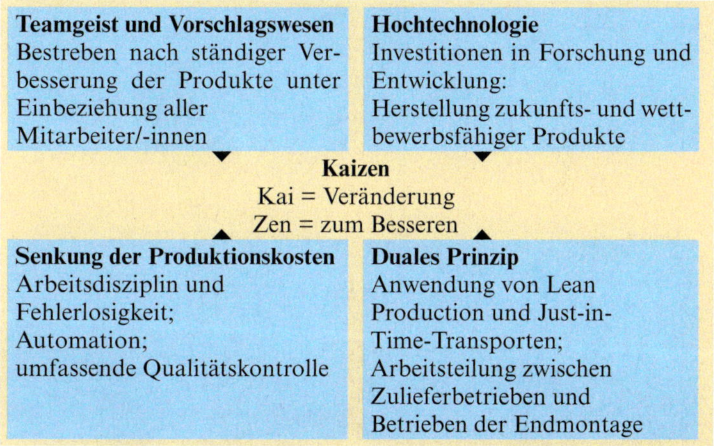

M6 Kaizen – ein Begriff für wirtschaftliche Veränderung in Japan

M7 Rohstoffabhängigkeit verringern

Japan verfügt nur über wenige Rohstoffvorkommen. Viele Rohstoffe müssen eingeführt werden. Deshalb förderte der Staat Energie und Rohstoff sparende Technologien der Veredlungsindustrie. So werden zur Herstellung eines Computers nur wenige Rohstoffe verbraucht; sein Materialwert ist gering. Doch das Endprodukt, das in zahlreichen Produktionsschritten hergestellt wird, ist wertvoll. Dabei werden die Rohstoffe veredelt. Zu den Veredelungsindustrien zählen z. B. Elektro- und Computertechnik, Feinmechanik, Glasfaseroptik, Software, Biotechnologie.

1. Erkläre Maßnahmen, die zum wirtschaftlichen Erfolg Japans beitrugen (Text, M5–M7).
2. Erläutere die Tabellen M3 und M4. Gliedere die Import- und Exportländer nach Regionen. Begründe deine Zuordnung.
3. Erläutere am Beispiel von Toyota Japans Rolle als Global Player (Text, M1, M2).

Japan – Probleme durch den engen Raum

M1 Verdichtungsraum Tokio mit mehr als 30 Millionen Einwohnern

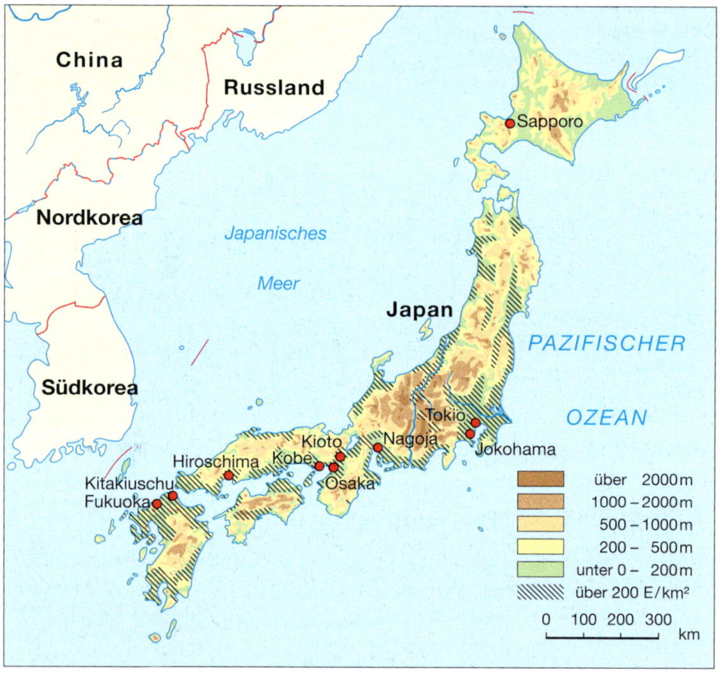

M2 Oberflächenformen und dicht bevölkerte Regionen

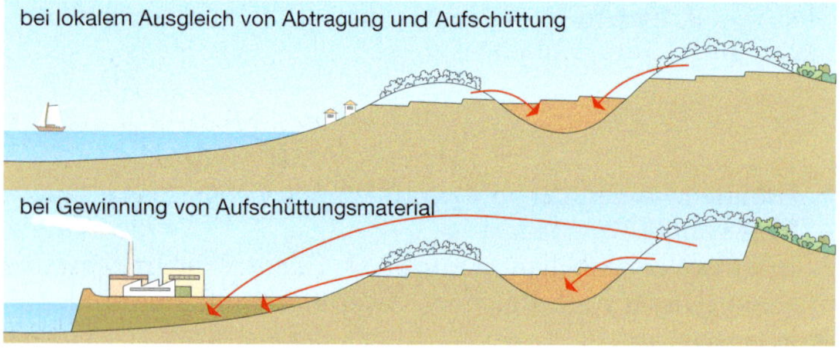

M3 „Abschneiden eines Berges" zur Neulandgewinnung

Raumaufteilung und Oberflächenform

Das Landesfläche umfasst etwa 4000 größere und kleinere Inseln. Es sind Gipfel eines untermeerischen Gebirgszuges. Drei Viertel der Oberfläche aller Inseln ist gebirgig. Insgesamt gibt es 30 Berge, die über 3000 Meter hoch sind. Wenige breite Täler, Becken und Ebenen unterbrechen die Gebirge. Schmale Küstenebenen begrenzen die Inseln. Von sieben größeren Ebenen, die etwa acht Prozent der Fläche einnehmen, liegen vier auf der Hauptinsel Honschu.

Nach der Bevölkerungsdichte (337 Ew./km²) – ist Japan nicht überbevölkert. Andere Länder wie Südkorea (484 Ew./km²) oder Bangladesch (943 Ew./km²) weisen eine viel höhere Einwohnerdichte auf. Da in Japan aber überwiegend die Küstenebenen, Täler und Beckenlandlandschaften besiedelt sind, liegt hier die Bevölkerungsdichte bei rund 1370 Einwohnern/Quadratkilometer (Schleswig-Holstein: 179 Ew./km²). Allein im Großraum Tokio lebt ein Viertel der japanischen Bevölkerung. Das sind fast 5400 Einwohner/Quadratkilometer.

Die Reliefverhältnisse haben die Bauern schon vor Jahrhunderten veranlasst, die nutzbaren Flächen intensiv zu bewirtschaften. Im Gartenbau erzielen sie auf kleinsten Betriebsflächen gleichmäßig hohe Erträge. Zur Erweiterung der landwirtschaftlichen Nutzfläche legten sie an Hängen mit einer Neigung bis zu 15 Grad Terrassen an.

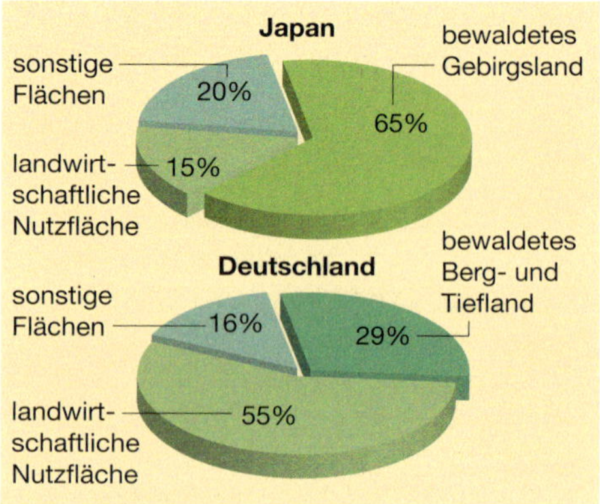

M4 Bodennutzung in Prozent

M5 Aufschüttungsfläche Mizushima westlich von Kobe

Überwindung der Raumenge

Seit Mitte der 1960er-Jahre wurde im Meer Bauland für Industriestandorte aufgeschüttet. Hierzu eignen sich die Buchten der Ostküste mit ihren geringen Wassertiefen von rund fünf Metern. Man legte Polder an und füllte sie mit Baggergut sowie Industrie- und Haushaltsabfällen auf. Die gewonnenen Flächen sind durch hohe Deiche vor der Brandung und vor Sturmfluten geschützt. So z. B. entstand der Industriekomplex Mizushima (= Wasserinsel) bei Kobe auf einer Aufschüttungsfläche von 25 Quadratkilometern.

Ähnliche wie Industrieanlagen wurden auch Flughäfen auf künstlichen Inseln gebaut – wie Chubu in der Ise-Bucht vor Nagoja oder Kobe.

Die Neulandgewinnung (bisher rd. 1000 km^2) ist zeitaufwändig und teuer. Für den Flughafen Kobe mussten z. B. 66 Millionen Kubikmeter Schutt (16 Mio. m^3 Gestein und 8 Mio. m^3 Sand) bewegt werden. In der Bucht von Tokio konnten 200 Quadratkilometer Land gewonnen werden. Aber viele Gebäude stehen auf verseuchtem Untergrund. Deshalb kam der Plan, in der Bucht eine riesige Insel aufzuschütten, nicht zur Ausführung.

M6 Aufschüttungsfläche (links) in Hakodate, Südspitze von Hokkaido

1. Erkläre den Zusammenhang von Oberflächenform und Bevölkerungsverteilung in Japan (Text, M1, M2, M4).
2. Erläutere, wie Japan der Raumenge begegnet (Text, M3, M5, M6).
3. Begründe, welche Bedeutung die Landgewinnung für die japanische Wirtschaft hat.
4. Vergleiche die Verfahren zur Neulandgewinnung (Text, M3). Welche Auswirkungen haben sie auf die Umwelt?

Chinas Wirtschaftskraft

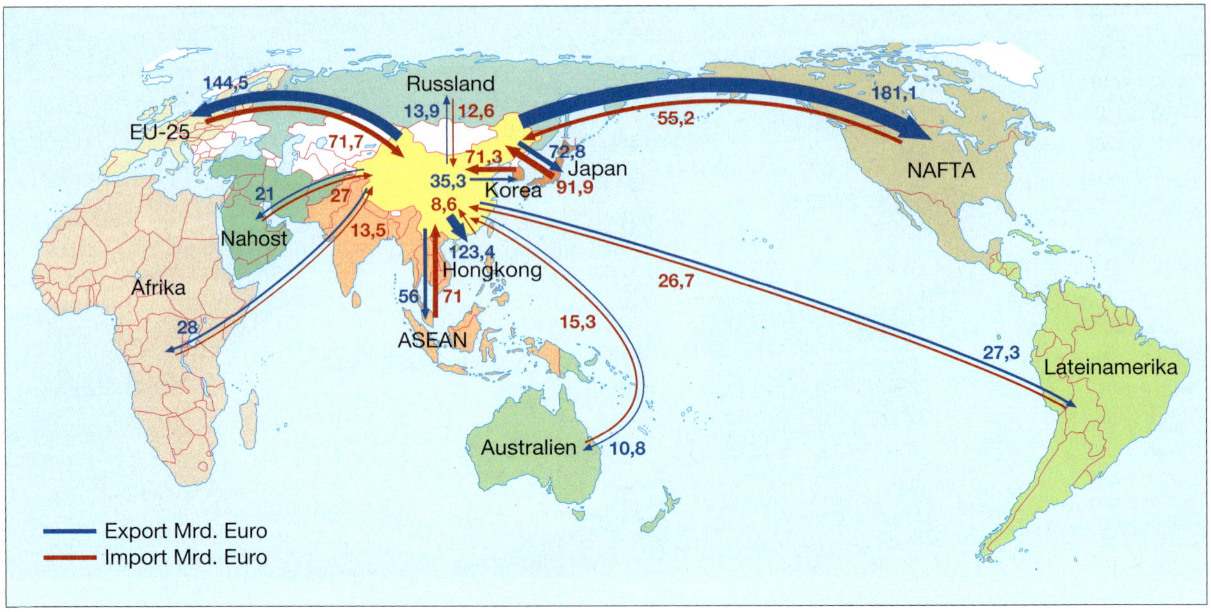

M1 Chinas Außenhandel 2006 nach Ländern und Regionen

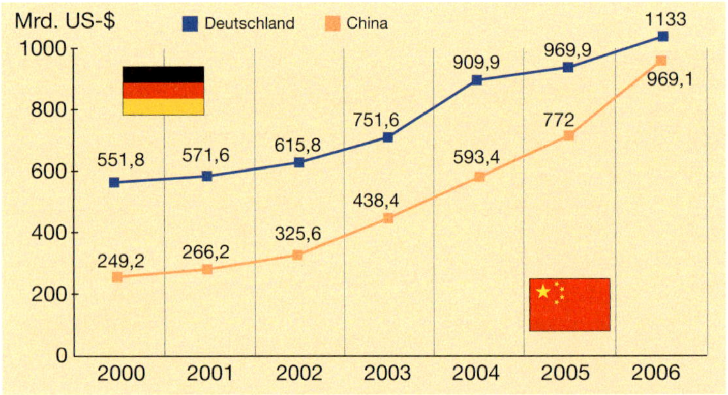

M2 Chinas Ausfuhren im Vergleich mit Deutschland

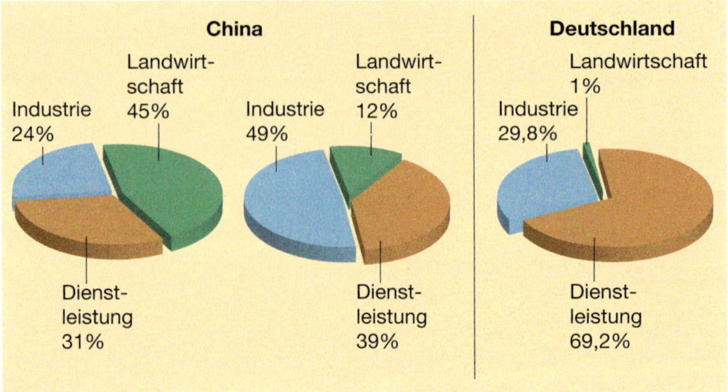

M3 Beschäftigte und Anteile am BIP 2006

Dynamische Wirtschaftsentwicklung

Vor mehr als dreißig Jahren begann China, sich von der staatlich gelenkten Planwirtschaft zu lösen. Der Aufbau zur „sozialistischen Marktwirtschaft chinesischer Prägung" ist zwar noch nicht abgeschlossen, doch die Zuwachsraten der Wirtschaft sind höher als die von Deutschland oder Japan. China ist neben Japan die wichtigste Wirtschaftsmacht im asiatisch-pazifischen Raum und zugleich eine weltweite Wirtschaftslokomotive. Ausländische Unternehmen investieren in China oder verlagern ihre Produktion in das Billiglohnland mit Stundenlöhnen von teilweise unter einem Euro.

Aber China ist nicht nur „verlängerte Werkbank" für die westlichen Industrieländer, deren Know-how es benutzt. Zunehmend fließen ausländische Gelder für Forschung und Entwicklung in das Land und beschleunigen den Weg zur Hightech-Nation. In der Informationstechnologie nimmt China bereits eine Spitzenstellung ein. Chinesische Global Player sind im Entstehen und werden auf dem Weltmarkt die Konkurrenten der „alten" Industrieländer sein.

Wo sind die Grenzen des Wachstums?
Chinas schnelles Wirtschaftswachstum hat schon mehr als 200 Millionen Menschen aus der Armut befreit. Aber 800 Millionen Landbewohner, von denen die Hälfte in der Landwirtschaft arbeitet, hatten bislang am Volkseinkommen nur einen geringen Anteil. Das Gleiche gilt für die rund 200 Millionen Wanderarbeiter. Der rasche Wirtschaftsaufschwung wird von schweren Umweltproblemen begleitet. Für die Luftverschmutzung sind hauptsächlich die Kohlekraftwerke verantwortlich. China verfeuert mehr Kohle als Europa, die USA und Japan zusammen. Die Stahlwerke benötigen ein Fünftel mehr an Energie pro erzeugter Tonne Stahl als im internationalen Durchschnitt. Bei der Verbrennung von Kohle und Erdöl entsteht Schwefeldioxid, das den sauren Regen verursacht. Der Schwefeldioxid-Ausstoß steigt schneller als die Zuwachsraten der Wirtschaft.
Eine akute Herausforderung ist die Wasserversorgung. Die Industrie verbraucht vier bis zehn Mal mehr Wasser für die Produktion als im Durchschnitt der Industrieländer. Bei einem Drittel aller Flüsse ist die Qualität des Wassers bereits so schlecht, dass es nicht mehr in der Industrie oder für Bewässerungszwecke genutzt werden kann.
Wasserknappheit gibt es auch im nördlichen Landesteil, in dem die Hälfte der Bevölkerung lebt. Der Hwangho erreicht nur noch selten das Gelbe Meer, da Industrie und Landwirtschaft das Wasser vorher ableiten. Ein 60 Milliarden US-Dollar teures Projekt soll dem Gelben Fluss wieder Wasser aus dem Jangtsekiang zuführen.
Statistiken über Todesfälle durch Umweltverschmutzung werden nicht veröffentlicht. Sie könnten, so die Verlautbarung, die „soziale Stabilität" gefährden.

Schon gewusst?
China ist weltweit
- die Nr. 1 nach der Bevölkerung
- die Nr. 3 nach der Fläche
- die Nr. 3 nach dem Handelsvolumen (Import und Export)
- die Nr. 4 nach der Wirtschaftskraft

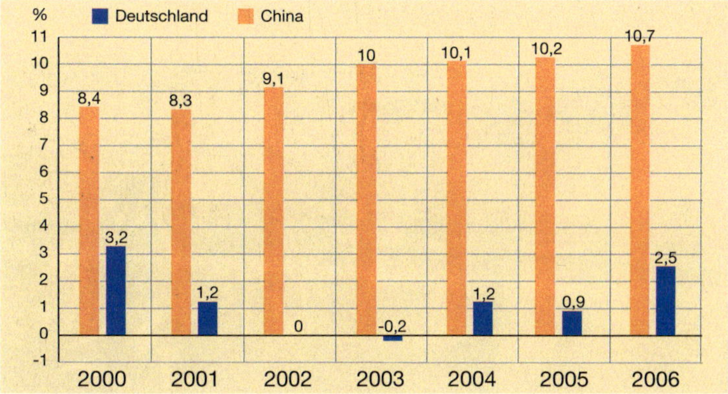

M4 Jährliche Wachstumsrate des BIP gegenüber dem Vorjahr (in %)

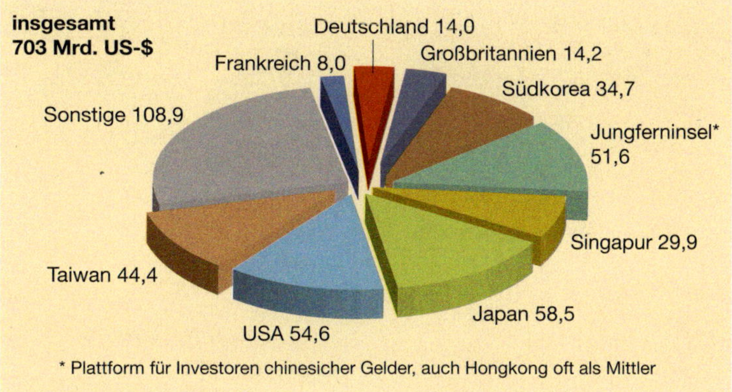

M5 Ausländische Direktinvestitionen in China 1990–2006

M6 Deutsche Entwicklungshilfe für China?

Verfügbares Pro-Kopf-Einkommen 2006 Ø	Devisenreserven Chinas 31. 3. 2007	Chinesische Auslandsinvestitionen bis Ende 2006
Stadt: rd. 1180 € Land: rd. 360 €	1202 Mrd. US-$	70 Mrd. US-$ (vorwiegend Afrika)

Bundesministerium für wirtschaftliche Zusammenarbeit (BMZ): China gehört zu den Partnerländern der deutschen Entwicklungszusammenarbeit. Schwerpunktbereiche sind Klima-, Umwelt- und Ressourcenschutz, erneuerbare Energien, Energieeffizienz, nachhaltige Wirtschaftsentwicklung. Zugesagte Mittel 1982–2007 (Kredite zu besonders günstigen Bedingungen): finanzielle Zusammenarbeit: 2,4 Mrd. €, technische Zusammenarbeit: 570 Mio. €

1. Nenne Faktoren, die China als „Wirtschaftswunderland" ausweisen (Text, M1, M2, M4, M5).
2. Erläutere die Folgen des Wirtschaftswachstums (Text, M4).
3. Nimm zu der Frage Stellung, ob China noch deutsche Entwicklungshilfe braucht (M3, M6).
4. Erläutere den Ausdruck „sozialistische Marktwirtschaft chinesischer Prägung" (Internet).

Wirtschaftsmetropole Schanghai

M1 VW-Produktion in Schanghai

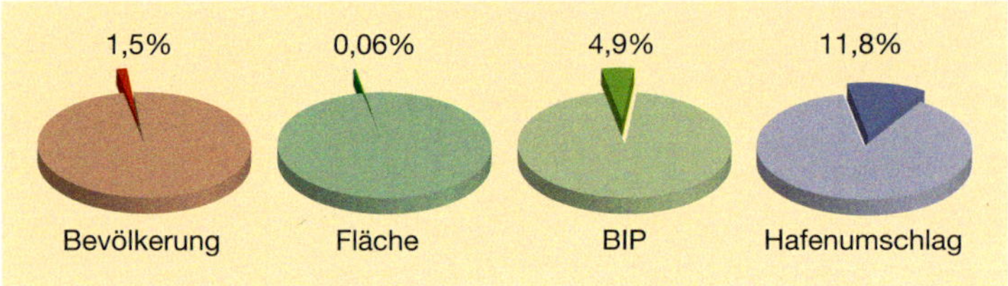

M2 Schanghais Anteile im Verhältnis zu ganz China

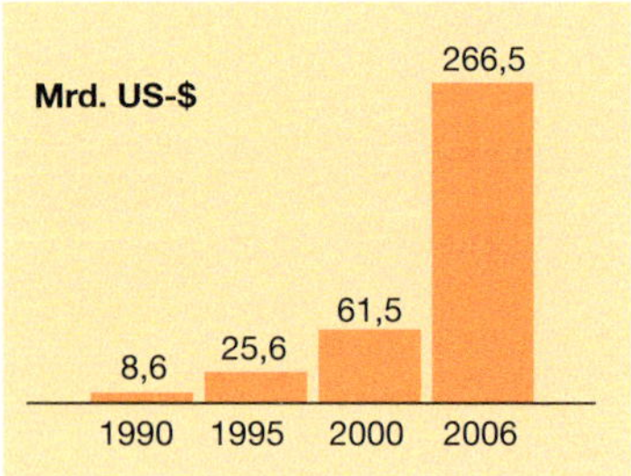

M3 Ausfuhr aus Schanghai (Wert)

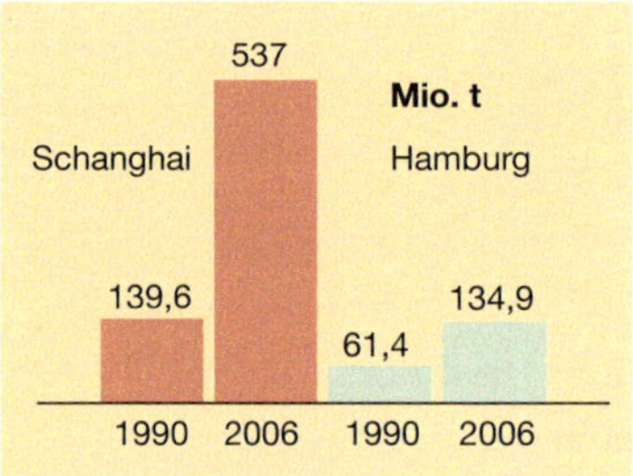

M4 Hafenumschlag im Vergleich

M5 Steckbriefe im Vergleich 2006

	Schanghai	Schleswig-Holstein
Fläche	6340 km²	15 800 km²
Einwohner	18,6 Mio., 3 Mio. „Illegale" Stadtkern: 9,3 Mio.	2,83 Mio. Kiel: 233 000
Bevölkerungsdichte	2157 E/km²; am dichtesten besiedelt Huangpu District: 48 501 E/km²	179 E/km² (Kiel: 1960 E/km²)
Beschäftigte nach Sektoren	primär: 6,2%, sekundär: 37%, tertiär: 56,8%	1.: 3,2 %, 2.: 20 %, 3.: 76,8 %
Verfügbares Einkommen E./J.*	20 668 Yuan (rd. 2000 €)	16 920 €

* Viele von Chinas 300 000 Millionären leben in Schanghai.

Säulen der Wirtschaft

Schanghai rühmt sich, Chinas bedeutendster Wirtschaftsstandort zu sein. Die wichtigsten Industriezweige sind: Elektronikindustrie und Informationstechnologie, Kraftfahrzeugproduktion, Stahlherstellung, Petrochemie, Maschinenbau und Biochemie.

Mit Hongkong besteht ein Wettbewerb um den größten Finanz- und Handelsplatz. Schanghai verweist auf 563 Finanzinstitute, die sich bis 2006 in der Stadt niedergelassen hätten. Davon seien 105 ausländische Unternehmen. Der Hafen führt beim Umschlag die Weltspitze an.

Gründe für den Wirtschaftsboom

Anfang der 1980er-Jahre setzte in China der Übergang von der Planwirtschaft zur „sozialistischen Marktwirtschaft" ein. In den „geöffneten Küstenstädten", zu denen auch Schanghai gehörte, wurden die ersten Unternehmen mit ausländischer Beteiligung – Joint Ventures – zugelassen. So errichtete z. B. VW 1984 seine erste Autofabrik in Anting.

Einen gewaltigen Schub erlebte Schanghai Anfang der 1990er-Jahre, als die chinesische Regierung beschloss, die Stadt zum neuen Wirtschaftszentrum in Ostasien auszubauen. Eine der ersten Maßnahmen war die Umgestaltung ehemaliger Reisanbauflächen des Stadtteils Pudong in eine Sonderwirtschaftszone. Heute stehen dort zahlreiche Wolkenkratzer, u. a. das 492 Meter hohe „Shanghai World Financial Center".

Schanghais Wirtschaft wächst im Durchschnitt jährlich um zwölf Prozent. Staatliche Unternehmen beschäftigten 2006 nur noch rund 16 Prozent aller Arbeitskräfte, während bereits über zehn Prozent in Betrieben arbeiteten, die mit ausländischem Geld errichtet wurden. Schanghai zieht große Summen an Kapital an, allein in Pudong investierten ausländischen Firmen bislang etwa 40 Milliarden US-Dollar. Die Zahl der ständigen ausländischen Mitarbeiter beläuft sich auf etwa 50 000, darunter allein aus Deutschland 7000.

Folgen des Wirtschaftswachstums
Das schnelle Wirtschaftswachstum geht zu Lasten der Umwelt. Luft und Wasser werden durch Kohlekraftwerke, Ölraffinerien, Chemiebetriebe und Stahlwerke stark belastet. Auch der Autoverkehr sowie die starke Bautätigkeit belasten die Umwelt. Die Stadtverwaltung sah sich schon vor Jahren genötigt, besonders stark die Umwelt verschmutzende Betriebe aus dem Zentrum in Randbezirke zu verlagern. Besonders dringlich ist die Wasserkontrolle des Huangpu, der die Stadt mit Trinkwasser versorgt. Noch vor kurzem musste der Fluss täglich etwa vier Millionen Tonnen ungeklärte Abwässer aus Fabriken und Haushalten aufnehmen. Bis 2010 – so die Planung – sollten 80 Prozent der Abwässer erst nach Vorreinigung in die Flüsse geleitet werden. Ferner wollte man die Luftverschmutzung soweit verringern, dass Tage mit „guter Luft“ während 85 Prozent des Jahres vorherrschen.

Ein weiteres Problem ergibt sich aus der wachsenden Einwohnerzahl. Ohne die amtlich gezählten drei Millionen Wanderarbeiter, die in der Statistik als „Illegale“ geführt werden, wäre Schanghais Wirtschaft nicht so erfolgreich. Die meisten Wanderarbeiter sind auf den zahlreichen Baustellen beschäftigt. Sie verdienen noch weniger als die regulären Arbeitskräfte, manchmal weniger als umgerechnet 60 Cent in der Stunde.
Die Kernstadt mit ihren zehn Millionen Einwohnern zählt bereits heute zu denen am dichtesten Regionen der Welt und soll nicht weiter verdichtet werden. Deshalb möchte die Stadtverwaltung die Zuwanderung auf 300 000 Personen im Jahr beschränken. Der in den nächsten Jahren durch Zuwanderung zu erwartende Bevölkerungszuwachs von fünf Millionen Menschen soll im Umland aufgefangen werden. Die Stadtplaner haben hierfür ein Modell 1-9-6-6 gewählt: Die Kernstadt wird von neun „New Cities“ für je 300 000 bis 800 000 Menschen umgeben sowie von 60 „New Towns“ mit 50 000 bis 100 000 Einwohnern und 600 zentralen Dörfern.

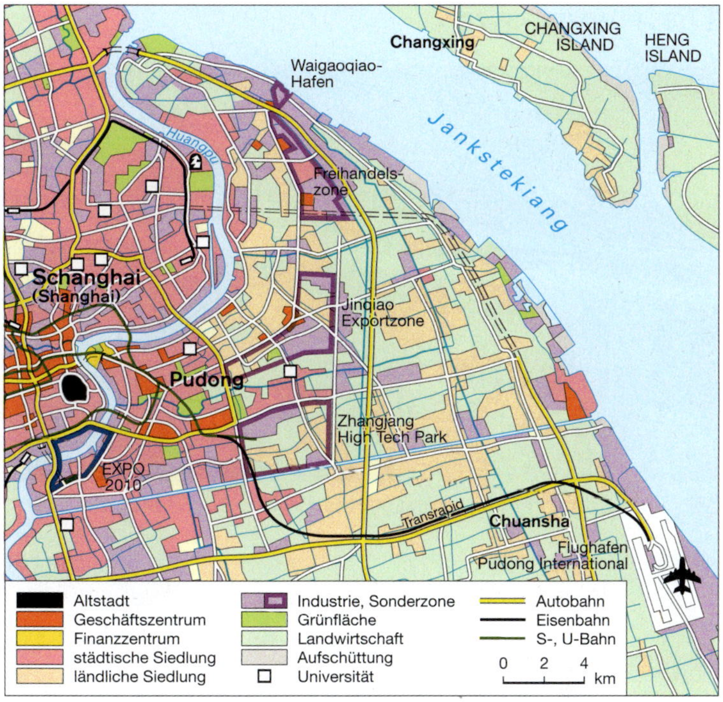

M6 Industriestandorte und New Cities in Schanghai

M7 Ausgewählte Produktionsziffern

Jahr	Stahl (Mio. t)	Farbfernsehgeräte (Mio.)	Pkw (Stück)	PC (Stück)	Handys (Mio.)
1990	9,1	0,8	24 600	7700	k. A.
2000	17,8	1,5	251 500	420 400	8,5
2006	19,0	2,5	644 700	26 700 000	11,3

M8 Schanghais Entwicklungsziele

- Ausbau zu einem der größten internationalen Finanzzentren
- Erhöhung des Hafenumschlags auf 550 Mrd. US-$
- Möglichkeiten zur Produktion von besonders großen Industrieanlagen (Kernkraftwerke, Wasserkraftwerke) sowie von Transportmitteln (Magnetschwebebahn, Schnellbahn)
- Bau von Schiffen (jährliche Schiffsbaukapazität: 8 Mio. t)
- Entwicklung und Ausbau von Luft- und Raumfahrt
- Entwicklung/Produktion von chinesischen Kraftfahrzeugen
- Forschungs- und Entwicklungszentrum für Speicherchips und TFT/LCD-Flachbildschirme

1. Erläutere Schanghais Bedeutung als Wirtschaftsmetropole für China (Text, M1, M2).
2. Werte die Daten aus, die Schanghais Wirtschaft kennzeichnen (M3–M5, M7).
3. Bewerte die Folgen des Wirtschaftswachstums. Beachte dabei die Stadtentwicklung (Text, M6).
4. Nimm zu den Entwicklungszielen Stellung (M8).

Die Tigerstaaten

M1 Finanzzentrum Hongkong, rechts die chinesische Staatsbank

M2 Großwerft des Hyundai-Konzerns in Ulsan, Südkorea

Tiger auf dem Sprung

Der Begriff „Kleine Tiger" wurde in den 1980er-Jahren für die vier asiatischen Länder Hongkong, Singapur, Südkorea und Taiwan geprägt. In diesen Ländern, die vor 1960 zu den ärmsten Entwicklungsländern gehörten, vollzog sich eine schnelle Industrialisierung.

Indonesien, Malaysia, die Philippinen und Thailand machten eine ähnliche Entwicklung durch. Sie werden deshalb zu den Tigern der zweiten Generation gezählt.

Der „Große Tiger", der ebenfalls den westlichen Industrienationen seine „Krallen zeigte und zum Sprung ansetzte", war China. Zusammen mit Vietnam wird China der dritten Generation von Tigerstaaten zugeordnet.

Allen gemeinsam ist, dass sie zum Teil noch heute Niedriglohnländer sind, aber auch mit Hightech-Produkten auf dem Weltmarkt auftreten. Der Export geht vorrangig in die reichen westlichen Industrieländer. Durch die Festlegung auf den Export entstehen jedoch Abhängigkeiten und Risiken. Das erlebten die kleinen Tiger der ersten Generation 1997, als Kapital aus ihren Ländern abgezogen wurde und ihre Wirtschaft kurz vor dem Zusammenbruch stand.

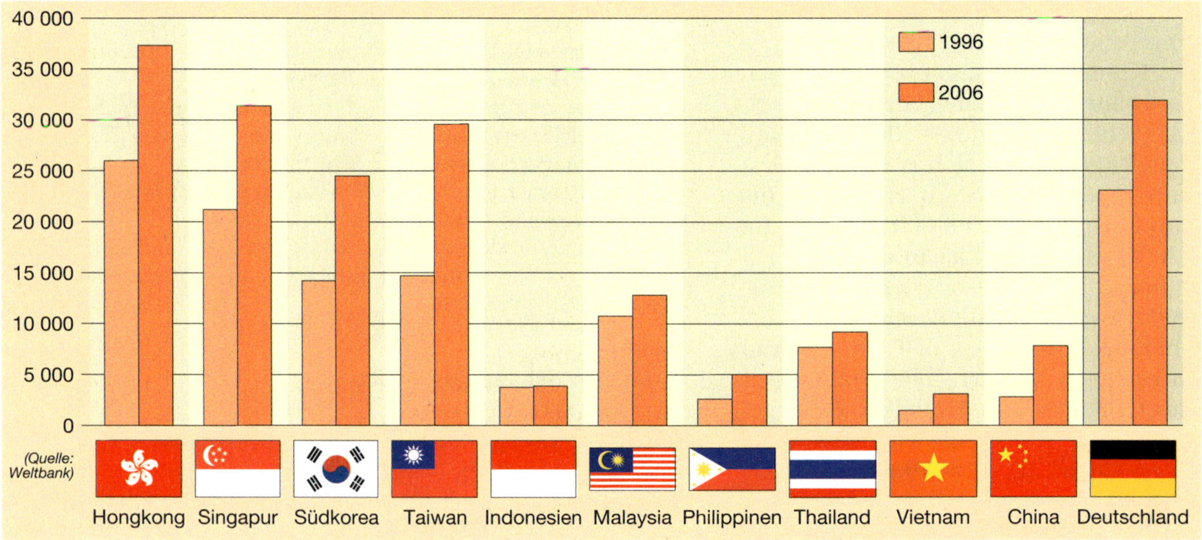

M3 Bruttonationaleinkommen (BNE) pro Kopf nach der Kaufkraft in US-$

Die Tiger der ersten Generation
Hongkong: bis 1996 britische Kronkolonie, seit 1997 chinesische Sonderverwaltungszone, Finanzzentrum Chinas, wichtigster Hafen im Süden Chinas
Singapur: bis 1963 britische Kolonie, zwei Jahre Staatenbund mit Malaysia, 1965 unabhängig und Einbindung in internationale Wirtschaft, ab 1990er-Jahre Aufbau von Industrieanlagen im Ausland
Südkorea: nach Koreakrieg (1950–1953) Teilung des Landes, in Südkorea zunächst Leichtindustrie für den Export, ab 1970er-Jahre Großkonzerne, heute Export hochwertiger Güter
Taiwan: (von China als Provinz des Gesamtstaates betrachtet), Entwicklung vergleichbar mit Südkorea, aber früher einsetzend und inzwischen weiter fortgeschritten

Die Tiger der zweiten Generation
Indonesien: ab den 1970er-Jahren Wirtschaftsaufschwung, u. a. getragen durch Erdölfunde; hohe Auslandsverschuldung, große Unterschiede zwischen „home industries“ und Hightech-Betrieben
Malaysia: seit 1960er-Jahren erfolgreicher Übergang vom Agrarland und Rohstofflieferanten zum Schwellenland, bis 2020 Aufstieg zur Industrienation geplant
Philippinen: Wirtschaftsaufschwung dank ausländischer Investitionen, Erleichterung des Handels, aber noch große staatliche, unwirtschaftliche Unternehmen, Exportorientierung von Elektronikerzeugnissen
Thailand: keine staatlich gelenkte Marktwirtschaft wie z. T. in anderen Tigerstaaten, Förderung privater Unternehmen, Schwellenland mit hohem Agraranteil, starke Exportorientierung (Elektronik, Kfz-Produktion)

Die Tiger der dritten Generation
China: nach Einführung der „sozialistischen Marktwirtschaft“ ab den 1990er-Jahren starke Exportorientierung, mittlerweile Weltwirtschaftsmacht
Vietnam: nach Ende des Vietnamkrieges 1976 Wiedervereinigung von Nord- und Südvietnam, Übergang von der Zentralverwaltungswirtschaft zur sozialistischen Marktwirtschaft wie in China

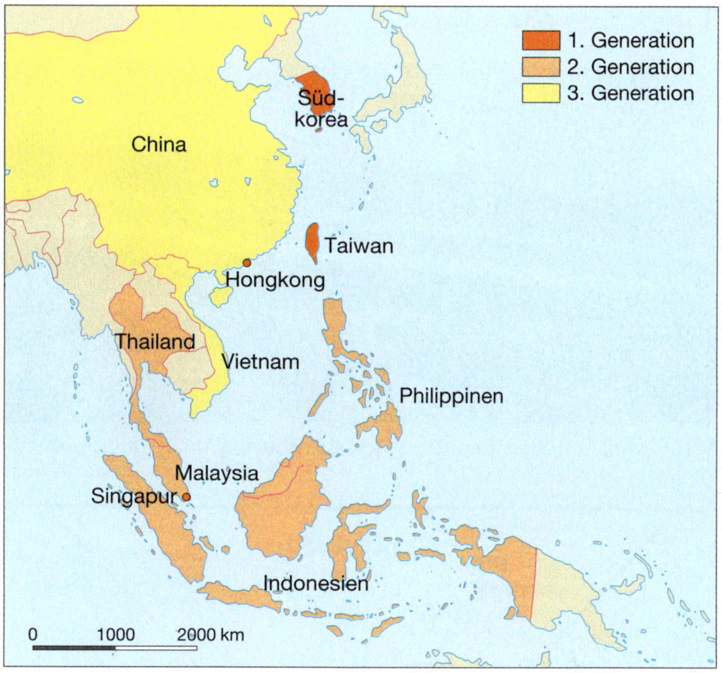

M4 Tigerstaaten der ersten, zweiten und dritten Generation

M5 Die Tigerstaaten Südostasiens als neue Ölmächte

Vor den Küsten haben Ölgesellschaften neue Erdöllagerstätten entdeckt. Besonders erfolgreich waren sie *offshore* in Malaysia und Vietnam. Im Golf von Tonking – zwischen dem vietnamesischen Festland und der chinesischen Inseln Hainan – soll so viel Erdöl lagern wie in Saudi-Arabien. Indonesien will neue Felder zwischen Ost- und Zentraljava erschließen, und auch Thailand sowie die Philippinen haben Bohrkonzessionen vergeben.

(nach Zeitungsmeldungen 2007)

M6 Bau eines Forschungssatelliten in Taiwan

1. Ordne die Tigerstaaten den drei Generationen zu. Begründe die Reihenfolge (Text, M4).
2. Vergleiche das Bruttonationaleinkommen der Tigerstaaten miteinander (M3).
3. Erläutere, wie das Wirtschaftswachstum auch von außen zu erkennen ist (M1, M2). Worauf deutet M6 hin?
4. Beschreibe die Verteilung der neuen Erdölfunde (M5, Atlas). Welche Bedeutung haben die Erdölfunde im Konkurrenzkampf der Tigerstaaten untereinander?

Tigerstaat Singapur

M1 Skyline von Singapur, Anspruch auf Führung im 21. Jahrhundert

M2 Wachstumsdreieck Singapur und Nachbarstaaten

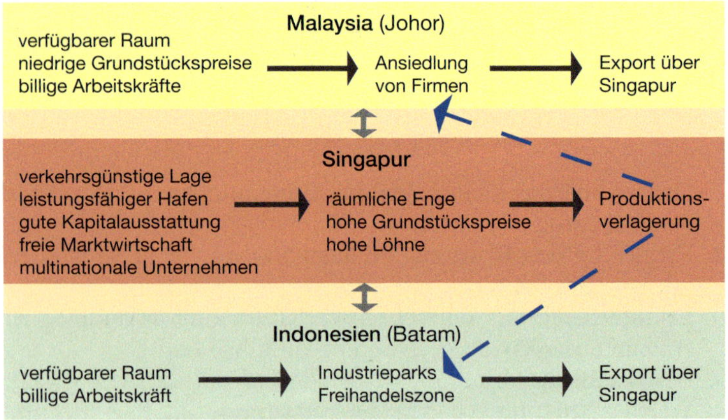

M3 Arbeitsteilung im Wachstumsdreieck

Von der Kronkolonie zum Global Player
Die britische Ostindien-Kompanie hatte in der ersten Hälfte des 19. Jahrhunderts eine Handelsniederlassung gegründet, und Großbritannien baute die Hafenstadt zur Marinebasis aus. 1965 erlangte Singapur seine Unabhängigkeit, nachdem der Zusammenschluss mit Malaysia gescheitert war. Innerhalb weniger Jahrzehnte stieg der Stadtstaat zu einer reichen Handels-, Industrie- und Finanzmetropole auf.

Gründe für das Wirtschaftswunder
In der Anfangsphase konzentrierte sich Singapur auf die Produktion arbeitsintensiver Güter wie Textilien und Schuhe. Ab den 1990er-Jahren, als Arbeitskräfte knapp wurden, siedelten sich mit Unterstützung des Staates kapitalintensive Industrien an. Singapur bekennt sich zur freien Markwirtschaft. Bei der Bewertung der wirtschaftsfreundlichsten Länder durch die Weltbank nahm es 2008 den ersten Platz ein, Deutschland kam auf Platz 20.
Heute beherrschen multinationale Unternehmen und einige singapurische Firmen den Industriesektor. Die wichtigsten Wirtschaftsbereiche sind die Elektronikindustrie, die Erdölverarbeitung und die Biotechnologie. Die Regierung investiert bewusst viel Geld in Forschung und Entwicklung. Singapur soll ein biotechnologisches Zentrum Asien werden.

Bedeutung des Hafens
Dank der verkehrsgünstigen Lage an zwei Hauptwasserstraßen konnte sich der Hafen zu einem der modernsten und größten Umschlagplätze der Welt entwickeln. Singapur kann tideunabhängig angelaufen werden und versteht sich als Drehscheibe im asiatischen Handel. Von Singapur aus befördern kleinere „Feederschiffe“ die Waren nach Malaysia, Indonesien und Thailand. Weitere Pluspunkte sind die kurzen Umschlagzeiten sowie die überdachten Containerstellplätze und die Freihandelszonen. Hier können Waren zollfrei gelagert und weiterbearbeitet werden.

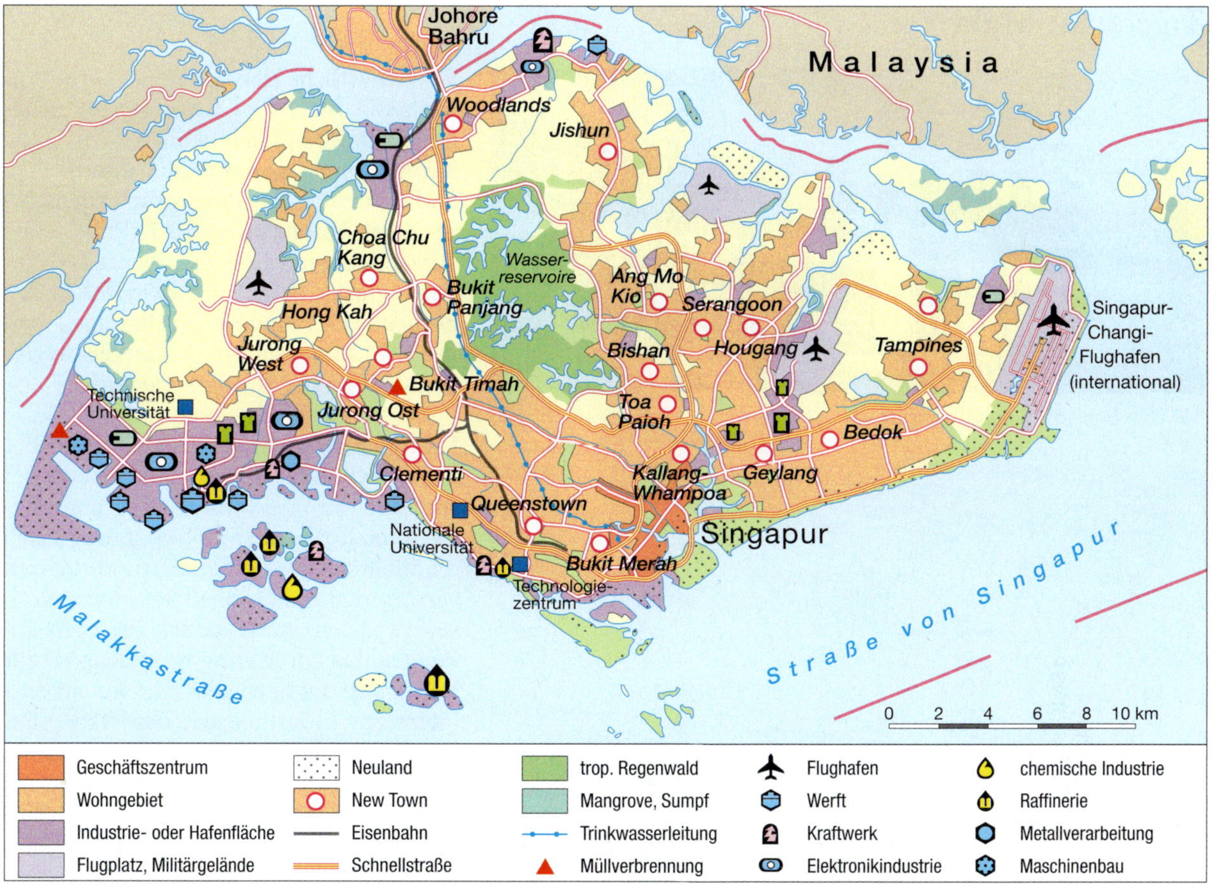

M4 Stadtstaat Singapur

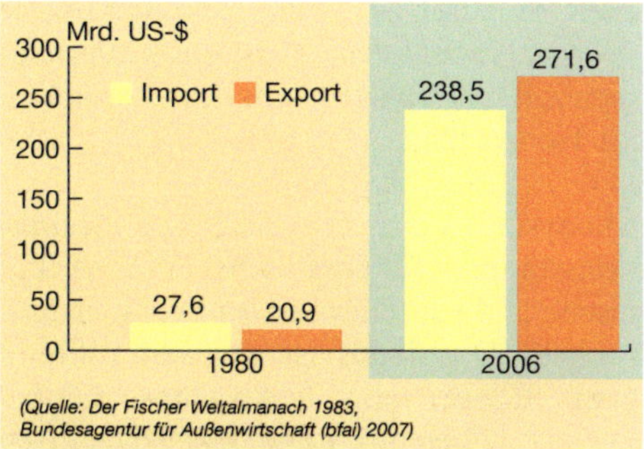

M5 Im- und Export 1980 und 2006

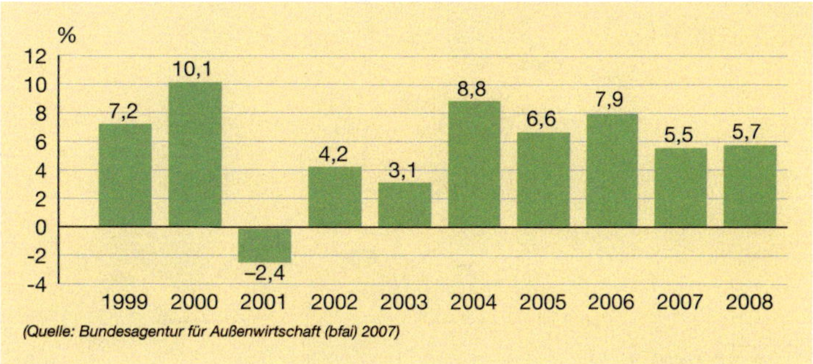

M7 Wirtschaftswachstum (BIP Veränderung in %, 2007, 2008 vorläufig)

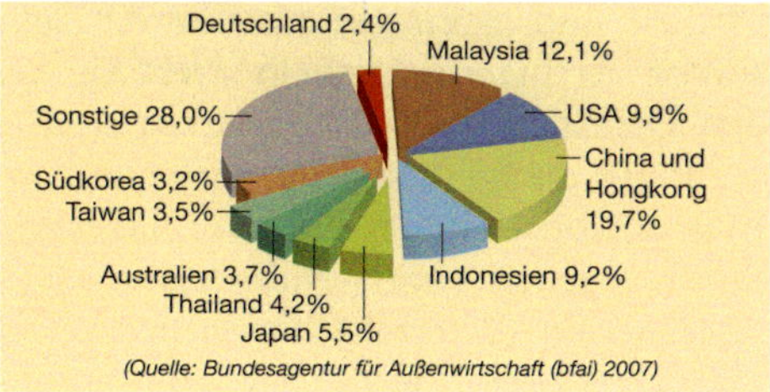

M6 Hauptabnehmerländer 2006

1. Beschreibe die räumlichen Standortfaktoren von Singapur (M4). Benutze auch den Atlas.
2. Kennzeichne die wirtschaftlichen Entwicklungsphasen Singapurs (Text, M5 – M7).
3. Nenne die Vor- und Nachteile des Standortes Singapur (Text, M3, M4).
4. Erläutere die wirtschaftlichen Beziehungen mit den angrenzenden Nachbarstaaten und bewerte sie (M2, M3).

Tigerstaat Malaysia

M1 Skyline von Kuala Lumpur

M2 Wirtschaftsraum Westmalaysia

Wirtschaftliche Entwicklung
Malaysia ist ein an Ressourcen reiches Land. Während der Zeit als britische Kronkolonie wurden die agrarischen und mineralischen Rohstoffe – allen voran Zinn, Kautschuk und Palmöl – fast ausschließlich exportiert. Nach der Unabhängigkeit 1948 und dem folgenden blutigen Dschungelkrieg hat sich seit 1957 in Malaysia ein bemerkenswerter wirtschaftlicher Aufbau vollzogen.

Malaysia gelang es, in die Gruppe der Schwellenländer aufzurücken. Kern des Aufbaus war eine Industrialisierungspolitik. Durch die Ausfuhr von Fertigwaren erhöhten sich die Einnahmen und zugleich verringert sich die Abhängigkeit von Rohstoffexporten sowie deren Preisschwankungen. Da am Anfang kaum Kapital zur Verfügung stand, begann man mit arbeitsintensiven Industrien wie der Textil-, Bekleidungs- und Nahrungsmittelindustrie. Die Regierung förderte insbesondere die kleinen und mittleren Unternehmen. Weitere Industrien wurden mithilfe ausländischen Kapitals errichtet. Inzwischen haben sich große malaysische Unternehmen wie die Ölgesellschaft PETRONAS entwickelt, die ihrerseits bereits in ausländische Projekte investieren. So ist das Unternehmen z. B. auch als Investor des Ölprojektes im Tschad tätig.

Malaysia hat sich zum wichtigen Produktionsstandort für japanische, US-amerikanische und europäische Unternehmen entwickelt. Das Land ist weltweit führend beim Export von Mikrochips. Global Players haben im Land Logistikzentren eingerichtet. Die Regierung möchte die starke Exportabhängigkeit bei elektronischen und elektrotechnischen Artikeln jedoch verringern. Deshalb strebt sie an, den Dienstleistungssektor stärker zu fördern (wie die Multimediabranche und die Informationstechnologie), aber auch die Landwirtschaft und Nahrungsmittelerzeugung. Bis 2020 will Malaysia den Stand eines entwickelten Industrielandes erreicht haben.

M3 Industriegüter Malaysias

Volksgruppen in Malaysia

In Malaysia leben drei große Volksgruppen. Die Malaien, die mit 65,1 Prozent den Hauptteil der Bevölkerung stellen, die Chinesen (26 %) – vielfach Nachfahren chinesischer Bergarbeiter, die ab 1820 mit dem Zinnbergbau ins Land kamen – sowie indische Einwanderer (7,7 %). Inder und vor allem Chinesen erwiesen sich im Gegensatz zu den früher auf Selbstversorgung ausgerichteten Malaien als geschickte Händler, Industrielle und Verwaltungsfachleute. In der Frühphase des wirtschaftlichen Aufbaus waren vor allem sie es, die Führungspositionen bekleideten und am meisten vom wirtschaftlichen Aufschwung profitierten. Dies führte 1969 zu blutigen Straßenkämpfen zwischen den sich benachteiligt fühlenden Malaien, der chinesischen und indischen Volksgruppe. Heute ist die Regierung um einen Ausgleich der Lebenschancen bemüht. Etwa 20 Millionen Einwohner leben in Westmalaysia, während Ostmalaysia nur dünn besiedelt ist.

Aufgrund der hohen Zahl von Muslimen unter der malaiischen Bevölkerung hat die Regierung inzwischen die Scharia – das islamische Recht – eingeführt.

Ein großer Teil der malaysischen Industrie ist noch äußerst arbeitsintensiv. Folglich halten sich auch viele ausländische Arbeitskräfte im Land auf. Offiziell sind rund eine Million ausländische Arbeitskräfte gemeldet – hinzu kommt noch einmal die gleiche Zahl von illegal Eingewanderten. Die meisten von ihnen stammen aus Indonesien.

M4 Strategien der Industrieentwicklung in Malaysia

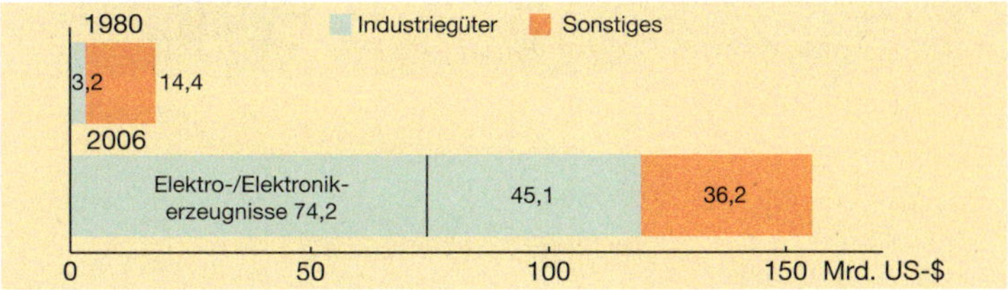

M5 Exporte 1980 und 2006

1. Erkläre, wie Malaysia vom Entwicklungsland zum Schwellenland geworden ist (Text, M3, M4, M7).
2. Erläutere die Entwicklung der Exportanteile (Text, M5).
3. Beschreibe die Verteilung der wirtschaftlichen Schwerpunkte (M2). Welche Regionen werden vermutlich vom wirtschaftlichen Aufschwung am meisten profitiert haben?
Inwieweit gibt die Skyline von Kuala Lumpur (M1) Aufschluss über die wirtschaftliche Entwicklung?

Wie gut kennst du den asiatisch-pazifischen Wirtschaftsraum?

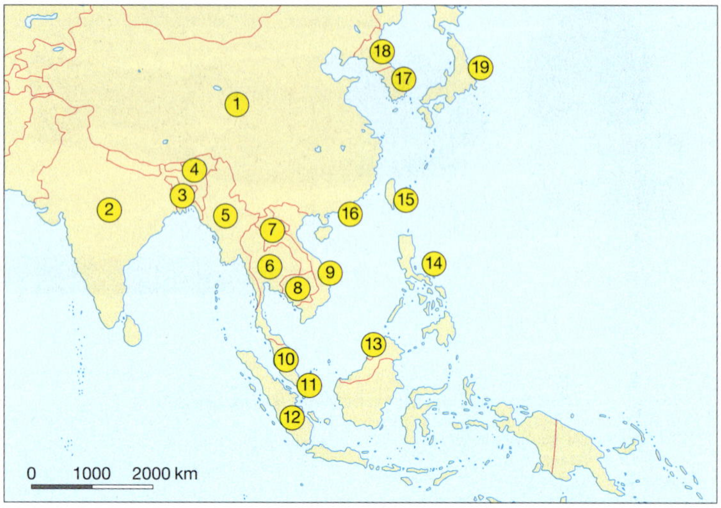

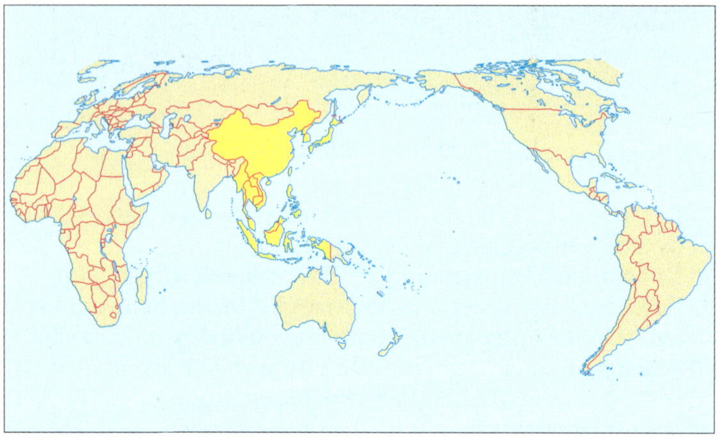

1. ASEAN
Zum Verband südostasiatischer Staaten ASEAN gehören zehn Staaten. Welche sind es?
   - Ordne den Ziffern in der Karte den Namen des jeweiligen ASEAN-Mitgliedsstaates zu.

2. Kleine Staatenkunde
   - Um welchen Staat handelt es sich?
   a) Stadtstaat
   b) Land mit mehr als 13 000 Inseln
   c) Land mit zwei durch das Meer getrennten Landesteilen
   d) Binnenstaat
   e) drittgrößter Staat der Welt
   f) kleinster ASEAN-Staat

3. Das alte Modell von den „Fliegenden Wildgänsen"
   - Wie ist die Flugformation gegliedert?
   China, Hongkong, Indonesien, Japan, Kambodscha, Laos, Malaysia, Myanmar, Philippinen, Singapur, Südkorea, Taiwan, Thailand, Vietnam
   - Zeichne auf einem Extrablatt, wie die Flugformation deiner Meinung nach heute aussehen könnte.

4. Zehn Tigerstaaten
   - Zu welchen Generationen gehören die Tiger?
   - Schreibe die Reihenfolge auf.

5. Die Welt aus asiatisch-pazifischer Sicht
   - Schreibe einen kurzen Bericht, wie sich die Welt aus asiatisch-pazifischer Sicht von unserer, der europäischen, unterscheidet.
   - Beschreibe die Handelswege von den asiatischen Exportländern nach Europa und in die USA.

M1

M2

M3

M4

6. Metropolen im Pazifikraum
Ein Geschäftsmann aus Deutschland besucht Geschäftspartner in Asien. Er hat sich vorher über die Städte informiert und erkennt schon beim Anflug die Wahrzeichen.
– Welche Metropolen fliegt er an?

7. Ähnlichkeiten der wirtschaftlichen Entwicklung
– Ergänze die Sätze mit den Informationen rechts.

In fast allen Ländern Ost- und Südostasiens ist der wirtschaftliche Aufschwung ... Die Regierung macht genaue Vorgaben für die ... Umgesetzt werden sie aber durch eigenständige Unternehmen, ... In Singapur hingegen sind nach wie vor viele Unternehmen Staatsbetriebe. Oft zeigt sich eine zweigeteilte Wirtschaftsstruktur, ... Die größte Veränderung hat in China mit der Öffnung ...

Der ost- und südostasiatische Raum ist gegenwärtig ..., dennoch gibt es noch zahlreich Entwicklungshemmnisse. So ist die Zahl der Unterbeschäftigten sehr hoch, und Stadt-Land-Wanderungen tragen ebenso ... Räumliche Disparitäten zeigen sich zwischen den städtischen Wirtschaftszentren und ...

Auch Umweltschäden durch die einseitige Ausrichtung auf das Wirtschaftswachstum sind ...

- durch die Verbindung von einer straffen politischen Führung mit marktwirtschaftlichen Bestandteilen geprägt.
- Wirtschafts-, Sozial- und Bildungspolitik.
- d. h. den Großunternehmen stehen Kleinbetriebe gegenüber, die ihnen zuarbeiten.
- zu sozialen Spannungen bei wie die Schere zwischen Arm und Reich.
- zurückgebliebenen ländlichen Räumen.
- langfristig Hindernisse.
- von einem kommunistisch geführten Staat zur Marktwirtschaft stattgefunden.
- z. B. den aus Familienunternehmen hervorgegangenen Konzernen Südkoreas.
- der am stärksten wachsende Wirtschaftsraum der Erde.

PRESTIGE
NO SMOKING

Der Mensch beeinflusst seinen Lebensraum

Der Energiehunger der Welt scheint unstillbar zu sein. Eingriffe in die Natur hinterlassen bleibende Schäden. Wir wissen inzwischen, dass die Belastbarkeit der Erde Grenzen hat.
„Nachhaltige Entwicklung“ heißt die Zauberformel. Sie kommt den Bedürfnissen der heutigen Generation nach, ohne die Möglichkeiten künftiger Generationen zu gefährden.

Hurrikan Wilma, 2005

Gefährdung der Lufthülle

Aufbau der Lufthülle: Gemisch von Gasen, im Wesentlichen Stickstoff, Sauerstoff, Wasserdampf, Kohlenstoffdioxid und Edelgase; rd. 1100 km mächtig, durch Schwerkraft an den Erdkörper gebunden, in seine Drehung einbezogen

M1 Die Erde mit ihrer Atmosphäre

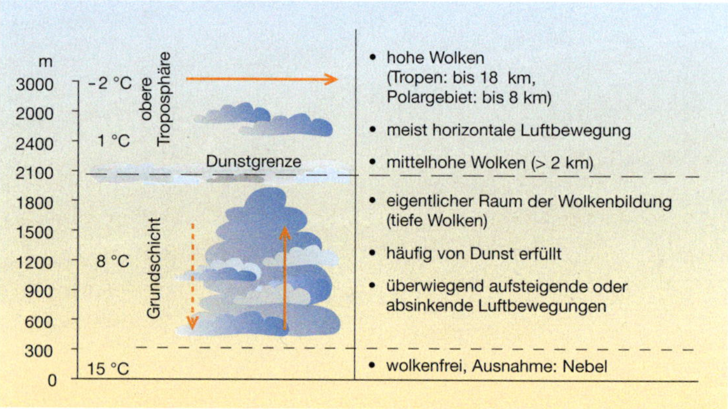

M2 Aufbau der Troposphäre

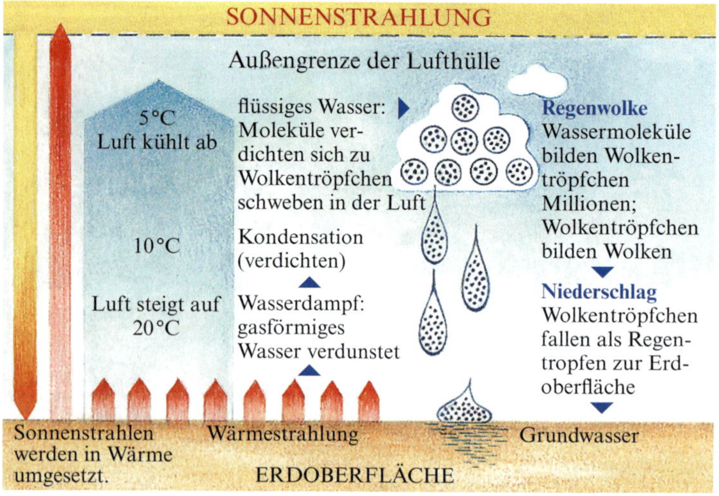

M3 Erwärmung der Luft und Bildung von Niederschlag

Die Lufthülle

Die Erde ist von einer Lufthülle umgeben, die das Leben vor tödlichen Strahlen aus dem Weltraum und vor lebensfeindlicher Hitze oder Kälte schützt. Die Lufthülle gliedert sich in Schichten. Über der Erdoberfläche lagert die Troposphäre. Nur sie enthält so viel Wasserdampf und Staub, dass sie mit bloßem Auge zu sehen ist. In der Troposphäre entwickelt sich das Wetter. Das altgriechische Wort *tropein* bedeutet „wenden“ und hebt damit das Wechselhafte im Zusammenspiel der Wetterelemente hervor. Die Troposphäre ist an den Erdpolen bis acht, am Äquator bis 18 Kilometer hoch. Die Meteorologen untergliedern sie wegen ihrer Bedeutung für das Wettergeschehen in die bodennahe Luftschicht, die Grundschicht sowie die obere Troposphäre. Über der Troposphäre liegt die Stratosphäre, die bis in 50 Kilometer Höhe reicht. Die Luft enthält hier kaum noch Feuchtigkeit und die wenigen Wolken haben auf das Wettergeschehen keinen Einfluss. Über der Stratosphäre beginnt die Schwärze des Weltraums.

Erwärmung der Luft

Eine ausreichende Erwärmung der Luft an der Erdoberfläche hängt von der Energiezufuhr durch die Sonnenstrahlung ab. Die Sonne ist die einzige bedeutende Wärmequelle für dic Erdoberfläche. Aber nur etwa die Hälfte der Sonnenstrahlung erreicht die Erdoberfläche. Die Moleküle der Luftgase (alle Wassertröpfchen in den Wolken und Staubteilchen) zerstreuen oder reflektieren die Strahlung.

Die Sonnenstrahlung, welche die Erdoberfläche erreicht, wird als Wärmeenergie aufgenommen; ein anderer Teil wird als Wärmestrahlung reflektiert. Man kann sagen: Die Sonne heizt die Erdoberfläche auf und die reflektierte Wärmestrahlung erwärmt die Lufthülle von unten. Daraus erklärt sich die Temperaturabnahme mit zunehmender Höhe. Im Durchschnitt nimmt die Temperatur um 0,5 bis zu einem Grad Celsius je hundert Meter Höhe ab.

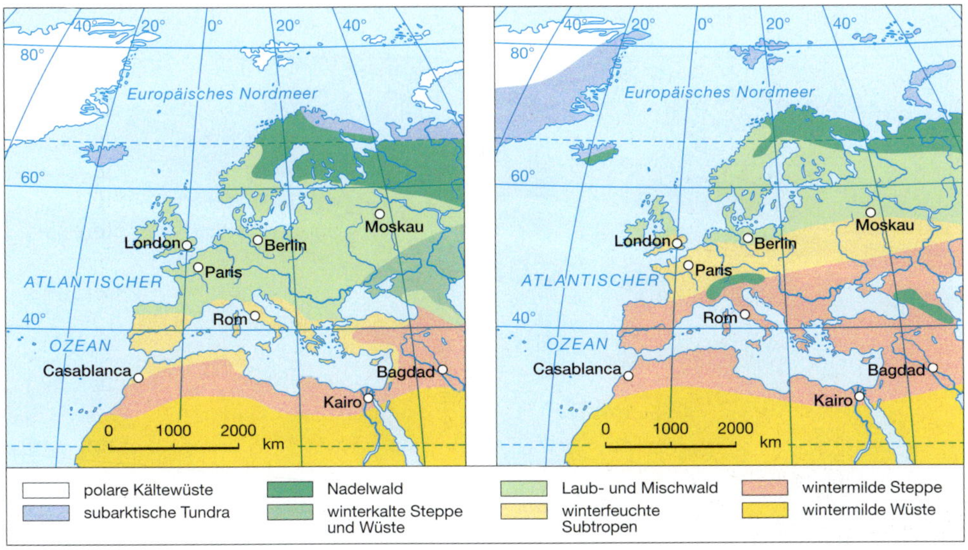

M4 Mögliche Auswirkungen der Erwärmung des Erdklimas: Verlagerung der geographischen Zonen zwischen den Jahren 2000 (links) und 2050 (rechts, Prognose)

Der Treibhauseffekt

Die Atmosphäre verhält sich ähnlich wie die Luft in einem Treibhaus. Die Treibhausgase Kohlenstoffdioxid und Wasserdampf lassen die Sonnenstrahlung durch. Hingegen halten sie, wie das Glas eines Treibhauses, einen großen Anteil der Wärmestrahlung zurück. Dieser natürliche Effekt bewirkt, dass die Durchschnittstemperatur in der Troposphäre + 15 statt – 18 Grad Celsius beträgt. In den letzten 200 Jahren nahm der Kohlenstoffdioxidgehalt der Atmosphäre um 25 Prozent zu. Außerdem wird sie durch Spurengase belastet.

M5 Entstehung von Smog

Schadstoffreiche Luftteilchen steigen normalerweise in die höhere Atmosphäre auf. Durch eine Inversion (Temperaturumkehr) wird dieser Austausch unterbrochen. Sommersmog: bei Hochdruckwetterlagen mit geringem Luftaustausch; Wintersmog: bei starker nächtlicher Abkühlung des Bodens

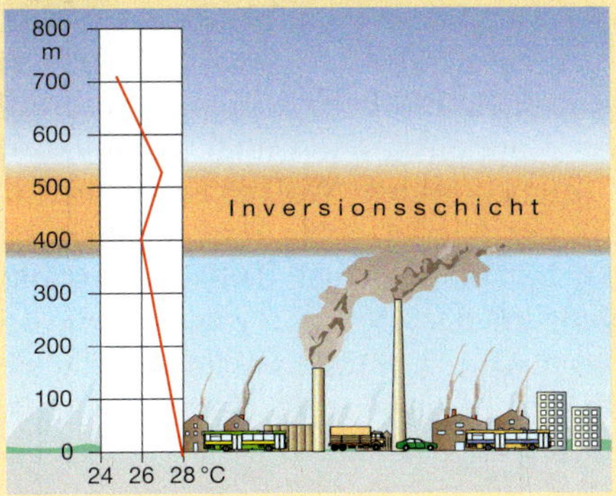

M6 Beispiele für Luftschadstoffe

1. Luftschadstoffe mit Reizwirkung

Schwefeldioxid (SO_2): Wirkung auf Schleimhäute der Augen und Atemwege, Wechselwirkung mit Schwebstäuben

Stickstoffdioxid (NO_2): aggressives Reizgas, vor allem durch Reaktion mit Wasser; Gefährdung der Schleimhäute der Atemwege, erhöhte Empfindlichkeit gegenüber Infekten; besonders gefährdet: Personen mit Atemwegserkrankungen, Asthmakranke, Kleinkinder

2. Luftschadstoffe mit toxischer (vergiftender) Wirkung

Blei: als feinste Schwebstoffe in der Luft, Aufnahme über die Luft oder kontaminierte (belastete) Lebensmittel, Anreicherung im Körper, direkte Wirkung auf rote Blutkörperchen, Schädigung des zentralen Nervensystems, Gefährdung von Embryonen

Cadmium: hochtoxisch, Aufnahme über die Lunge, Speicherung in Leber und Niere, dadurch Organschädigungen, auch krebserregend

Ozon: Beeinträchtigung der Atemwege, Schleimhäute, Reizungen der Augen, erhöhtes Infektionsrisiko, Beeinflussung des Nervensystems, bei empfindlichen Menschen deutlich gesenkter Schwellenwert für körperliche Beeinträchtigungen durch Ozon

3. Karzinogene (krebserzeugende) Luftschadstoffe

Benzol: Schädigung des blutbildenden Systems, Veränderung an Chromosomen, Risiko chronischer Erkrankungen; Aufnahme durch Einatmen, z. B. beim Umgang mit Kraftstoffen

Schwebstäube: 80 % des Luftstaubes bestehen aus Partikeln kleiner als 10 Mikrometer (1 Mikrometer = 0,001 mm), Schädigung des Reinigungssystems der Lunge, rufen Entzündungen hervor

Dieselruß: mehr als 1000 Stoffe, teils gasförmig, teils partikelförmig (vgl. Schwebstäube), für die krebserzeugende Wirkung wahrscheinlich besonders die partikelförmigen Bestandteile von Bedeutung

1. Beschreibe den Aufbau der Lufthülle (Text, M1, M2).
2. Schildere die Bildung von Niederschlag (M3).
3. Erkläre Ursachen und Auswirkungen des Treibhauseffektes (Text, M4).
4. Berichte über die Entstehung von Smog (M5).
5. Erläutere die Wirkung von Luftschadstoffen.

Ressource Wasser

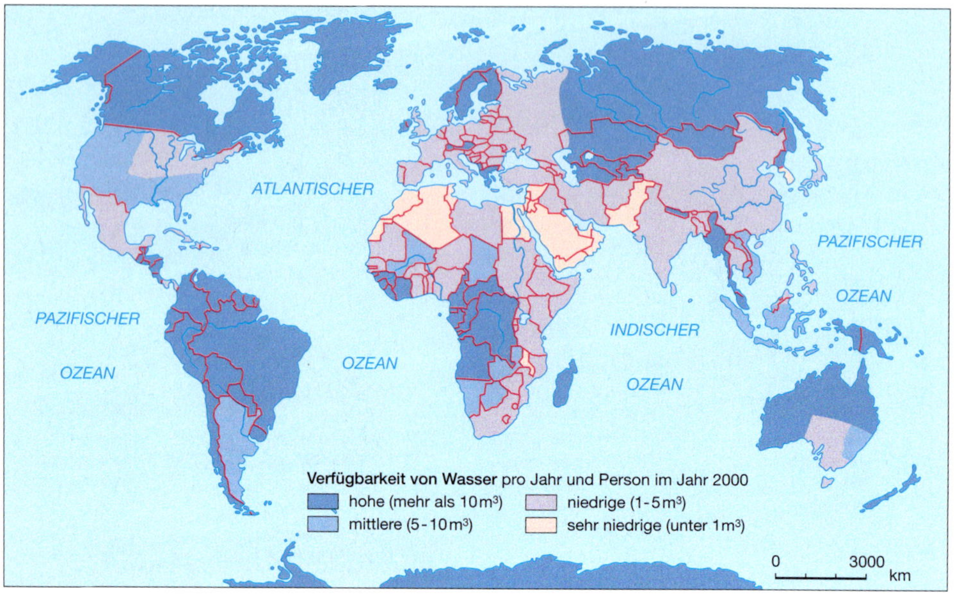

M1 Verfügbarkeit von Wasser
Die Menge des möglichen (potenziell) verfügbaren Wassers eines Landes ist abhängig von der natürlichen Erneuerungsrate, der Speicherkapazität, der Bevölkerungsdichte und den wirtschaftlichen Ressourcen.
(Daten: UNESCO)

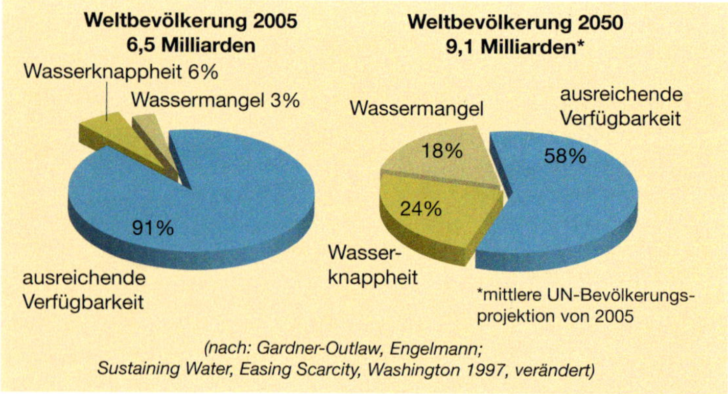

M2 Weltbevölkerung und Wasserknappheit

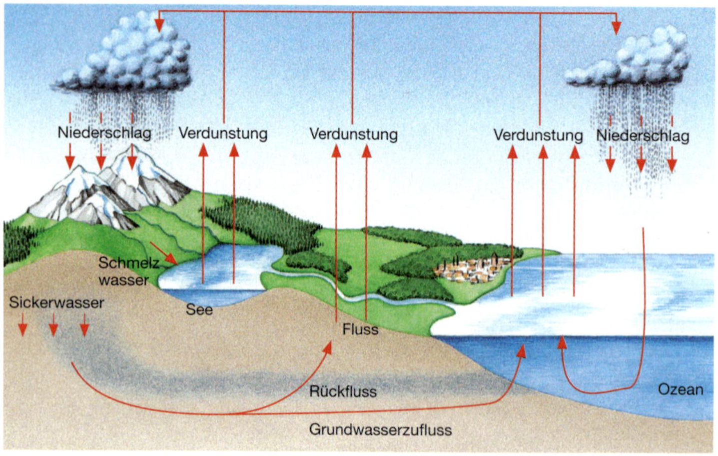

M3 Der Kreislauf des Wassers

Wasserverteilung auf der Erde
Durch die Druckunterschiede zwischen Hochdruck- und Tiefdruckgebieten entstehen Winde. Sie verteilen Niederschläge ungleichmäßig über die Erde. Dabei beeinflussen hauptsächlich die Klimafaktoren Breitenlage, Lage zum Meer und Höhenlage die Niederschlagsverteilung. Es entstehen regenreiche und regenarme Gebiete. 90 Prozent des verdunsteten Wassers regnen sich bereits über dem Meer ab, nur etwa zehn Prozent gelangen auf das Festland.
Der Wasserkreislauf besteht im Wesentlichen aus Niederschlag (N), Abfluss (A) und Verdunstung (V). Mithilfe der Wasserhaushaltsgleichung $N = V + A$ kann er berechnet werden.
In Abhängigkeit von der Temperatur kann die Luft unterschiedliche Mengen von Feuchtigkeit aufnehmen – warme Luft mehr, kalte weniger. Wird die Sättigungsmenge überschritten, kommt es zur Kondensation, wobei sich Wassertröpfchen bilden. Wolken entstehen und können Niederschlag mit sich bringen. Der auf die Erde gefallene Niederschlag fließt an der Oberfläche ab oder versickert. Durch Sonnenwärme verdunstet Wasser an der Erdoberfläche und über dem Meer.

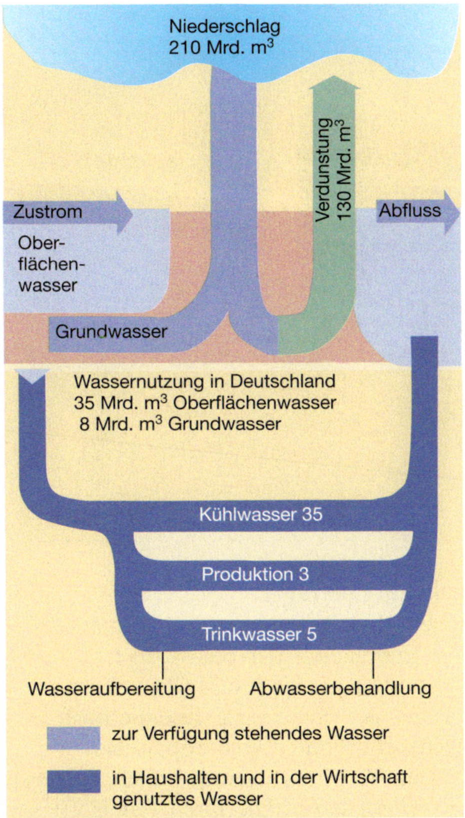

M4 Einfaches Schema des Wasserkreislaufs in Deutschland (in Mrd. m^3/Jahr)

Die Wassernutzung

Wirtschaftliche Entwicklung hängt eng mit Wasserressourcen zusammen. Wasser wird in der Landwirtschaft, zur Energiegewinnung sowie in der industriellen Produktion als Kühl-, Transport-, Lösungs- und Reinigungsmittel eingesetzt. Zur Bereitstellung dieses Wassers müssen viele Eingriffe in den natürlichen Wasserkreislauf stattfinden. Problematische Folgen dieser Wassernutzung können sein:

- Durch erhöhte Grundwasserentnahme wird der Grundwasserspiegel gesenkt.
- Dammbauten und Kanalisierung verändern das Abflussverhalten der Gewässer.
- Trockenlegungen – z. B. durch viele Entwässerungskanäle – entziehen den Landschaften das Wasser. Es fließt an der Oberfläche zu rasch ab.
- Die Versiegelung von Flächen verhindert das Einsickern des Niederschlagswassers in den Boden.

M5 Schadstoffeintrag in das Grund- und Oberflächenwasser, Folgen, Maßnahmen zur Verbesserung

Verursacher von Schadstoffeinleitungen in Gewässer
- Oberflächenabfluss z. B. aus der Landwirtschaft
- Windeintrag ins Oberflächenwasser
- Drainagen zur Trockenlegung feuchter Flächen
- ungeklärte Abwässer aus Industrie, Haushalten und Gewerbegebieten

Folgen der Wasserbelastung
- Nährstoffe (Phosphor und Stickstoff) begünstigen das Algenwachstum.
- Sauerstoffmangel und Schwermetallanreicherung lösen Fischsterben aus.
- Trinkwasseraufbereitung wird erschwert
- Chlorverbindungen sind schwer abbaubar und z. T. hochgradig giftig.

Maßnahmen gegen Schadstoffeinleitung
- gleichmäßigere Verteilung des Viehbestandes, Reduzierung der mineralischen Stickstoffdünger
- Schließung von Drainagen um Entwässerungen in der Landwirtschaft rückgängig zu machen; in den hieraus resultierenden nassen sauerstofffreien Böden wird Nitrat in Luftstickstoff verwandelt.
- chlorhaltige Chemikalien durch biologisch abbaubare ersetzen
- weitere Verbesserung der alternativen Entsorgungswege, z. B. Sondermüllentsorgung von chlorhaltigen Lösungsmitteln und Farben

1. Beschreibe den Wasserkreislauf der Erde und erkläre die Wasserhaushaltsgleichung N = V + A (Text, M3).
2. Stelle einen Zusammenhang zwischen Verfügbarkeit von Wasser und dem Bevölkerungswachstum auf der Erde her (M1, M2).
3. Erkläre den Wasserkreislauf in Deutschland (Text, M4).
4. Entwickle eine Tabelle über den Schadstoffeintrag in die Gewässer (M5).
5. Diskutiert, auf der Grundlage von M5, welchen Beitrag ihr zu einer nachhaltigen Wassernutzung leisten könnt.

Energieträger und Energieverbrauch

M1 Verbrauch von Primärenergie nach Regionen in Mio. t Rohöleinheiten (RÖE) 2006
Um die einzelnen Energierohstoffe vergleichen zu können, wird der jeweilige Verbrauch auf den wichtigsten Energierohstoff Erdöl bezogen. 1 t RÖE entpricht 1,5 t Steinkohle oder 3 t Braunkohle.

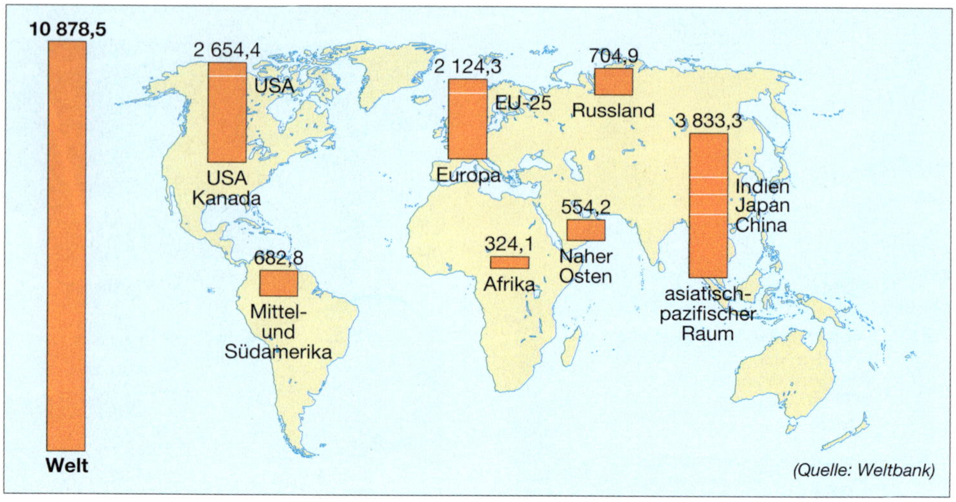

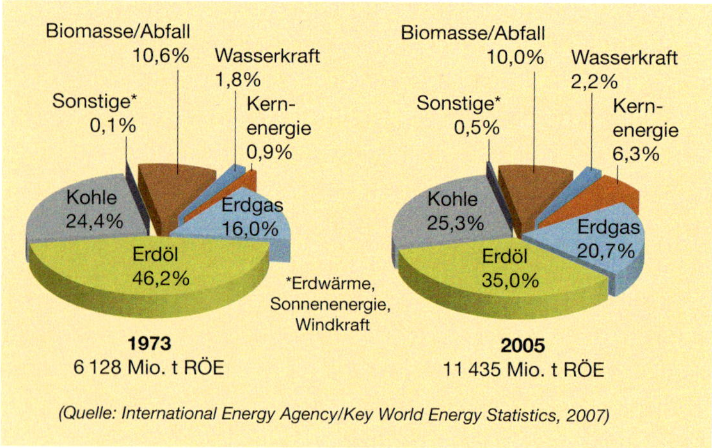

M2 Primärenergieverbrauch nach Energieträgern

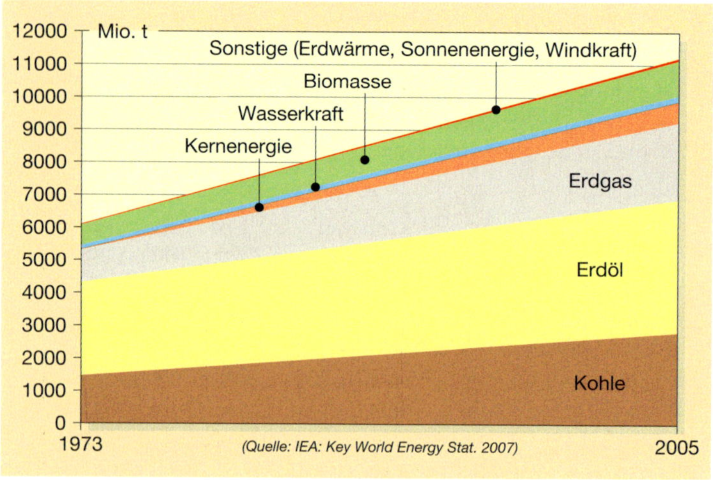

M3 Primärenergieverbrauch 1973–2005

Die Energieträger

Die Industriestaaten erzeugen in erster Linie Energie auf der Basis von Erdöl. Insbesondere die USA und China haben den Anteil des Erdöls als Energieträger wesentlich erhöht. Die europäischen Industrieländer und Russland haben hingegen vor allem den Erdgasanteil gesteigert.
Für die Schwellenländer ist die überwiegende Ausrichtung auf Kohle typisch, da hierfür keine eigenständige Transportinfrastruktur (wie bei der Gasnutzung erforderlich) vorhanden sein muss.
Der Ausbau der Kernenergie vollzog sich hauptsächlich in den industrialisierten Ländern. Sie besaßen die nötigen Investitionsmittel für die erforderliche kapitalintensive Technologie. Die Nutzung natürlicher Energieressourcen in Form von Wasserkraft ist stark von den natürlichen Gegebenheiten abhängig. Hier haben Länder wie China, Brasilien und Kanada eine starke Position.

Energieverbrauch

Die Industrieländer sind mit 70 Prozent am Weltenergieverbrauch beteiligt. Bliebe es beim gegenwärtigen Trend, stiege der weltweite Primärenergieverbrauch bis 2030 um über 50 Prozent. Davon entfielen 70 Prozent auf Entwicklungsländer, allen voran China und Indien. Lieferausfälle und starke Preiserhöhungen träfen die Verbraucherländer empfindlich.

M4 Unterschiedliche Arten der Energiegewinnung in Entwicklungsländern

Energieversorgung in Entwicklungsländern

Entwicklungsländer hatten ihre Energiepolitik vorrangig auf den einstmals billigen Rohstoff Erdöl ausgerichtet. Heute muss ein Großteil ihrer Devisenausgaben für Erdölimporte von der exportorientierten Landwirtschaft erwirtschaftet werden. Dies geht zulasten der Produktion von Grundnahrungsmitteln für den Eigenbedarf.
Etwa zwei Milliarden Menschen in den Entwicklungsländern nutzen Brennholz zum Heizen, obwohl das Roden von Wäldern zu schwerwiegenden Erosionsschäden auf großen Flächen führt. Statt Holz wird oftmals Tierdung als Brennstoff genutzt.
Große Bedeutung kommt der Nutzung erneuerbarer Energien für die Stromerzeugung zu. In den Entwicklungsländern werden damit vorrangig auch ländliche Regionen versorgt und zugleich dient es der Schaffung von Arbeitsplätzen. Zum Einsatz kommen Windkraftanlagen, Wasserkraftwerke, geothermische Kraftwerke, aber auch zunehmend Anlagen zur Verstromung von Biomasse.

Energieverbrauch und CO_2-Ausstoß

Die Internationale Energieagentur (IEA) geht davon aus, dass bis 2030 die weltweiten CO_2-Emissionen auf 40 Gigatonnen zunehmen. (1 Gigatonne = 1 Milliarde Tonnen). Sie würden dann 55 Prozent über dem heutigen Niveau liegen. Im Jahr 2010 wird China die USA beim Kohlenstoffdioxidausstoß überholt haben.

M5 Energieverbrauch ausgewählter Länder pro Kopf in kg/RÖE

Land	1990	2003	Land	1990	2003
Katar	14 788,8	21 395,8	China	791,7	1 183,3
Kanada	7 584,4	8 300,7	Brasilien	896,6	1 067,6
USA	7 534,4	7 794,8	Indien	425,7	512,4
Australien	5 188,5	5 723,3	Marokko	272,3	357,3
Deutschland	4 484,5	4 203,1	Senegal	280,5	232,2
Japan	3 610,0	4 040,4	Äthiopien	280,2	277,9

(Quelle: http://earthtrends.wri.org/text/energy-resources/variable-351.html)

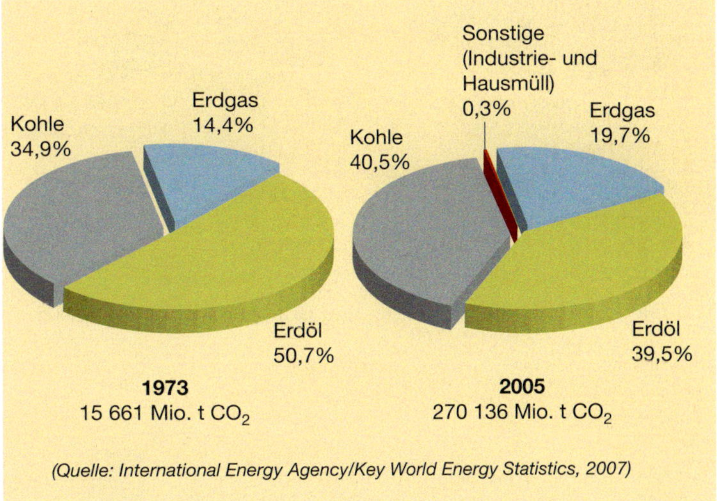

M6 Anteil der Energieträger an den CO_2-Emissionen

1. Beschreibe den Primärenergieverbrauch nach Regionen (Text, M1).
2. Charakterisiere die Entwicklung des Primärenergieverbrauchs (Text, M2, M3, M5).
3. Erläutere die Vor- und Nachteile der Energieversorgung in Entwicklungsländern (Text, M4).
4. Untersuche den Zusammenhang zwischen Energieverbrauch und CO_2-Ausstoß (Text, M6) und berichte darüber.
5. Unterbreite Vorschläge für eine bessere Energienutzung.

Fossile Energien: Steinkohle und Braunkohle

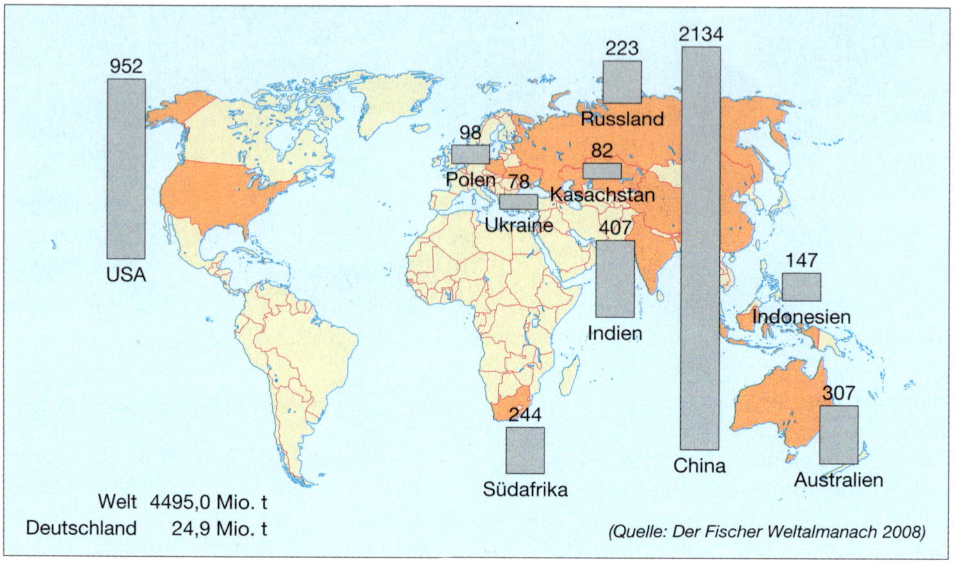

M1 Die „Top Ten" bei der Steinkohleförderung 2005 (in Mio. t) Anthrazitkohle und Magerkohle
(Quelle: Der Fischer Weltalmanach 2008)

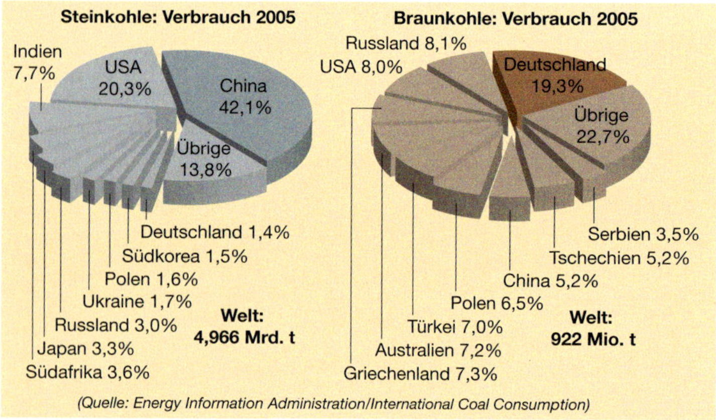

M2 Die Top Ten beim Steinkohle- und Braunkohleverbrauch 2005

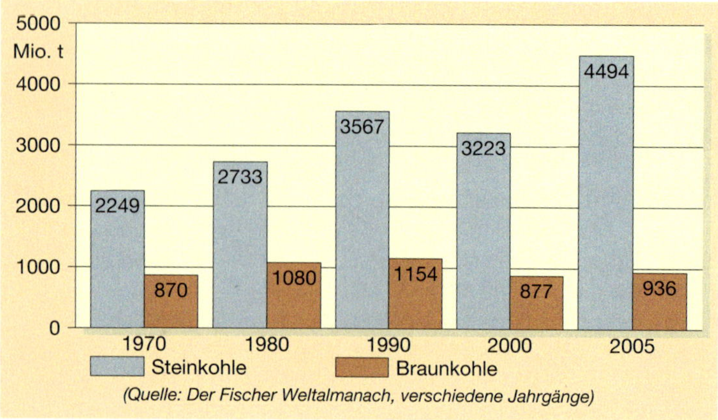

M3 Steinkohle- und Braunkohleförderung (Mio. t)

Die Entstehung von Kohle

Kohle ist ein fossiler Energieträger. „Fossil" bedeutet, dass es sich um geologische Vorgänge in der Erdgeschichte handelt. Die erste Steinkohle entstand vor etwa 350 Millionen Jahren in der Karbonzeit (*karbon* = lat. Wort für „Kohle").

Voraussetzungen waren ein tropisches Klima, Moore und Sumpfwälder. Landsenkungen sowie Überschwemmungen führten zum Absterben der Pflanzen und zur Bildung von Torfmooren. Bei weiteren Landsenkungen wurden die Torfmoore von Sedimenten überlagert und in große Tiefen gedrückt, wo sie hohen Temperaturen und hohem Druck ausgesetzt waren. Physikalische und chemische Änderungen vollzogen sich. Der Torf wurde in Braunkohle umgewandelt. Braunkohle ist relativ weich und enthält noch viel Wasser. Bedingt durch ihren relativ niedrigen Kohlenstoffgehalt ist auch der Energiegehalt gering.

Nach Erhöhung von Druck und Temperatur auf die Braunkohle im Lauf von Millionen von Jahren entstand Steinkohle mit verschieden hohen Anteilen an flüchtigen Gasen. Die höchstwertige Steinkohlensorte ist der Anthrazit. Dank seines großen Kohlenstoffanteils hat Anthrazit einen hohen Heizwert und verbrennt nahezu ohne Rückstände.

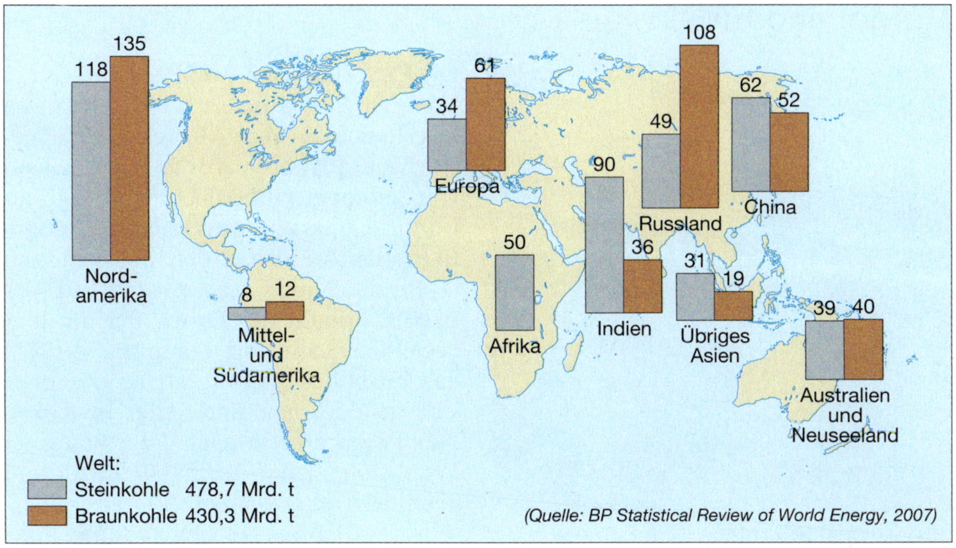

M4 Nachgewiesene Reserven Ende 2006 (Mrd. t) heute bekannte Vorkommen, die unter den jetzigen technischen und wirtschaftlichen Bedingungen gefördert werden können
Ressourcen: nachgewiesene, aber derzeit nicht wirtschaftlich oder technisch zu fördernde Menge sowie noch nicht nachgewiesene, aber geologisch mögliche Lagerstätten

Die Verwendung von Kohle

Kohle nimmt seit Jahrhunderten eine wichtige Rolle als Energieträger ein. Ihren eigentlichen Siegeszug erlebte die Steinkohle mit der Industriellen Revolution bei der Eisenherstellung.

Heute findet Kohle vorwiegend in der Industrie und bei der Stromerzeugung Verwendung, während der Anteil als Heizmaterial in privaten Haushalten rückläufig ist. Etwa die Hälfte der geförderten Kohle wird weltweit für die Stromerzeugung genutzt. In einigen Ländern ist der Anteil an der Stromerzeugung besonders hoch, z. B. in Polen (94%), Südafrika (92%), China (78%) und Australien (76%). In Deutschland betrug 2006 der Anteil der Steinkohle an der Stromerzeugung 21,4 Prozent, der Braunkohleanteil machte 23,9 Prozent aus.

Die Prognosen für 2030 besagen, dass von dem erwarteten Kohlebedarf vier Fünftel auf China und Indien entfallen. Schon 2007 musste China zum ersten Mal Kohle für die Stromerzeugung einführen. Bis 2030 wird mit 133 Millionen Tonnen Importkohle gerechnet. Indien ist ebenfalls auf Kohleimporte angewiesen, da die heimischen Gruben den Bedarf nicht decken können. Hohe Öl- und Gaspreise machen die Kohle wettbewerbsfähiger. Zugleich verschärft der weitere Anstieg des Kohleverbrauchs die globale Klimasituation.

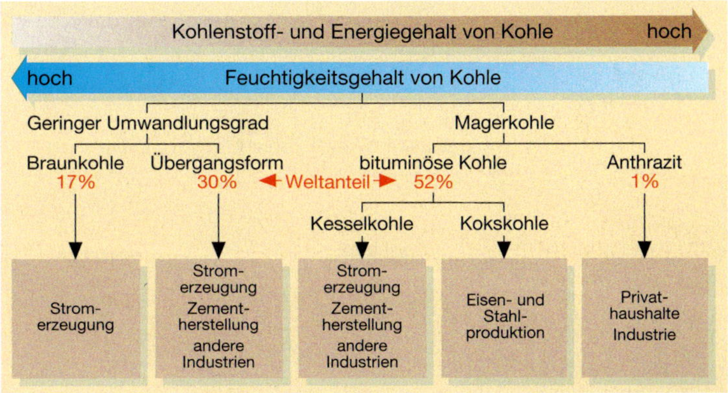

M5 Kohlearten und ihre Verwendung

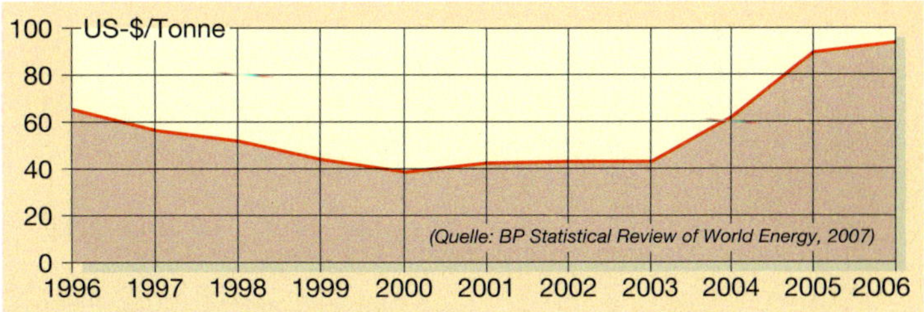

M6 Preise für Kokskohleeinfuhren in Japan (US-$/Tonne)

1. Ermittle die größten Steinkohleförderer (M1).
2. Vergleiche die zehn größten Steinkohle- und Braunkohleverbraucher (M2).
3. Beschreibe die Entwicklung der Kohleförderung (M3) und setze sie mit den Reserven in Beziehung (M4).
4. Erläutere die Entstehung und Verwendung von Kohle (Text, M5).
5. Nenne Auswirkungen des erhöhten Kohlebedarfs (Text, M6).

Fossile Energien: Erdöl und Erdgas

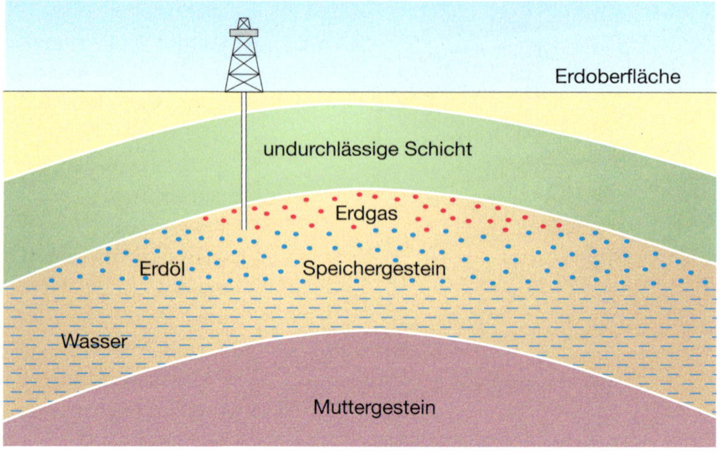

M1 Lagerstätte unter einer gewölbten Schicht

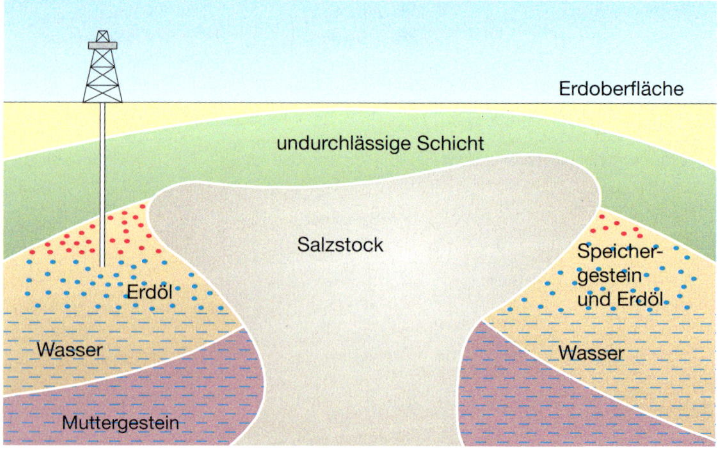

M2 Lagerstätte an einem Salzstock

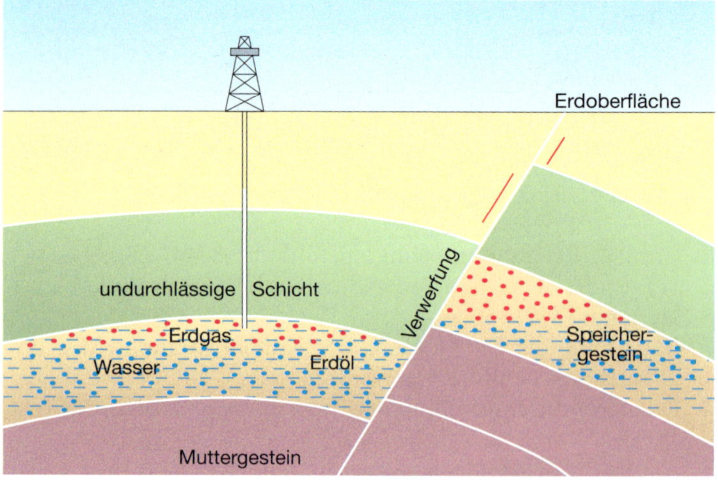

M3 Lagerstätte an einer Verwerfung

Die Entstehung von Erdöl und Erdgas

Vor mehreren Hundert Millionen Jahren lagerte sich auf dem Meeresboden abgestorbenes Plankton ab, das anschließend von Sedimenten überdeckt wurde. Unter Luftabschluss entstand Faulschlamm.

Bakterien wandelten den Faulschlamm in Bitumen um – den Grundstoff des Erdöls. Sobald der Druck der darüber liegenden Sedimente zunimmt, verlässt das Erdöl das Muttergestein, in dem es sich gebildet hat, und steigt in Rissen und Poren auf. Je nach Lagerstätte ist Erdöl dünn- oder dickflüssigflüssig und hat eine strohgelbe oder braune bis tiefschwarze Farbe. An der Erdoberfläche oxidiert es zu Bitumen oder Ölsanden.

Versperren undurchlässige Schichten wie Salz oder Ton den Aufstieg, sammelt sich das Erdöl im darunter liegenden Speichergestein. Etwa 80 Prozent aller Erdölreserven befinden sich unter dem Scheitel eines Sattels.

Zwei Drittel der erdölhöffigen Felder befinden sich auf dem Festland, ein Drittel lagert unter dem Meeresspiegel (offshore). Erdöllagerstätten reichen in Tiefen bis 6000 Meter. Das macht die Suche nach ihnen schwierig und kostspielig.

Das geruchlose sowie leicht entzündliche Gas entstand unter den gleichen Bedingungen wie Erdöl und tritt häufig in den gleichen Lagerstätten auf. Es bildete sich im Muttergestein und stieg in das Speichergestein auf. Aufgrund des spezifischen Gewichtes sammelt sich Erdgas oben in der Lagerstätte und darunter das Wasser, auf dem das Erdöl schwimmt. Bei der Bohrung nach Erdöl entweicht das Erdgas wegen der Druckentlastung. Erdgas kommt auch in der Erdkruste vor. Es bildet sich ebenfalls bei der Inkohlung, d.h. bei der Umwandlung pflanzlicher Organismen zu Torf, Braunkohle und Steinkohle. Das Gemisch flüchtiger Kohlenwasserstoffe aus reinen Erdgaslagerstätten besteht zu 80 bis 95 Prozent aus Methan sowie geringen Anteilen von Äthan, Propan und Butan, außerdem Schwefelwasserstoff, Stickstoff und Kohlenstoffdioxid.

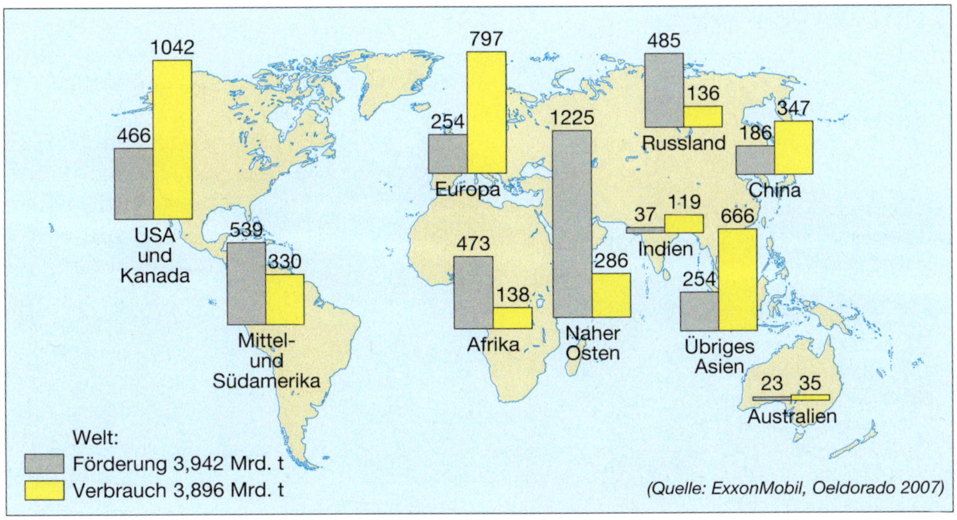

M4 Erdölförderung und Verbrauch 2006 (Mio. t)
Zum Vergleich Deutschland 2006:
Förderung: 3,5 Mio. t
Verbrauch: 123 Mio. t
Größtes deutsches Erdölvorkommen: Mittelplate, vor der deutschen Nordseeküste am südlichen Rand des Nationalparks Schleswig-Holsteinisches Wattenmeer, Förderung bisher 15 Mio. t

Die Verwendung von Erdöl und Erdgas
In reiner Form findet Erdöl kaum Verwendung. Es wird in Raffinerien physikalisch in seine Bestandteile getrennt und chemisch behandelt. Das Gemisch besteht aus Kohlenstoff- und Wasserstoffatomen, an die oft Schwefel, Stickstoff und Sauerstoff angebunden sind. Beim Destillieren und Aufspalten (Kracken) der Kohlenwasserstoffe entstehen neue Verbindungen wie Benzin, Kerosin und Dieselkraftstoff. Die petrochemische Industrie verwendet Rohöl für die Erzeugung von Kunststoffen, Mineraldünger sowie Farben. Erdgas wird für die Raumheizung eingesetzt, dient als Motorentreibstoff für Kraftfahrzeuge und wird in Kraftwerken für die Stromerzeugung genutzt. Erdgas ist wie Rohöl ein Grundstoff in der Petrochemie.

Öl- und Gasreserven
Erdöl und Erdgas werden eines Tages erschöpft sein. Wann, ist nicht genau festzulegen. Mithilfe neuer technischer Verfahren werden noch weitere Lagerstätten erschlossen. Hierzu gehört auch die Aufbereitung von Ölschiefer und Ölsanden. Je höher der Preis für Erdöl steigt, desto lohnender ist die Erschließung von Lagerstätten, die früher als unwirtschaftlich galten. Die Grenze wird erreicht, wenn der Energieaufwand für die Förderung höher ist als der Energiegewinn durch Erdöl.

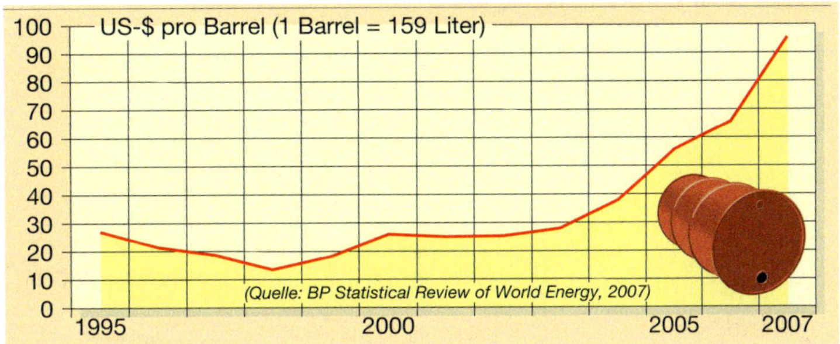

M5 Entwicklung des Ölpreises

M6 Gesicherte Reserven – Öl: Mrd. t, Gas: Mrd. m³

	Erdölreserven		Erdgasreserven	
	1990	**2006**	**1990**	**2006**
Nordamerika	4,3	27,1	7470	7 424
Mittel- u. Südamerika	16,7	15,9	7280	7 224
Europa (einschl. Türkei)	2,2	2,2	6001	6174
Russland ('90: UdSSR)	7,8	8,2	54 530	47 544
Afrika	7,9	15,3	8550	13 711
Naher Osten	89,9	100,4	37 990	72 620
Asien	6,8	9,4	8940	19 383
Australien	0,2	0,2	940	859
Welt	135,8	178,7	131 700	174 939

(Quelle: Exxon/Oeldorado 2007)

1. Erläutere die Entstehung von Erdöl und Erdgas.
2. Ziehe für jede Region Schlussfolgerungen aus den Anteilen bei Förderung und Verbrauch (M4, M5).
3. Begründe die unterschiedlichen Angaben über die Erdöl- und Erdgasreserven (Text, M6).

Strom aus Atomkraftwerken

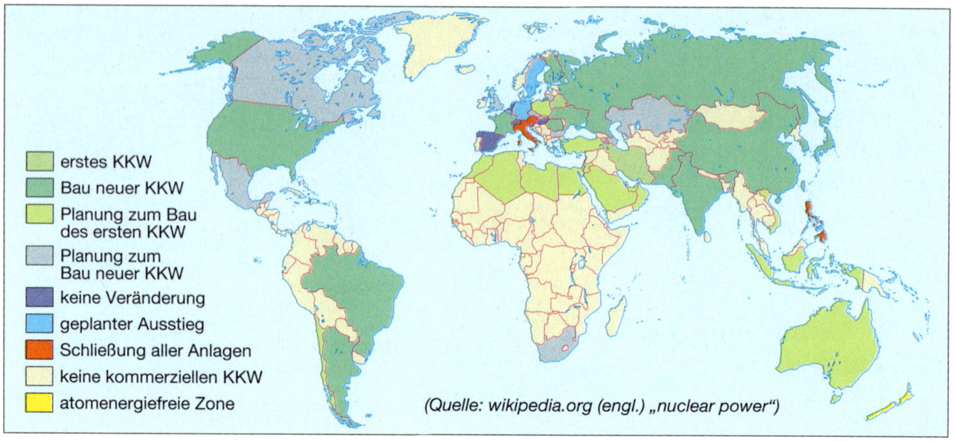

M1 Weltweite Verbreitung der Atomenergie 2007:
31 Staaten
437 Kernkraftblöcke
im Bau 29
in der Planung: 40
Anteil der Kernenergie an der Weltstromerzeugung 2006: 17%

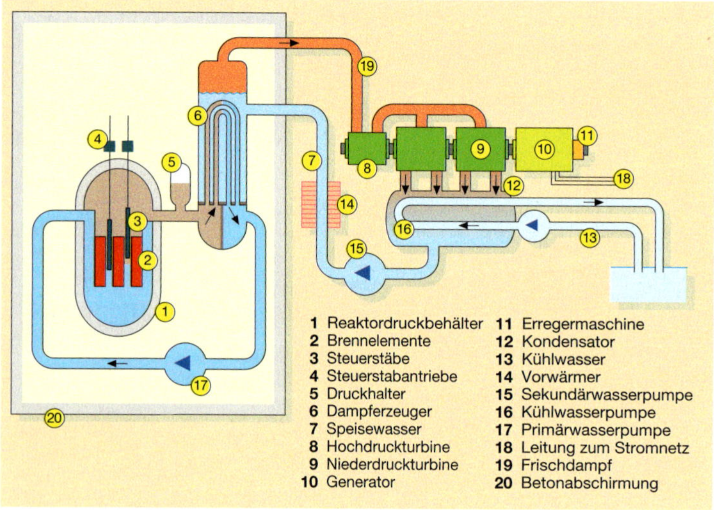

M2 Schematische Darstellung eines Druckwasserreaktors

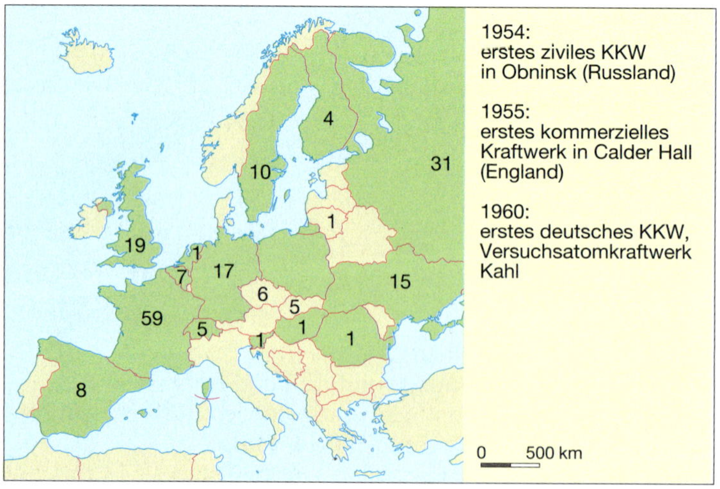

M3 Kernkraftwerke in Europa 2007

Atomkraftwerke

Atomkraftwerke arbeiten im Prinzip wie Kohle- oder Ölkraftwerke. Wasser wird erhitzt und der dabei erzeugte Dampf treibt eine Turbine an. Die Dampfturbine setzt einen Generator in Gang, der Strom erzeugt.

Aber anders als bei einem Kohle- oder Ölkraftwerk, das die Wärmeenergie durch Verbrennung erzeugt, werden bei einem Atomkraftwerk die Kerne von Uranatomen gespalten. Man spricht deshalb auch von einem „Kernkraftwerk" (KKW). Die Kernspaltung findet in einem Reaktordruckbehälter statt. In einem Siedewasserreaktor wie in Krümmel wird Wasser zum Sieden gebracht und der Dampf wird auf die Turbine geleitet. Bei einem Druckwasserreaktor (Beispiel Brokdorf) steht das Wasser unter so hohem Druck, dass es nicht siedet. Ein Wärmetauscher überträgt die Wärme auf einen zweiten Wasserkreislauf. Dort wird Dampf für die Turbine erzeugt. Der aus der Turbine austretende Dampf kühlt in einem Kondensator ab und verflüssigt sich wieder. Für die Kühlung verwendet man entweder Wasser aus einem Fluss oder Kühltürme.

Bei der Kernspaltung entsteht radioaktives Material. „Radioaktiv" bedeutet, dass unsichtbare Strahlen freigesetzt werden. Diese Strahlen sind für alle Lebewesen gefährlich. Deshalb müssen die Strahlen in einem KKW abgeschirmt werden.

Argumente für die Kernenergie

Bis zum Jahr 2030 wird der Energieverbrauch weltweit um die Hälfte steigen. Stiegen alle Länder aus der Kernenergie aus, müssten überwiegend Kohle- und Ölkraftwerke den Bedarf decken. Der Ausstoß von Kohlenstoffdioxid würde den Treibhauseffekt noch verstärken. Hingegen stoßen Kernkraftwerke bei der Stromerzeugung kein CO_2 aus.

Uran als Kernbrennstoff ist auf der ganzen Welt vorhanden und die Vorräte reichen im Gegensatz zu den fossilen Energieträgern noch mindestens 200 Jahre. Die Sicherheitstechnik ist so ausgelegt, dass kein radioaktives Material austreten kann. Zumindest westliche Reaktoren verfügen über eine Betonabschirmung sowie eine Stahlbetonhülle.

Argumente gegen die Kernenergie

Der größte anzunehmende Unfall (GAU) in Zusammenhang mit der Kernenergie ereignete sich 1986 im ukrainischen Tschernobyl. Durch einen Bedienungsfehler explodierte der Reaktor und schleuderte 180 Tonnen hochgradig radioaktiven Materials in die Luft. Die Wolken zogen sechs Mal um die Erde. Neun Millionen Menschen waren von dem Reaktorunglück direkt betroffen.

Das Risiko neuer Katastrophen infolge menschlichen Versagens ist nach Meinung von Kernkraftgegnern weiterhin vorhanden. Österreich verzichtete nach dem GAU von Tschernobyl auf die Nutzung der Kernenergie, Schweden beschloss einen Ausstieg bis 2010.

Ungeklärt bleibt die Endlagerung von radioaktivem Müll. In Deutschland werden abgebrannte Brennelemente in den Kernkraftwerken zwischengelagert.

Strittig ist auch, dass der Strompreis kostengünstig wäre. Kritiker wenden ein, dass weder die Kosten für Forschung und Entwicklung noch die Kosten für die Entsorgung und die Stilllegung von Kernkraftwerken berücksichtigt wurden.

Mit demselben Kapital, das für Kernkraftwerke ausgegeben würde, könnten – so die Kernkraftgegner – umweltfreundlichere alternative Energien erschlossen werden.

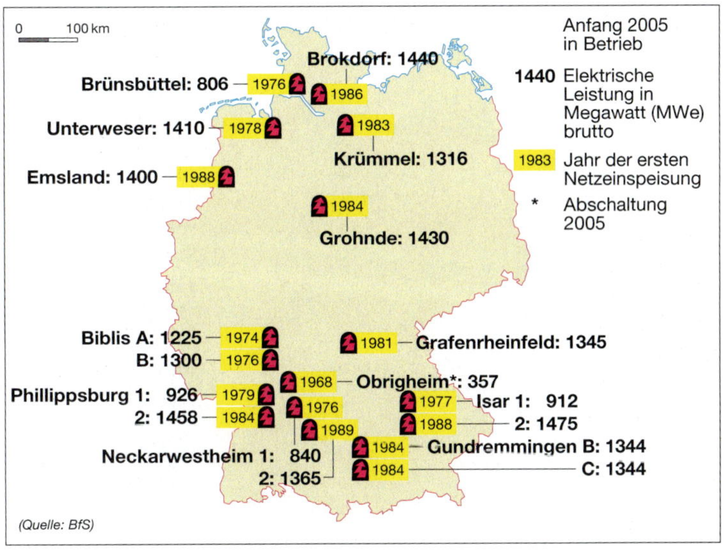

M4 Kernkraftwerke in Deutschland

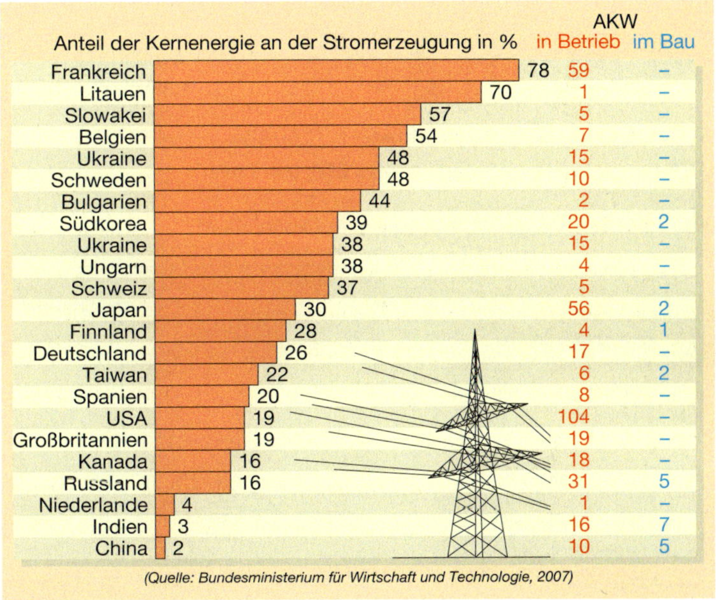

M5 Anteil der Kernenergie an der Stromerzeugung nach Ländern

1. Beschreibe die weltweite Verteilung von Kernkraftwerksblöcken (M1, M5).
2. Stelle für Europa eine Rangliste der Kernkraftwerke zusammen (M3).
3. Beschreibe die räumliche Verteilung von Kernkraftwerken in Deutschland (M4).
4. Erläutere die Funktionsweise eines Kernkraftwerkes (Text, M2, Internet z. B. www.kernenergie.de).
5. Bildet zwei Gruppen und diskutiert über die Vor- sowie Nachteile der Kernenergie (Text, M5).

Alternative Energiequellen: Windenergie und Sonnenenergie

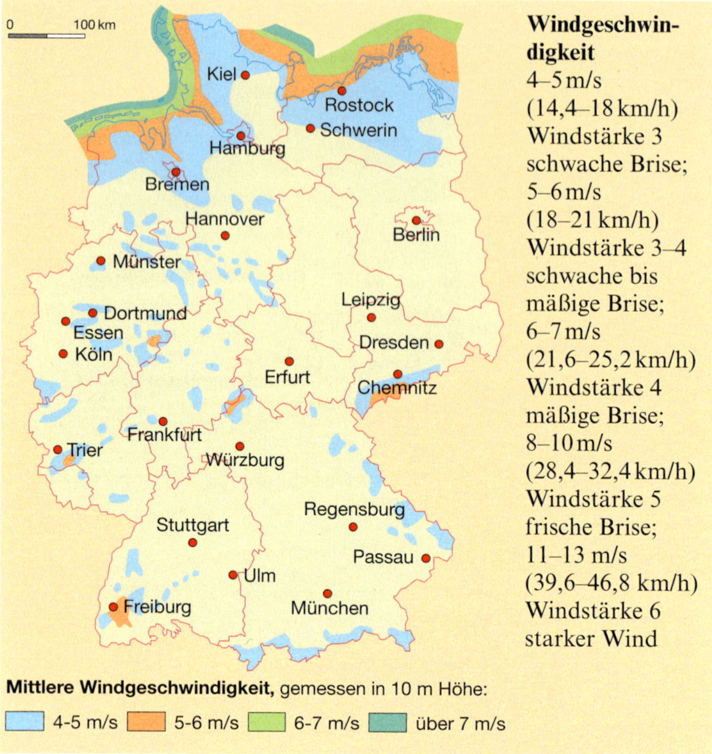

M1 Mittlere Windgeschwindigkeiten in Deutschland

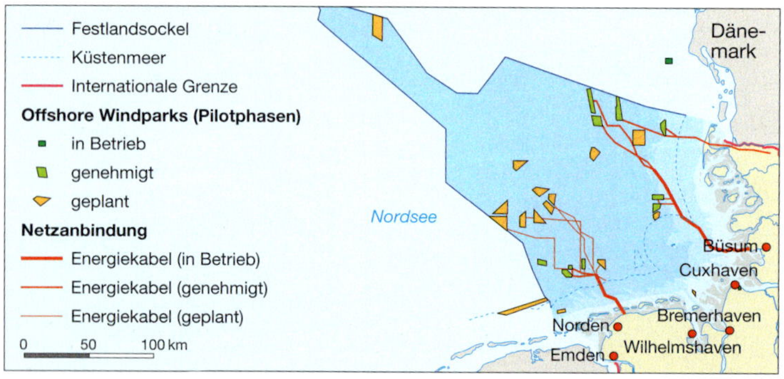

M2 Offshore-Windparks an der Nordsee

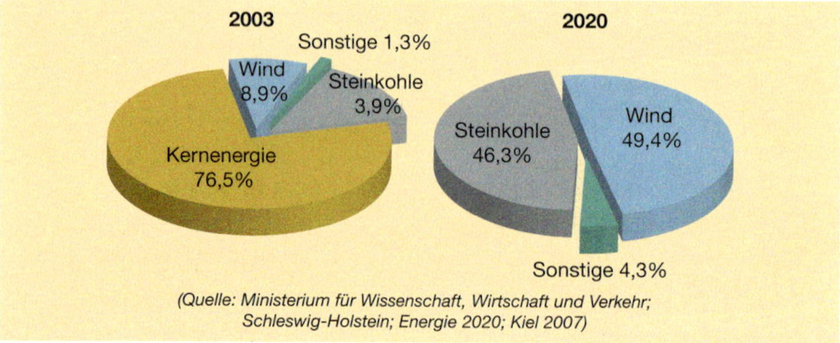

M3 Stromerzeugung in Schleswig-Holstein

M4 In einem Windpark

Windenergie

Mithilfe des Windes überquerten Segelschiffe früher die Ozeane und drehten sich Mühlen, die Getreide mahlten oder Wasser pumpten. Die Windmühlen der heutigen Zeit heißen „Windkraftanlagen“ und sie erzeugen Strom. Dabei wird die Energie des Windes in eine Drehbewegung umgewandelt und es wird – wie bei einem Fahrraddynamo – mithilfe eines Generators Strom erzeugt. Die Einschaltgeschwingkeit liegt zwischen 2,5 bis 4 Metern/Sekunde (m/s). Bei Sturm schalten sich die Anlagen automatisch ab.

Weltweit drehen sich mehr als 50 000 Windräder, über 17 000 davon in Deutschland. Die führenden Länder bei der Windenergienutzung sind Dänemark, Deutschland, die USA, Spanien und Indien. Ein Problem ist die Verfügbarkeit: Der Wind weht selbstverständlich nicht immer dann am stärksten, wenn der Energiebedarf am größten ist. In windarmen Zeiten müssen Reservekraftwerke den Bedarf decken.

Nicht überall stoßen Windkraftanlagen – infolge der Veränderung des Landschaftsbildes – auf Zustimmung, obwohl sie zu den umweltfreundlichsten Energieerzeugern gehören. Deshalb und weil dicht besiedelte Regionen für Windkraftanlagen nicht in Frage kommen, entstehen neue Anlagen im Meer. Der Wind weht dort stärker und stetiger, sodass die Energieausbeute etwa 40 Prozent höher ist als auf dem Festland. Allerdings sind die Baukosten auch erheblich höher.

M5 Installation eines Solardaches

Sonnenenergie

Die Nutzung der Sonnenenergie hängt von der Jahreszeit, dem Einfallswinkel der Sonnenstrahlen und von der Höhenlage ab. Aber selbst bei bedecktem Himmel ist in Deutschland noch genügend Strahlung für die Stromerzeugung vorhanden, wie jeder Solar-Taschenrechner beweist.

Die direkte Umwandlung von Sonnenenergie in elektrische Energie mithilfe von Solarzellen bezeichnet man als „Photovoltaik“. Aufgrund der hohen Kosten ist ihr Anteil an der Stromerzeugung aber noch gering.

Anders sieht es bei einer Sonnenkollektoranlage für die Warmwasserbereitung aus. Das Prinzip kann man mit einem mit Wasser gefüllten Gartenschlauch, der in der Sonne liegt, leicht nachvollziehen. Der Gartenschlauch erhitzt sich schnell. Ähnlich läuft der Vorgang bei einer Sonnenkollektoranlage ab. Die Kollektoren absorbieren die Sonnenstrahlen und wandeln sie in Wärme um. Eine frostsichere Wärmeträgerflüssigkeit transportiert die Wärme zu einem Solarspeicher und erwärmt dort das Wasser. Da die Sonne nicht gleichmäßig zur Verfügung steht, können Sonnenkollektoren heute nur etwa die Hälfte des Jahresenergiebedarfs für die Warmwasserbereitung decken.

In Ländern mit stärkerer Sonneneinstrahlung als in Deutschland arbeiten Solarkraftwerke. Nördlich des 40. Breitengrades sind solche Solarkraftwerke aber unwirtschaftlich, weil die direkte Sonneneinstrahlung zu gering ist.

Durch die Sonne eingestrahlte Energie weltweit: das 10 000-Fache des heutigen Energieverbrauchs

in Deutschland: 850–1200 Kilowattstunden pro Quadratmeter (kWh/m^2)
1000 kWh/m^2 entsprechen der Energie von 100 Litern Heizöl

Eine Spielkonsole verbraucht 57,6 kWh pro Jahr, ein Computer 200 kWh, ein Fernseher 220 kWh, ein Drei-Personenhaushalt 3500 kWh.

M6 Mittlere Sonnenscheindauer in Deutschland

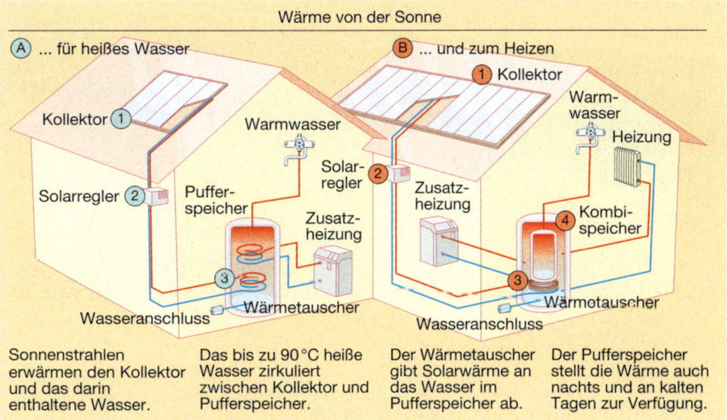

M7 Nutzung der Sonnenenergie

1. Nenne günstige Standorte für Windkraftanlagen in Deutschland (M1, M2).
2. Erörtere die Vor- und Nachteile der Windenergie bei der Stromerzeugung (Text, M3).
3. Beschreibe die Nutzungsformen der Sonnenenergie (Text).
4. Begründe, weshalb der Anteil der Sonnenenergie am Energieverbrauch in Deutschland noch relativ gering ist (Text, M6).
5. Beschreibe die Nutzung der Sonnenenergie am Beispiel der Warmwasserbereitung (M5, M7).

Wasserkraft und Erdwärme

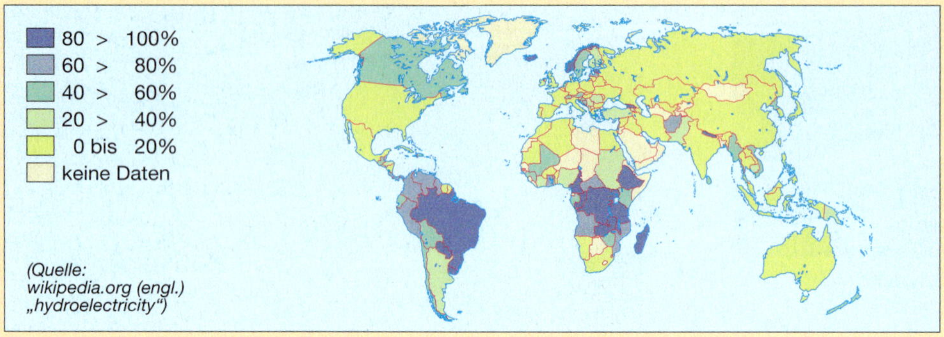

Anteil an der Stromerzeugung:
Welt: 18%
Norwegen: 99%
Brasilien: 83%
Peru 74%
Österreich: 67%
Venezuela: 67%
Kanada: 58%
Schweiz: 55%
Frankreich: 11%
Deutschland: 3,5%

M1 Stromerzeugung durch Wasserkraftwerke

M2 Die drei größten Wasserkraftwerke in der Welt und in Deutschland

Drei-Schluchten-Damm (China)	Goldhisthal (Thüringen)
Itaipu (Brasilien-Paraguay)	Markersbach (Sachsen)
Guri / Raul Leoni (Venezuela)	Hornbergbecken (Baden-Württemberg)

M3 Möhnetalsperre

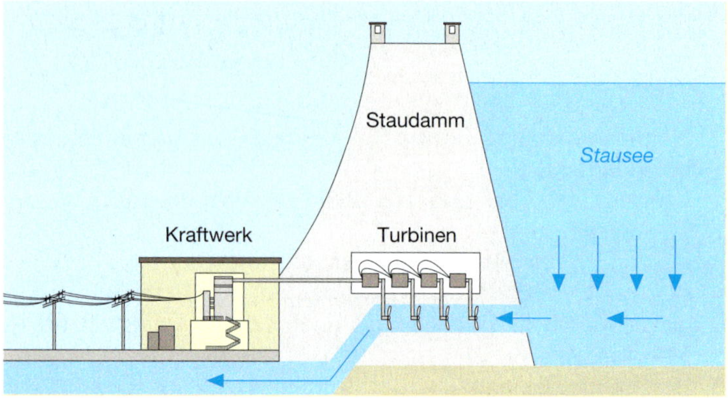

M4 Schema eines Wasserkraftwerkes

Wasserkraft

Schon vor der Industriellen Revolution nutzten die Menschen die Wasserkraft, um Mühlen, Säge- und Hammerwerke zu betreiben. Heute ist sie bei den alternativen Energien nach der Windenergie die zweitwichtigste Stromquelle.

Speicherkraftwerke nutzen das Gefälle aus einem Stau- oder Bergsee. Während sich bei einem Talsperrenkraftwerk die Turbinen am Fuß der Staumauer befinden, führen bei einem Bergspeicherwerk Druckstollen zu den Turbinen im Tal. Eine Sonderform sind Pumpspeicherwerke, bei denen Wasser in einen höher gelegenen Stausee gepumpt und in Spitzenzeiten abgelassen wird. In verbrauchsarmen Zeiten, z. B. nachts, kann mit überschüssigem Strom der Stausee wieder aufgefüllt werden.

Laufwasserkraftwerke nutzen die Strömung eines Flusses für die Erzeugung von elektrischem Strom aus. Die Energiegewinnung schwankt jedoch mit dem Wasserstand.

Wasserkraftwerke haben den Vorteil, dass bei der Stromerzeugung kein CO_2 entsteht. Allerdings verursachen Bau und Wartung hohe Kosten. Große Speicherkraftwerke erfordern Betonmauern und einen großen Stausee, sodass oft bewohnte Gebiete überflutet und die Bewohner umgesiedelt werden müssen. Zu den möglichen Gefahren zählen Dammbrüche und Erdbeben, die durch den schweren Staudamm ausgelöst werden können.

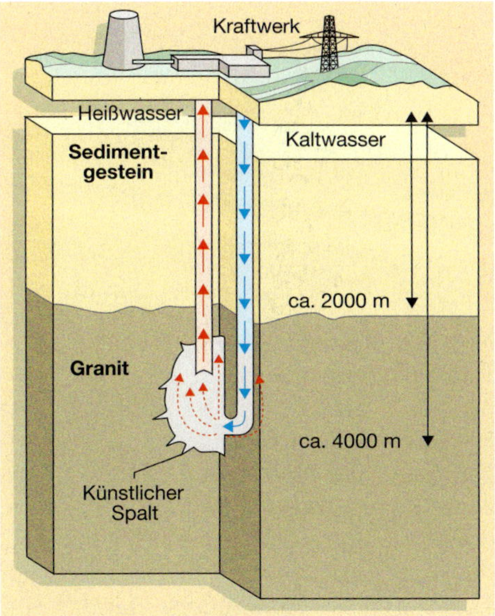

M5 Hot Dry Rock-Verfahren

Regionen mit Wasserschichten, deren Temperatur über 100 °C (rot) bzw. über 60 °C (gelb) beträgt; 100 °C für eine Stromerzeugung, 60 °C für die direkte Wärmenutzung erforderlich.

(Quelle: www.geotis.de)

Norddeutsche Becken: 100 000 km²
Oberrheingraben: 5 000 km²
Molassebecken: 20 000 km²
(Molasse: Ablagerungen aus kalkhaltigem Gestein und Sandstein)

M6 Möglicherweise für Warmwassernutzung geeignete Gebiete

Erdwärme

Die Erdwärme, Geothermie (Griech. *geo* = Erde, *therme* = Wärme), die in der oberen – etwa 3000 Meter mächtigen – Erdkruste gespeichert ist, könnte den Energiebedarf der Menschheit für hunderttausend Jahre decken. In Island macht der Anteil der Erdwärme an der Energieversorgung – Strom und warmes Wasser – bereits 53 Prozent aus. Auch die USA, die Philippinen, Italien, Kenia, Japan und Neuseeland erzeugen Strom aus Erdwärme; in Deutschland geschieht das seit 2003 in Neustadt/Glewe (Mecklenburg-Vorpommern).

Erdwärme aus der obersten Erdschicht oder dem Grundwasser wird auch zum Heizen genutzt: In tieferen Schichten lagernde Heißwasservorräte können angezapft und über Rohrleitungen an die Erdoberfläche transportiert werden. Je nach Temperatur ist die Energiegewinnung als Strom oder Wärme möglich.

Die Erdwärme in trockenen, heißen Gesteinsschichten (Hot Dry Rock) lässt sich ebenfalls zur Strom- und Wärmeerzeugung nutzen. In 4000 Metern Tiefe kann das Gestein bereits über 200 Grad Celsius heiß sein. Über ein Bohrloch wird Wasser in die Tiefe gedrückt. Es erwärmt sich dort und steigt in einer zweiten Rohrleitung wieder auf.

M7 Nutzungsarten oberflächennaher und tiefer Geothermie
(nach: Landesamt für Geologie, Rohstoffe und Bergbau Baden-Württemberg, LGRB)

Tiefe Geothermie (bis 200 °C)		**Oberflächennahe Geothermie (etwa 8 °C bis 25 °C)**		
Hot Dry Rock bis 5000 m tief	Hydrogeothermie Nutzung heißer Thermalwasservorräte einige 100 m bis 3000 m tief	Erdwärmesonden einige 10er Meter bis 400 m tief	Kollektoren Energiepfähle wenige 10er Meter tief	Grundwasserbrunnen mit Wiederversickerung meist weniger als 50 m tief
← offenes System		geschlossenes System		offenes System
direkte Nutzung des heißen Wassers Stromerzeugung und Abwärmenutzung	Stromerzeugung/ Warmwassergewinnung Nutzung mit Wärmetauscher und direkte Warmwassernutzung	Nutzung durch Einsatz von Wärmepumpen Wärmeerzeugung		

1. Beschreibe die Funktionsweise eines Wasserkraftwerkes (Text, M3, M4).
2. Finde die drei größten Kraftwerke in der Welt und in Deutschland (M2) im Atlas.
3. Beschreibe den Anteil der Wasserkraftwerke an der Stromerzeugung in ausgewählten Ländern (M1).
4. Erläutere Formen der Erdwärmenutzung (Text, M5, M7).
5. Berichte über die Erdwärmenutzung in Deutschland (M6).
6. Führe Gründe dafür auf, weshalb die Erdwärme bisher nicht stärker genutzt wird.

Biomasse und Wasserstoff

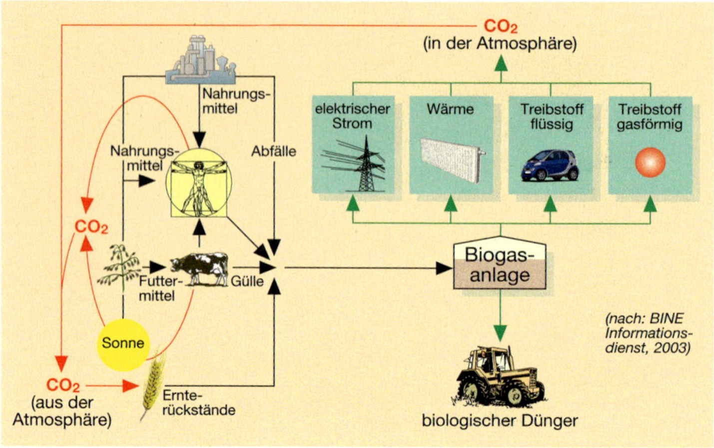

M1 Biogas – eine Kohlenstoffdioxid-neutrale Energiequelle

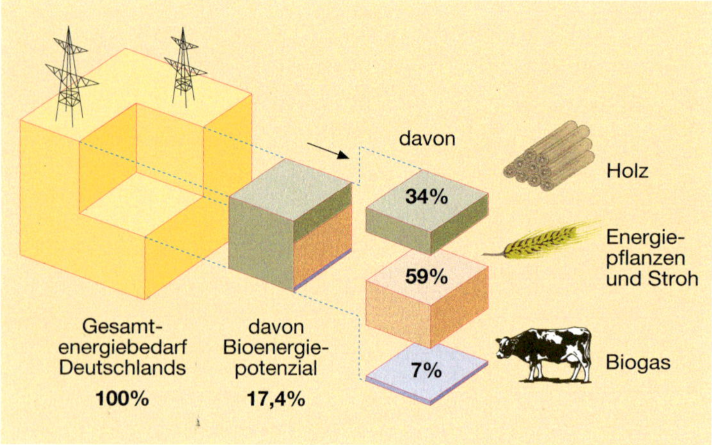

M2 Potenzial der Bioenergie in Deutschland bis zum Jahr 2030

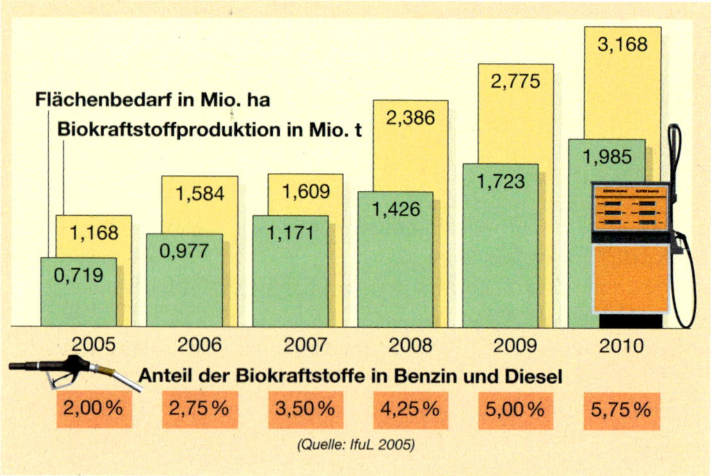

M3 Flächenbedarf für die EU-Ziele in Bezug auf Biokraftstoff

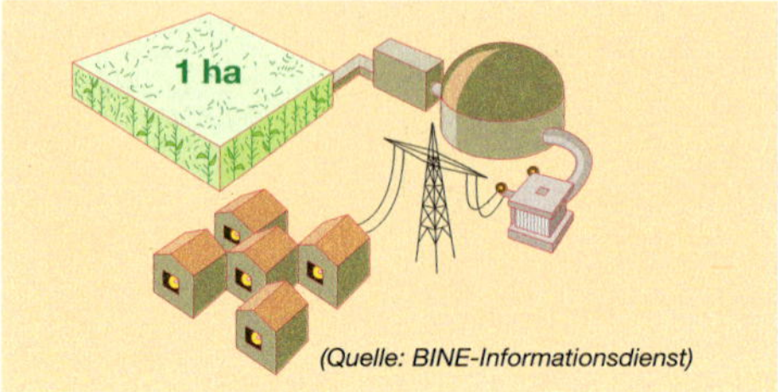

M4 Deckung des Jahresbedarfs von fünf Haushalten durch Biogas

Energie aus Biomasse

Biomasse ist die gesamte durch Pflanzen, Tiere und Menschen anfallende oder erzeugte organische Substanz. Für die Energiegewinnung kommen durch Fotosynthese entstandene land- und forstwirtschaftliche Rohstoffe in Frage. Zu diesen nachwachsenden Rohstoffen gehören Restholz aus der Walddurchforstung, Energiemais, Heu, Stroh und Grünpflanzenrückstände sowie Produkte aus dem Energiepflanzenbau – beispielsweise schnell wachsende Baumarten.

In vielen Teilen der Welt sind große Ackerflächen mit Kulturpflanzen bestellt, aus denen Biokraftstoff gewonnen wird. Wegen der steigenden Nachfrage werden auch tropische Regenwälder gerodet, um Zuckerrohr (wie in Brasilien) anzubauen oder Palmölplantagen (wie in Indonesien) anzulegen. Größter Bioethanol-Produzent in Europa ist Spanien, das den Kraftstoff aus Gerste und Weizen gewinnt. In Schweden wird Ethanol aus Abfällen der Holzindustrie, aber auch aus Getreide und Zuckerrohr erzeugt. In Deutschland produziert eine Anlage in Sachsen-Anhalt Bioethanol aus Weizen, Gerste und Mais.

Für die Energiegewinnung eignet sich auch Biomasse aus pflanzlichen, tierischen oder menschlichen Reststoffen. Hierzu zählen Abfälle aus der Landwirtschaft wie Dung, Gülle, Getreide-, Obst- und Gemüserückstände. Im Haushalt entstehen Abfälle, die in der Biotonne gesammelt werden – ebenso in der Nahrungsmittelindustrie und bei der Holzverarbeitung.

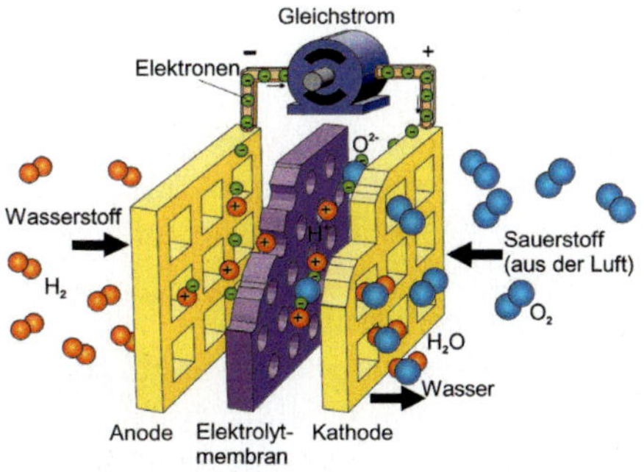

M5 Brennstoffzelle

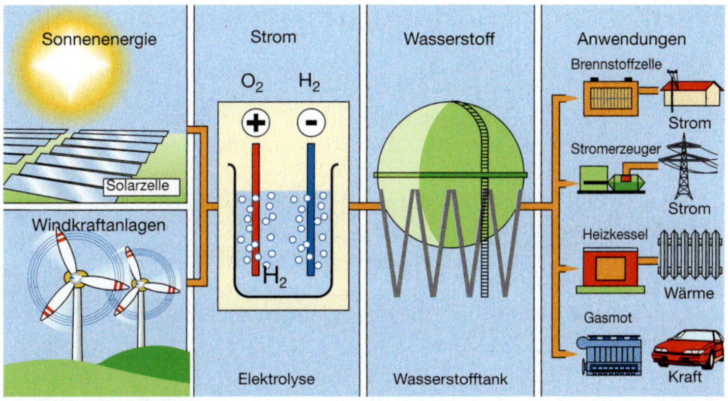

M6 Erzeugung und Verbrauch von Wasserstoff

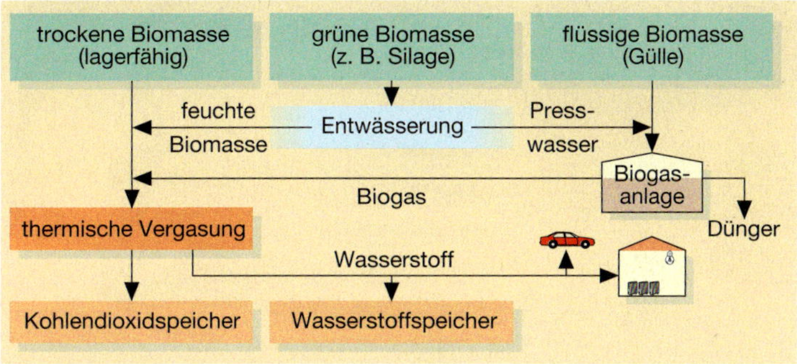

M7 Wasserstoff aus Biomasse

Energieträger Wasserstoff

Dem Wasserstoff wird oft eine große Zukunft prognostiziert. Dabei sollte jedoch beachtet werden, dass Wasserstoff keine Energiequelle ist. Wasserstoff ist gebunden (z. B. mit Sauerstoff = H_2O = Wasser) und muss zu seiner Gewinnung isoliert (abgespalten) werden (beispielsweise mithilfe von elektrischem Strom = Elektrolyse). Wasserstoff ist farb- und geruchlos, leicht brennbar und hinterlässt als Abgas Wasserdampf, der ökologisch unbedenklich ist.

Die Herauslösung des Wasserstoffs aus chemischen Verbindungen ist aufwändig, ebenso seine Verflüssigung, wofür eine Kühlung auf etwa minus 253 Grad Celsius nötig ist. Die erneuerbaren Energien Wasser, Wind und Sonnenkraft lassen sich in Wasserstoff gleichsam nur speichern. Damit ist die Wasserstofftechnik stets nur so umweltfreundlich, wie die Energie, die zu seiner Gewinnung und zu seinem Transport eingesetzt werden muss.

In den so genannten „Brennstoffzellen" geschieht eine Rückwandlung des Wasserstoffs vom Gas zum elektrischen Strom. An deren Membranen reagiert der Wasserstoff kontrolliert mit dem Sauerstoff der Luft, setzt Energie frei und wird zu Wasser. Technisch wäre es bereits heute möglich, den weltweiten Energiebedarf umweltfreundlich mit Wasserstoff zu decken. Eines der größten Probleme der Wasserstoffwirtschaft bleibt der Transport. Denkbar wäre z. B. eine Leitung über Rohrsysteme, wie sie auch für den Erdgastransport verwendet werden.

M8 Umwandlung von fossilen Brennstoffen in alternative Energie

In Schottland betreibt BP momentan das erste Projekt, bei dem Erdgas aus Feldern der Nordsee in Wasserstoff und CO_2 umgewandelt wird. Mit dem Wasserstoff soll ein Kraftwerk in Peterhead betrieben werden, während das Kohlenstoffdioxid in das unterirdische Miller-Ölfeld geleitet wird. Dort wird es gelagert und trägt durch den Druck zu einer verbesserten Ölförderung bei.

Das Kraftwerk ist das erste seiner Art und verfügt über eine Kapazität, 350 Megawatt (MW) fast gänzlich CO_2-freien Strom zu produzieren – das ist genug, um jedes Jahr 250 000 Haushalte in Großbritannien zu versorgen.

Obwohl Brennstoffzellen-Pkw und -Busse bereits heute zu Demonstrationszwecken fahren, sind noch mehrere große Herausforderungen zu überwinden, bevor sie in Serienproduktion gehen können.

(Quelle: Deutsche BP AG – Umwelt & Gesellschaft – Wasserstoffenergie, 2007)

1. Begründe, warum die Umwandlung von Getreide in Biogas bei vielen Menschen auf Unverständnis stößt (Text, M3).
2. Erkläre die Vorteile einer Biogasanlage (Text, M1, M4, M7).
3. Erläutere das Potenzial der Bioenergie in Deutschland (M2).
4. Schildere die Gewinnung und Verwendung von Wasserstoff (Text, M5–M8).
5. „Energiegewinnung aus Wasserstoff ist nur wirtschaftlich, wenn der Energieeinsatz den Energiegewinn nicht übersteigt." – Nimm zu dieser Aussage Stellung.

Ökologisch verantwortungsbewusster Umgang mit Rohstoffen

M1 Kriterien für eine ökologisch sinnvolle Nutzung von Ressourcen

- Die Nutzung einer erneuerbaren Ressource darf nicht größer sein als ihre Regenerationszeit.
- Die Abgabe von Stoffen darf nicht größer sein als die Aufnahmefähigkeit der Umwelt.
- Die Nutzung nicht erneuerbarer Ressourcen muss deutlich verringert werden.
- Alle menschlichen Eingriffe müssen in einem ausgewogenen Verhältnis zu der Zeit stehen, die zur Regeneration erneuerbarer Rohstoffe, zur Erholung der Ökosysteme bzw. zum ökologischen Abbau benötigt wird.

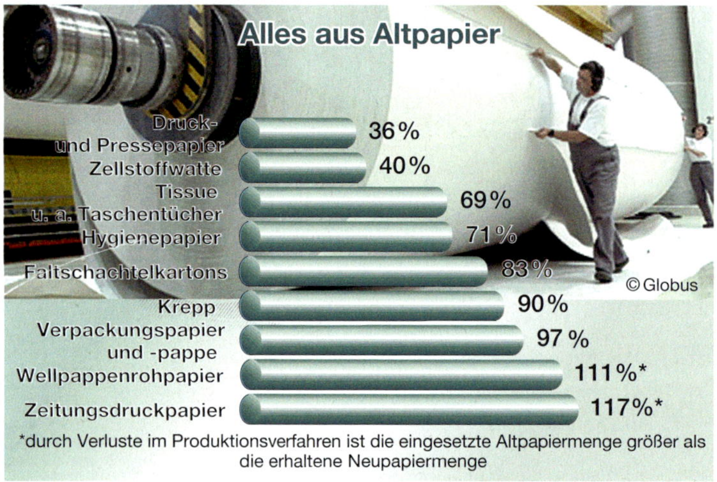

M2 Altpapieranteil an der deutschen Papierproduktion (2002)

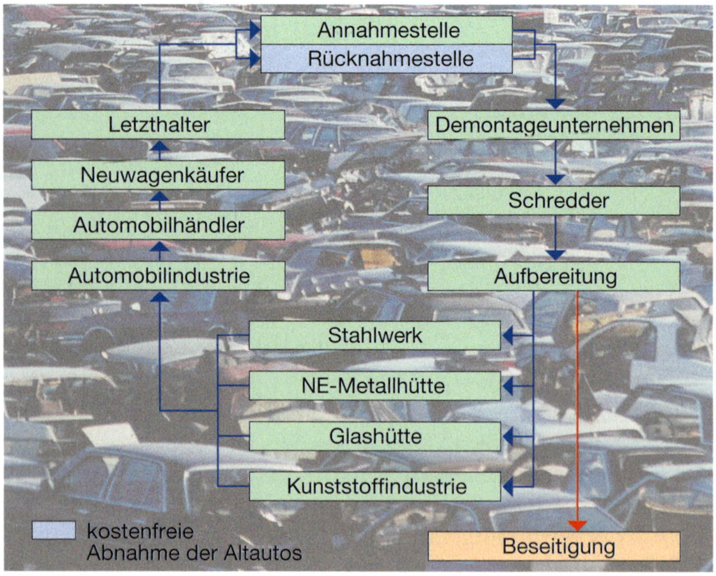

M3 Altautokreislauf

Unser aller Leben ist in hohem Maße von unserer Umwelt abhängig. Wir benötigen saubere Luft zum Atmen, reines Wasser zum Trinken sowie unbelastete Nahrungsmittel zum Essen. Neben diesen Grundbedürfnissen sind wir auch auf viele Rohstoffe angewiesen, die der Realisierung der unterschiedlichen Ansprüche dienen. Weil die Umwelt aber nicht unbegrenzt belastbar ist, sind umfangreiche Bemühungen zur Bewahrung dieser Lebensgrundlage notwendig.
Die Sicherung der Verfügbarkeit natürlicher Ressourcen setzt den ökologisch bewussten nachhaltigen Umgang mit Ressourcen voraus.

Rohstoff-Recycling

Für die industrielle Produktion wurden früher fast ausnahmslos Rohstoffe aus bergbaulicher oder agrarischer Erzeugung verwendet. Diese Stoffe werden als „Primärrohstoffe“ bezeichnet. Heute wächst die Bedeutung der so genannten „Sekundärrohstoffe“. Zahlreiche Rohstoffe (beispielsweise Metalle, Papier, Glas) können nach dem Gebrauch des Produkts wieder zurückgenommen und über das Recycling dem Produktionsprozess erneut zugeführt werden.
Oftmals ist der Einsatz von Sekundärrohstoffen kostengünstiger und ökologisch sinnvoller als die Entsorgung von Altmaterialien durch Lagerung auf Deponien oder durch Verbrennen. Die Lebensdauer mineralischer Rohstoffe verlängert sich hierdurch erheblich. So liegt in Deutschland die Recyclingrate z. B. für Blei, Silber, Zinn, Glas und Papier über 50 Prozent, bei Eisen, Kupfer, Aluminium, Zink und Platin zwischen 35 bis 50 Prozent.
Wenn erreicht wird, dass die entsorgten Materialien eines Produkts zu Ausgangsstoffen eines neuen Produkts werden, ergibt das den höchsten Effekt der Ressourcennutzung. Die effektive Ressourcennutzung durch Recycling erfordert verantwortungsbewusstes Denken und Handeln eines jeden Menschen. Das fängt zu Hause an und muss in der Schule fortgesetzt werden.

M4 Substitution von Rohstoffen

Vorteile nachwachsender Rohstoffe
- Verringerung der Abhängigkeit von fossilen Energieträgern
- Schonen von nicht erneuerbaren Ressourcen
- biologische Abbaubarkeit
- Reinhaltung der natürlichen Lebensgrundlagen Boden, Wasser und Luft
- Reduzieren von Umweltbelastungen und Müllbergen
- Nachteile nachwachsender Rohstoffe
- nicht alle Alltagsprodukte können aus Naturstoffen gewonnen werden
- erforderliche Mengen und Anbauflächen stehen eventuell nicht zur Verfügung
- gegenwärtig hohes Preisniveau

Rapsfeld

Substitution von Rohstoffen (Beispiele)

Produkt	Rohstoff	Substitution
Dieselkraftstoff	Erdöl	Raps
Stromkabel	Blei, Kupfer	Aluminium, Glasfiber, Kunststoff
Dachrinnen	Zink	Kunststoff
Wasserrohre	Blei	Kunststoff

Gründe für die Substitution (Ersetzung) von Rohstoffen (Auswahl): Produktionsvereinfachung, Gewichtsreduzierung, Witterungsstabilität, höhere Unfallsicherheit, Hygiene, Umweltfreundlichkeit, Korrosionsbeständigkeit

Nachwachsende Rohstoffe

Heute haben nachwachsende Rohstoffe eine große Bedeutung, die sich durch die Anwendung moderner Technologien eröffnen.

Nachwachsende Rohstoffe sind land- und forstwirtschaftliche Erzeugnisse, die einer Verwendung im Nichtnahrungsbereich (Non-Food) zugeführt werden. Sie können zur Erzeugung von Wärme und Elektroenergie sowie in anderen industriellen Bereichen genutzt werden. So lässt sich z. B. aus Zuckerrüben und Zuckerrohr Klebstoff herstellen, aus der Stärke von Kartoffeln Kunststoff, aus Sojabohnen- und Sonnenblumenöl Lacke und Farben. Bambus, Flachs und Kokosfasern liefern Dämmstoffe.

Sowohl die Anbauflächen als auch die Vielzahl der Anwendungsbereiche werden größer. Die Gründe hierfür sind ökonomischer und ökologischer Art. Da nachwachsende Rohstoffe ihre fossilen Konkurrenten in vielen Bereichen ersetzen können, tragen sie dazu bei, deren begrenzte Vorräte für nachfolgende Generationen zu schonen. Nachwachsende Rohstoffe sind weitgehend CO_2-neutral: bei ihrer Nutzung entsteht kein zusätzlicher Treibhauseffekt.

Substitution von Rohstoffen

Der Ersatz von Rohstoffen durch andere Stoffe kann sowohl zur Sicherung der Rohstoffverfügbarkeit als auch zur Schonung der Umwelt beitragen. Oftmals ist die Substitution von Rohstoffen das Ergebnis der Erforschung und Entwicklung neuer Technologien sowie veränderter Ansprüche an die Verwendbarkeit des Produktes.

So werden beispielsweise durch die Herstellung künstlicher Diamanten aus Graphit Schneidewerkzeuge geschaffen. Die Entwicklung völlig neuer Stoffe ermöglicht, nicht nur in der Natur vorhandene primäre Rohstoffe einzusparen und effektiver zu nutzen, sondern auch völlig neue Werkstoffe zu entwickeln (z. B. Glasfaser in der Elektroindustrie).

Reichweite ausgewählter Rohstoffe in Jahren bei gleich bleibender Förderung (Stand 2006):

Erdgas: 75
Blei: 90
Erdöl: 45
(mit Ölschiefer und Ölsänden: 120)
Steinkohle: 200
Braunkohle 230
Eisen: 300

1. Erläutere die Kriterien für eine ökologisch sinnvolle Nutzung natürlicher Ressourcen (M1).
2. Begründe, warum Recycling eine wichtige Methode zur Schonung natürlicher Ressourcen darstellt (Text, M2, M3). Nenne Beispiele für Recycling aus deinem Wohnort.
3. Erläutere, was mit „Substitution von Rohstoffen“ gemeint ist (Text, M4).
4. Bewerte die Forderung, verstärkt nachwachsende Rohstoffe anzubauen (Text, M4). Berücksichtige dabei die Interessen von Industrie- und Entwicklungsländern.

Waldschäden – Ursachen und Folgen

Schadstufe 0

Schadstufe 1

Schadstufe 2

Schadstufe 3

Schadstufe 0
volle Benadelung, mindestens sechs Nadeljahrgänge vorhanden, sattgrüne Nadelfarbe

Schadstufe 1
beginnende Kronenverlichtung, nur noch vier bis fünf Nadeljahrgänge, einzelne Seitenzweige entnadelt, helle Nadeln mit leichter Gelb- bis Graufärbung

Schadstufe 2
deutliche Verlichtung der gesamten Krone, nur noch drei bis vier Nadeljahrgänge, häufig Gelbfärbung der Krone, stark entnadelte Triebe

Schadstufe 3
sehr starke Auflichtung der gesamten Krone, nur noch zwei bis drei Nadeljahrgänge, dünne, gelegentlich abgestorbene Wipfel, teilweise starke Gelb- oder Braunfärbung, Braunfärbung der Restkrone, Astverlauf durchgehend bis in die Spitzen sichtbar

M1 Waldschäden in Deutschland 1999 und Schadstufeneinteilung an Nadelbäumen

Schleswig-Holstein Waldschadensbericht (2006):
ca. 33 % aller Bäume deutlich geschädigt;
Anteil von Bäumen ohne sichtbare Schadensmerkmale (Schadstufe 0): 29 %
Buche: am stärksten geschädigte Baumart
Eiche: leichte Besserung beim Kronenzustand
Fichte: nur noch 24 % ohne sichtbare Schadensmerkmale
Kiefer: Erholung

Ursachen

Zu Beginn der 1980er-Jahre erschreckten Erkenntnisse über „neuartige Waldschäden“ die Öffentlichkeit, man sprach vom „Waldsterben“.
Seit 1984 wird durch jährliche Waldschadenserhebungen der Zustand der deutschen Wälder erfasst. Verschiedene Luftschadstoffe schwächen die Gesundheit der Bäume. Nicht alle Wälder sind gleichermaßen gefährdet. Eine besondere Rolle spielt die Nähe zur Quelle der Emissionen. Auch natürliche Bedingungen, wie Windrichtung, Höhenlage, Luv-Lee-Effekte, Bodenart und die Widerstandsfähigkeit der Baumart beeinflussen das Maß der Anfälligkeit.

Folgen

Man beobachtet: Nadel-, Laubverluste, Kronenauslichtungen, Verfärbungen, Wurzelverkümmerungen, fehlende Standsicherheit. Überdurchschnittlich geschädigt sind Buchen, Eichen und Fichten, weniger geschädigt sind Kiefern. Der geschädigte Wald ist gefährdet durch extreme Wetterereignisse, z. B. durch Windbruch bei Sturm, durch Frostschäden bei einer längeren Kälteperiode. Durch milde Winter wird die Wachstumsruhe verkürzt. Deshalb fehlen den Laubbäumen im Frühjahr Nährstoffreserven zum Treiben der Blätter. Schädlinge können die geschwächten Nadel- und Laubbäume leichter befallen.

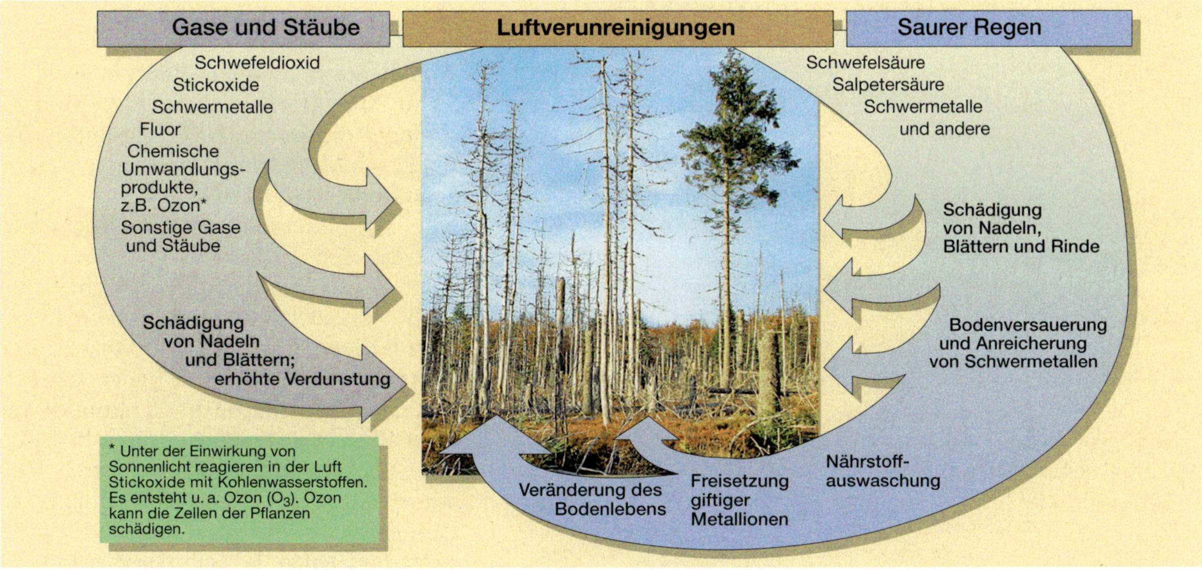

M2 Ursachen und Folgen des Waldsterbens

Maßnahmen

Die Verbesserung des Waldzustandes geschieht vorrangig durch Reduzierung aller schädigenden Einflüsse. Zwar gingen die Schwefeldioxid-, Stickstoffoxid- und Ammoniakemission zwischen 1990 und 2004 stark zurück, aber Hauptquelle für die Stickstoffoxidemissionen ist mit über 50 Prozent weiterhin der Verkehr. Um die Folgen des Säureeintrags zu verringern, werden Bodenschutzkalkungen vorgenommen. Aber auch die Art der Waldbewirtschaftung beeinflusst den Zustand des Waldes.

Die wichtigsten technischen Maßnahmen gegen die Luftverschmutzung sind neuartige Verbrennungsverfahren und Filter, Verfeuerung schwefelarmer Brennstoffe, Rauchgasentschwefelung, Umstellung auf Erdöl und Erdgas sowie ein Gebrauch von Katalysatoren. Verordnungen wie die „Technische Anleitung Luft“ und die „Großfeuerungsanlagenverordnung“ bilden Grundlagen für technische Maßnahmen. Die Kontrolle der Einhaltung dieser Vorschriften ist Aufgabe des Schornsteinfegers und der zuständigen Behörden. Luftreinhaltungspläne, Emissions- und Immissionskataster erfassen Belastungen und dienen zur Fortschreibung gesetzlich festgelegter Grenzwerte.

M3 Nachhaltige Waldnutzung

Für die Erhaltung der Wälder werden von einer weltweit operierenden unabhängigen Organisation (Forest Stewardship Council – in Deutschland mit Naturland) Zertifikate erteilt. Ein Zertifikat ist eine Bescheinigung in Bezug auf einen ordnungsgemäßen Zustand einer Sache.
Es gelten folgende Richtlinien bei der Waldbewirtschaftung und Waldpflege:

- Pestizid-Einsatz ist verboten.
- Der Hochwald zeichnet sich durch räumliche Trennung verschieden alter Bestände aus. Die Nutzung durch Kahlschlag ist unzulässig.
- Beim Hochwaldbetrieb erfolgt die Walderneuerung aus Samen auf Verjüngungsflächen (Kernwuchsbetrieb). Bei den folgenden Anpflanzungen sind nur standorttypische Baumarten einzusetzen.
- Die natürliche Verjüngung ist der Anpflanzung vorzuziehen. Sie erfolgt im Plenterwald, einem gruppenweise gemischten Wald mit ununterbrochener Walderneuerung.
- Der Waldboden muss geschont werden.
- „Altholzinseln“ (etwa zehn Prozent des Holzvorrates) sind dauerhaft von jeder Nutzung auszunehmen. In 40 Ländern sind mehr als 21 Millionen Hektar Wald zertifiziert worden, in Deutschland von rund sieben Millionen Hektar etwa 26000 Hektar Wald (Stand 2003).

1. Beschreibe den Umfang der Waldschäden in Deutschland (Text, M1).
2. Erläutere Ursachen und Folgen von Waldschäden (Text, M1, M2).
3. Gib Auskunft über Maßnahmen zur Vermeidung von Waldschäden (Text, M3).
4. Überprüft in der Nähe eures Schulstandortes einen Wald auf seinen Schadenszustand und berichtet darüber.
5. Erörtert, wie jeder Einzelne von euch zur Vermeidung von Waldschäden beitragen kann.

Gefährdung und Schutz des Bodens

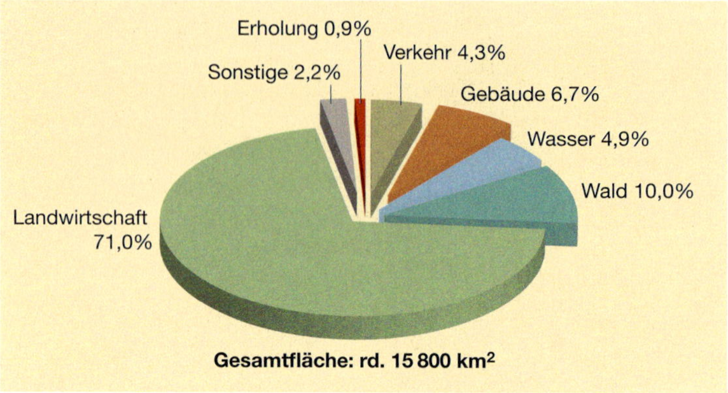

M1 Flächennutzung in Schleswig-Holstein (2005)

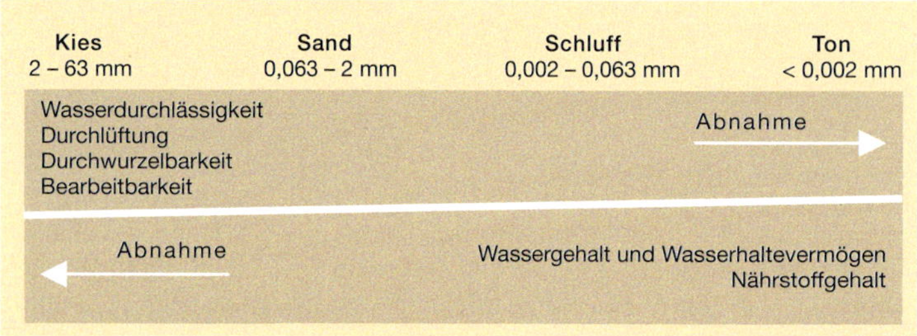

M2 Eigenschaften von Bodenarten

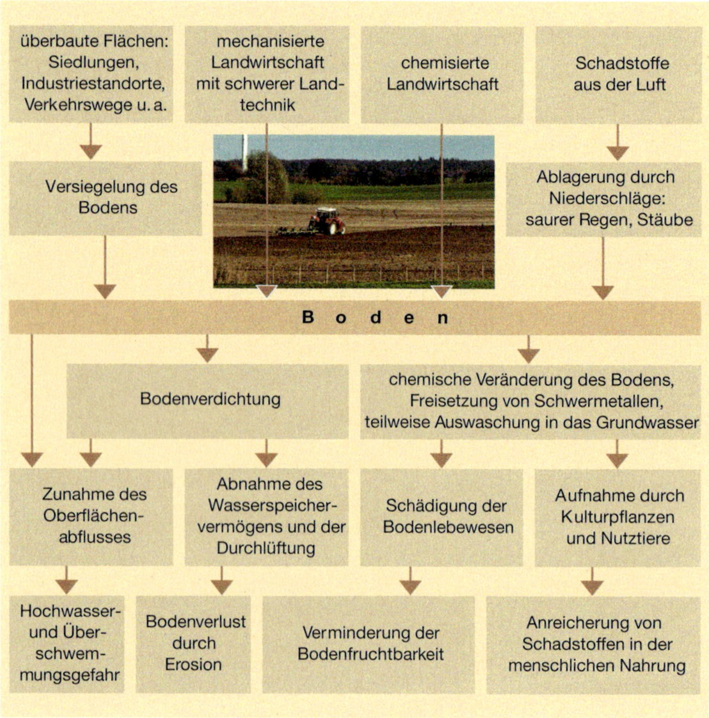

M3 Bodenbelastung – Ursachen und Folgen

Aufbau des Bodens und Bodenbildung

Etwa 30 Zentimeter dick ist die Bodenschicht, die heute Nahrungsmittel für über 6,5 Milliarden Menschen liefern soll. Der Boden ist unsere Lebensgrundlage. Er bildet die oberste, fruchtbare Schicht der Erdkruste. Er dient den Pflanzen als Wurzelraum und gibt ihnen Halt. Mit den Wurzeln entnehmen sie dem Boden Nährstoffe und Wasser.

Das Gestein der Erdkruste bildet nicht immer die Erdoberfläche. Es ist mitunter von einer Schicht lockeren Materials bedeckt. Das Lockermaterial entsteht durch Verwitterung festen Gesteins. Es zerfällt unter dem Einfluss von Wind, Regen, Schnee, Frost und Hitze. Je nach der Zusammensetzung des Lockergesteins unterscheidet man mehrere Bodenarten: Sand-, Lehm-, Löss- oder Tonboden. Nach der Größe der Körner teilt man sie den Größenklassen Sand, Schluff und Ton zu. Die Bodenarten bilden den Rohstoff des Bodens, aus dem der Mutterboden entsteht.

Bodenfruchtbarkeit

Der fruchtbare Boden entsteht langsam durch Umwandlung abgestorbener Pflanzen zu Humus. Daran sind Lebewesen wie Bakterien, Pilze und Würmer beteiligt. So bildet sich der Oberboden. Im Untergrund bleibt der Rohboden unverändert. Dazwischen schiebt sich eine Übergangsschicht – der Unterboden. Hier verändert sich der Rohboden noch, denn einsickerndes Regenwasser verlagert Stoffe. Das Ergebnis der Bodenbildung sind Horizonte. Der Oberboden ist der A-Horizont, der Unterboden der B-Horizont und der Untergrund der C-Horizont. Die unterschiedliche Ausprägung der Horizonte bestimmt den Bodentyp.

Neben den Nährstoffen und dem Wasser benötigen die Pflanzen für ihr eigenes Wachstum Kohlenstoffdioxid und Sauerstoff aus der Luft. Deshalb ist die natürliche Bodenfruchtbarkeit von der Verfügbarkeit der Nährstoffe und des Wassers im Boden sowie von der Durchwurzelbarkeit und Durchlüftung abhängig.

Belastung des Bodens
Unsere Lebensgrundlage – der Boden – wird vergiftet, zubetoniert und abgeschwemmt. Dabei ist es eine nicht vermehrbare und kaum erneuerbare Ressource. Boden, der einmal zerstört wurde, braucht über 10 000 Jahre, bis er wieder fruchtbar ist und Nutzpflanzen trägt.
Durch unsachgemäße Nutzung kann der Ackerboden geschädigt und zerstört werden. Das geschieht z. B. beim Bau von Siedlungen, Industrieanlagen und Verkehrswegen. Aber auch in der Landwirtschaft kann durch falsche Bodenbearbeitung die Fruchtbarkeit nachlassen. Gelangen Schadstoffe in den Boden, werden sie über Pflanzen und Tiere in die Nahrungsmittel aufgenommen.

Bodenschutz
Die Gefährdungen des Bodens sind erkannt. So regelt z. B. seit 1984 die „Gülleverordnung" die Ausbringung von Gülle. Landwirte sollen bodenschonende Verfahren anwenden und weniger Mineraldünger sowie organische Wirkstoffe zur Schädlingsbekämpfung einsetzen.

M4 Bundes-Bodenschutzgesetz von 1998, erweitert 2004 (Auszug)

§4 Pflichten zur Gefahrenabwehr
(1) Jeder, der auf den Boden einwirkt, hat sich so zu verhalten, dass schädliche Bodenveränderungen nicht hervorgerufen werden. (2) Der Grundstückseigentümer und der Inhaber der tatsächlichen Gewalt über ein Grundstück sind verpflichtet, Maßnahmen zur Abwehr der von ihrem Grundstück drohenden schädlichen Bodenveränderungen zu ergreifen. (3) Der Verursacher einer schädlichen Bodenveränderung oder Altlast sowie dessen Gesamtrechtsnachfolger, der Grundstückseigentümer und der Inhaber der tatsächlichen Gewalt über ein Grundstück sind verpflichtet, den Boden und Altlasten sowie durch schädliche Bodenveränderungen oder Altlasten verursachte Verunreinigungen von Gewässern so zu sanieren, dass dauerhaft keine Gefahren, erheblichen Nachteile oder erheblichen Belästigungen für den Einzelnen oder die Allgemeinheit entstehen.

M5 Windschutzstreifen in Kansas (USA)

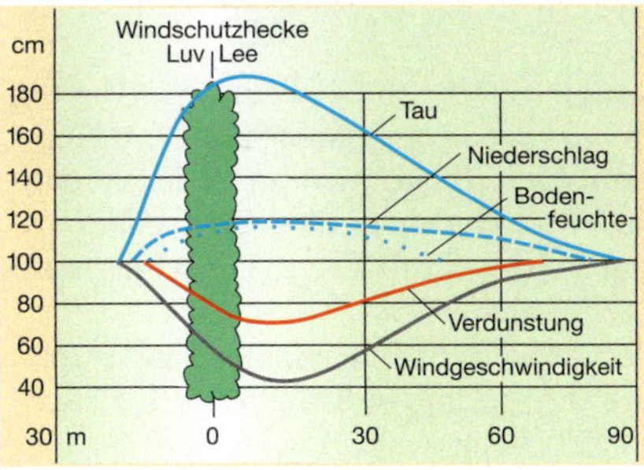

Maßnahmen gegen Winderosionen:
- Anlage von Schutzstreifen quer zur Hauptwindrichtung;
- Aufforstung erosionsgefährdeter Hänge;
- Ausrichtung der Felder, wie die Schutzhecken, quer zur Hauptwindrichtung;
- Getreidestoppeln nur teilweise unterpflügen, damit die herausragenden Reste als Windbremse wirken.

M6 Wirkung einer Windschutzhecke

M7 Bodenzustand in Schleswig-Holstein (Strategische Umweltprüfung 2006, Auszug)

Insgesamt liegen die Gehalte an Schwermetallen und organischen Schadstoffen in schleswig-holsteinischen Böden im Vergleich zu anderen Bundesländern auf einem niedrigen Niveau. Dennoch gibt es Gebiete, in denen flächenhaft erhöhte Schadstoffbelastungen vorliegen. Diese können durch natürlich im Gestein vorliegende Schwermetalle (z. B. Chrom in Marschböden), den Schwermetalleintrag durch die Nutzung oder durch atmosphärischen Eintrag z. B. in der Nähe von Emittenten oder auch durch die Überflutung von mit Schwermetallen und organischen Schadstoffen befrachtetem Flusswasser (vor allem Elbe) verursacht sein.
Bodenerosion durch Wasser besteht besonders an ackerbaulich genutzten Hängen mit schluffigem bzw. lehmigem Ausgangsmaterial im Östlichen Hügelland, untergeordnet auch in der Hohen Geest. Im Östlichen Hügelland können die durch Wassererosion beeinflussten Flächen einen erheblichen Anteil eines Gebietes einnehmen. Marschböden und die Vorgeest sind generell geringer gefährdet. Auf Böden unter Grünlandnutzung geht die Erosionsgefährdung gegen null. Erosionsmindernd wirkt in Schleswig-Holstein vor allem das Knicknetz.

1. Beschreibe den Bodenaufbau und die Bodenbildung (Text, M2).
2. Finde Beispiele für die Gefährdung des Bodens (Text, M7).
3. Benenne Ursachen und Folgen der Bodenbelastung (Text, M1, M 3).
4. Erläutere die Regelungen des Bodenschutzgesetzes (M4).
5. Diskutiert Notwendigkeit und Möglichkeiten des Erosionsschutzes (M5–M7).

Messen von Feinstaub

M1 Feinstaub

Morgendlicher Staub auf den Fensterbrettern und dem Auto war vor einigen Jahrzehnten noch normal. Das war nicht nur lästig, sondern stellte eine wesentliche Gesundheitsgefahr dar.
Seitdem hat sich die Situation wesentlich verbessert, aber Feinstäube – ob aus natürlicher Quelle oder durch den Menschen verursacht – stellen derzeit ein großes Gesundheitsproblem dar. Nur Bruchteile von Millimetern groß sind diese winzigen Teilchen für das bloße Auge nicht sichtbar. Lediglich während bestimmter Wetterlagen zeigen sie sich als „Dunstglocken".

Viele Quellen
Besonders hoch ist die Feinstaubbelastung in Großstädten. Abgase von Dieselfahrzeugen und Kraftwerksschornsteinen setzen Feinstaub direkt frei, durch chemische Reaktionen entsteht er aus Schwefel- und Stickstoffoxiden. Ihre Herkunft ist unüberschaubar: Verkehr, Heizungen, Industriebetriebe, Kraftwerke, Umschlag und der Transport staubender Güter zählen dazu.
Feinstaub kann über viele Hundert Kilometer mit der Luft transportiert werden. Sahara-Feinstaub gelangt mit der Luft bis nach Nordeuropa und in den tropischen Regenwald Brasiliens.

Gefährliche Fracht
Diese mikroskopisch kleinen Staubpartikel können bis tief in die Lunge gelangen und sind daher besonders gesundheitsschädigend. Herz-Kreislauf- und Atemwegserkrankungen – bis hin zu Lungenkrebs – können die Folge sein.
Untersuchungen der Weltgesundheitsorganisation zeigen, dass mit Feinstaub belastete Luft die durchschnittliche Lebenserwartung in Deutschland um etwa zehn Monate verkürzt.

Belastungssituation
Feinstaub in der Luft ist ein ungelöstes Problem. Zwar geht die Belastung in Deutschland im langjährigen Mittel leicht zurück, doch vor allem an verkehrsreichen Straßen werden die geltenden Grenzwerte immer wieder überschritten.

Europaweite Maßnahmen
Seit Januar 2005 gelten europaweit Grenzwerte für Feinstaub in der Luft, die nur an wenigen Tagen im Jahr überschritten werden dürfen. Kommunen und Länder, in denen diese Werte nicht eingehalten werden konnten, haben inzwischen Luftreinhalte- und Aktionspläne erarbeitet. Darin festgeschriebene räumlich und zeitlich begrenzte Maßnahmen wie Fahrverbote an Tagen mit hoher Feinstaubbelastung sind jedoch nicht ausreichend.

Perspektiven
Aus Sicht des Umweltbundesamtes ist die europaweite Einführung des Partikelfilters für Dieselfahrzeuge unabdingbar.
Die Festlegung strenger Abgasnormen für Pkw und vor allem Lkw, die Einführung einer vom Schadstoffausstoß abhängigen Lkw-Maut sowie die weitere Senkung der Emissionen aus privaten Feuerungen und Industrieanlagen sind weitere Maßnahmen, mit denen die Feinstaubbelastung deutlich gesenkt werden könnte.

(Quelle: Presseinformation des Umweltbundesamtes 21. 1. 2007)

M2 Maßnahme gegen Feinstaubemissionen

„Feinstaub" bezeichnet die Masse aller im Gesamtstaub enthaltenen Partikel, die kleiner als zehn Mikrogramm (μg) sind; daher auch die Bezeichnung „P10".

M3 Feinstaub aus Kamin und Holzofen

So genannte „Komfortfeuerstätten" werden immer beliebter: offene Kamine oder Kaminöfen, die eher der Behaglichkeit als der Wärmeerzeugung dienen. In Deutschland gibt es momentan schätzungsweise 14 Millionen kleine Anlagen, die aus festen Brennstoffen – meist Holz – Energie gewinnen.
Die Kehrseite dieser Entwicklung: Bei kleinen Holzfeuerungsanlagen – also zum Beispiel solchen im heimischen Wohnzimmer oder Keller – gibt es noch erhebliche Probleme mit Luftschadstoffen. Hervorzuheben ist dabei der Staub und hier besonders die auch als „PM10" bezeichneten inhalierbaren Staubteilchen – also Feinstaub. Bei kleinen Holzfeuerungen beträgt der Anteil dieser Staubteilchen am gesamten Staubausstoß mehr als 90 Prozent.
Ein Vergleich verdeutlicht das Ausmaß des Problems bei Kleinfeuerungsanlagen: Bereits heute sind in Deutschland die Emissionen an gesundheitsschädlichem Feinstaub aus Holzfeuerungsanlagen in Haushalten und im Kleingewerbe insgesamt etwa so hoch wie die aus den Motoren der Pkw, Lkw und Motorräder (ohne Abrieb zum Beispiel von Reifen und Bremsen und ohne Aufwirbelungen durch den Straßenverkehr). Somit gelangen nicht nur an viel befahrenen Straßen, sondern auch in Wohngebieten Feinstäube in niedriger Höhe in die Luft.

(Quelle: Umweltbundesamt, Hintergrundpapier 9. 3. 2006)

Vorüberlegung zum Aufbau eines Feinstaub-Messgerätes

- Informationen über Feinstaub sammeln (M1, M3, M4, M5).
- Wo können in unserem Schulort unterschiedliche Feinstaubbelastungen auftreten? Diskussion.

Vorbereitung der Feinstaub-Messung

- Standorte auf einem Stadtplan markieren.
- Einen oder mehrere Objektträger anfertigen.
  - Karton auf Größe 11 x 23 cm zuschneiden
  - in der Mitte des Kartons ein Fenster von 6 x 10 cm schneiden (am besten mit einem Teppichmesser)
  - durchsichtige Klebestreifen oder durchsichtige Klebefolie auf dem Objektträger befestigen (klebende Seite nach außen, Schutzfolie aber erst nach Beginn der Messung abziehen)
  - Karton oben beschriften (Standort der Messung)
  - Karton oben an zwei Ecken lochen und eine Schnur zum Befestigen durchziehen.

Durchführung der Messung

- Objektträger am Messstandort anbringen (vor Regen schützen).
- Nach drei Tagen Objektträger einsammeln.

Auswertung der Feinstaub-Messung

- Objektträger auf einen Overhead-Projektor legen, an die Wand projizieren (besser: Präparat unter einem Mikroskop betrachten).
- Die Staubteilchen beschreiben.
- Eine Zeichnung der Staubpartikel anfertigen.
- Die Präparate der verschiedenen Messstationen miteinander vergleichen.

Nachbereitung

- Einen kurzen Bericht über die Luftverschmutzung durch Feinstaub schreiben und die Ergebnisse der Messung mit einbeziehen.

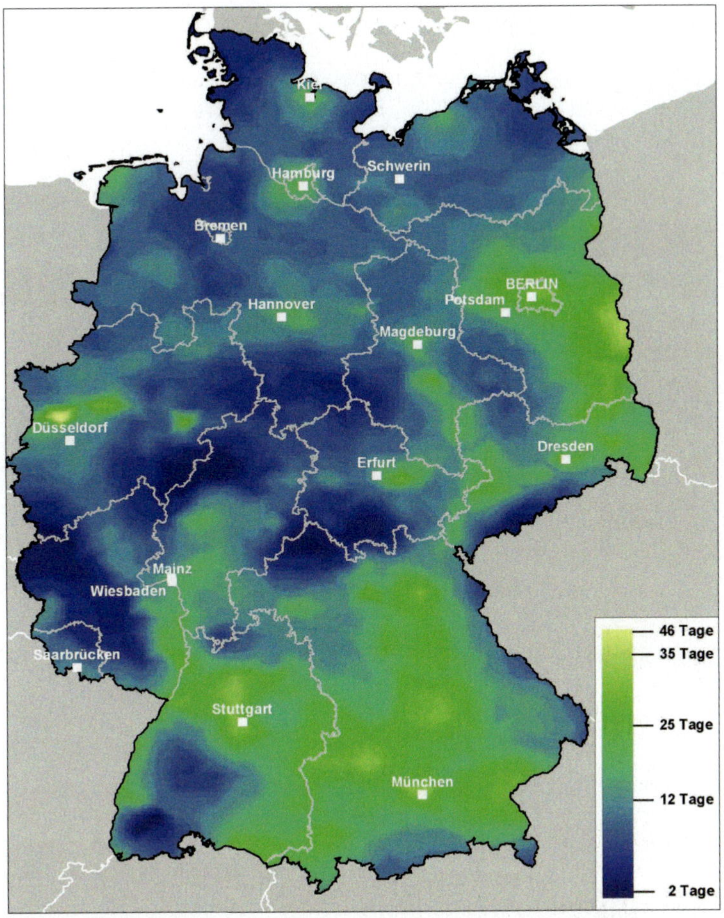

M4 Zahl der Tage mit Partikelkonzentration > 50 µ//m³ (2006)

M5 Feinstaub-Überschreitungen im Jahr 2007 (vorläufig)

Grenzwertüberschreitung: (50 µg/m³) an höchstens 35 Tagen p. a.

Messnetz	Stationsname	Tage
Schleswig-Holstein	Lübeck, St. Jürgen	13
	Ratzeburg	11
	Itzehoe, Lindenstraße	11
	Kiel, Bahnhofstraße	10
	Norderstedt	6
	Brunsbüttel	5
	Flensburg	5
	Kiel, Th.-Heuss-Ring	5
	Bornhöved	4
	Eutin, Elisabethstraße	3
	Lübeck, Große Burgstraße	3

Wie beeinflusst der Mensch seinen Lebensraum? Überprüfe dein Wissen!

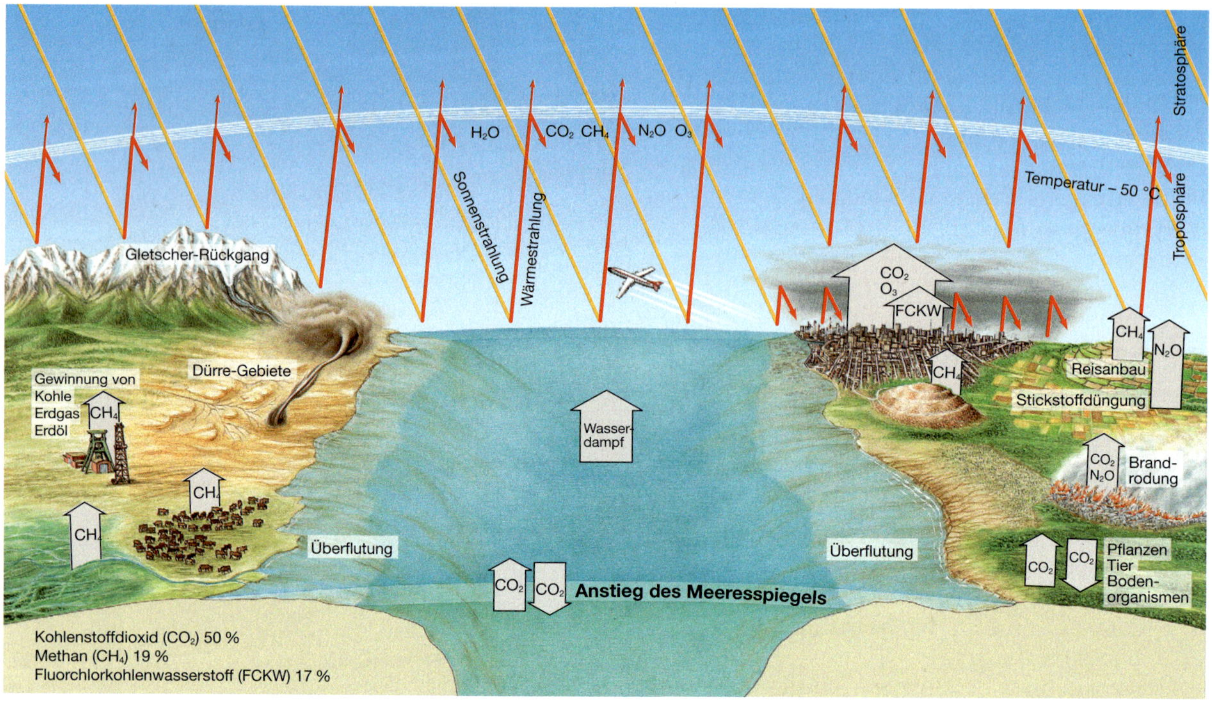

M1 Der anthropogene Treibhauseffekt und seine Folgen

1. Erkläre den Treibhauseffekt. Welche Rolle spielen die einzelnen Gase? Unterscheide zwischen „natürlichem" und „anthropogenem" Treibhauseffekt.
2. Nenne Auswirkungen des Treibhauseffektes.
3. Welche Möglichkeiten und Maßnahmen kennst du, wie man den Ausstoß von Treibhausgasen verringern kann?

In M2 fehlen hier die Beschriftungen.
1. Erläutere den Inhalt der Abbildung. Was soll verdeutlicht werden?
2. Fasse Informationen zu dem zweiten Bereich von unten in einem kurzen Bericht zusammen.

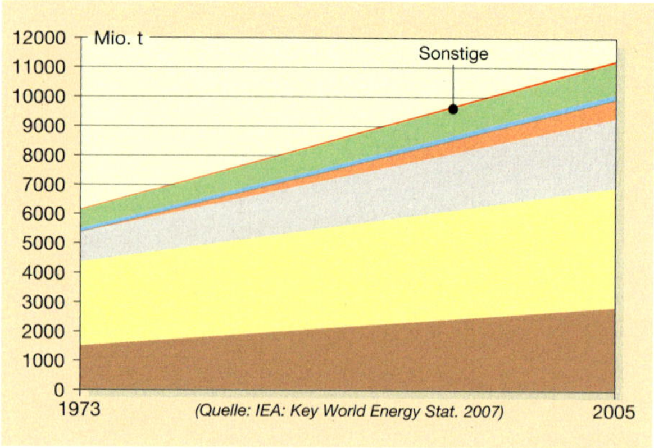

M2

In die Abbildung M3 wurde ein Fehler eingebaut.
1. Begründe, welche von den beiden roten Linien die richtige ist.
2. Nenne Ursachen für den dargestellten Sachverhalt.

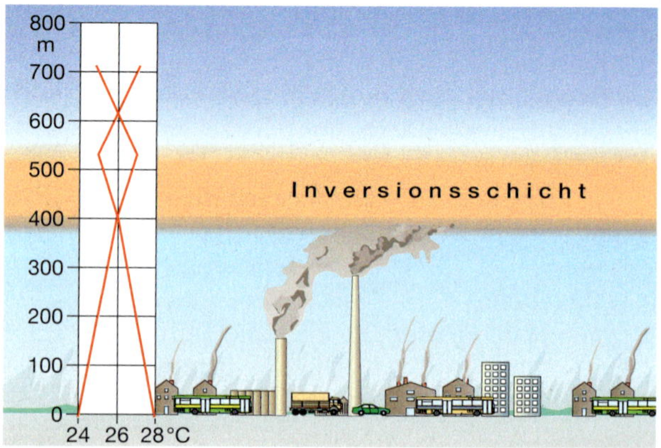

M3

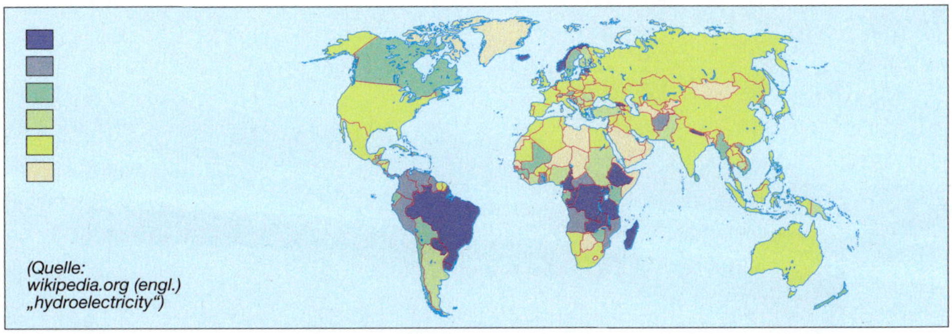

M4

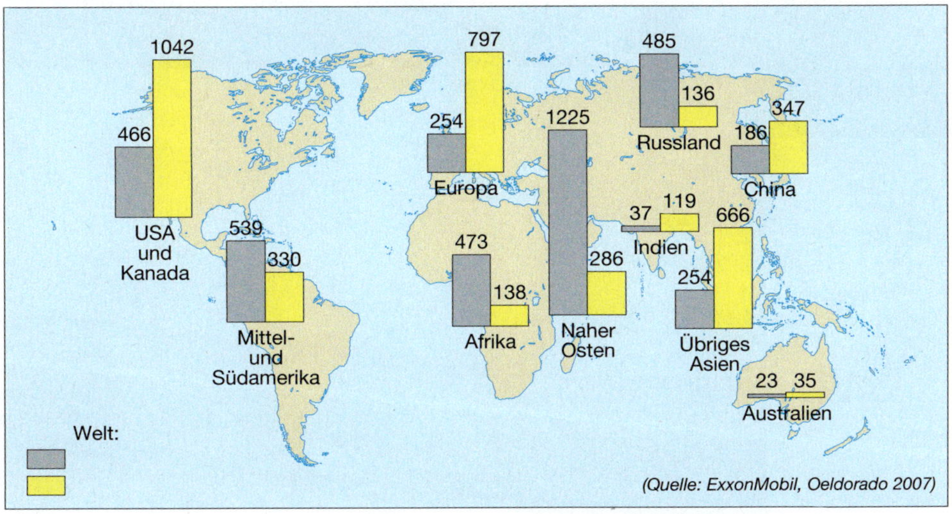

M5

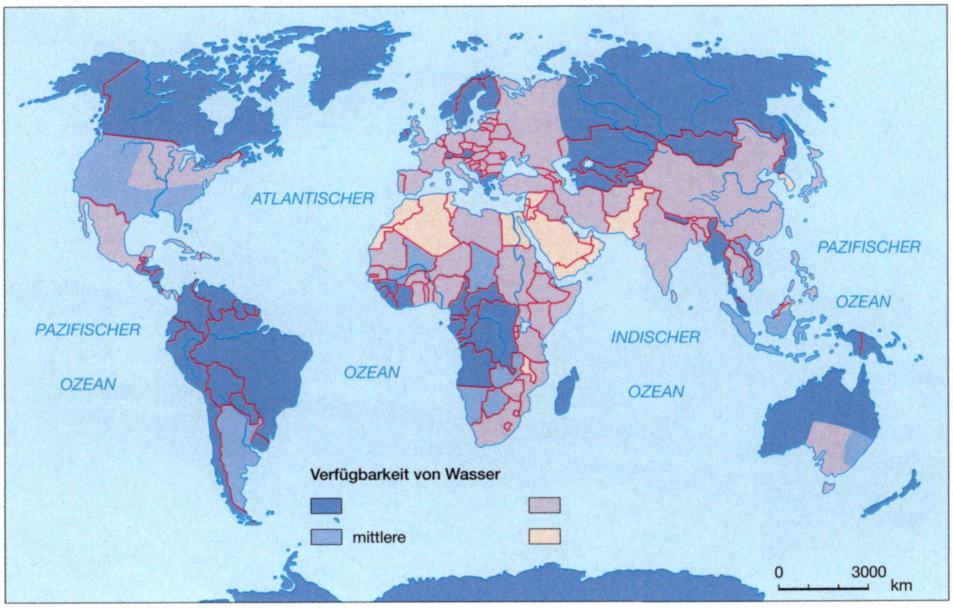

M6

Weltkarten

Hier sind drei nicht beschriftete thematische Weltkarten abgedruckt.

In welchem Zusammenhang wurden sie in diesem Kapitel dargestellt?

1. Gib jeder Karte die richtige Kartenunterschrift.
2. Vervollständige die Legende. Erläutere für jede Karte den Inhalt der Darstellung.

Europa – Einheit und Vielfalt

Europa ist ein Kontinent mit großer naturräumlicher und kultureller Vielfalt. Mit der Entstehung und Erweiterung der Europäischen Union eröffnete sich die Chance zu einem langfristigen friedlichen Miteinander der Völker, zu wirtschaftlichem und sozialem Fortschritt durch gemeinschaftliches Handeln.
Europa steht aber auch vor großen Herausforderungen.
Der Zerfall des Ostblocks sowie die Prozesse der Globalisierung bieten Chancen und bergen Risiken zugleich. Soziale und wirtschaftliche Probleme sowie die Gefährdung der Umwelt lassen sich nur durch gemeinsames Handeln erreichen. Wie wird Europa die Herausforderungen der Zukunft meistern? Gelingt es, ein Europa der Bürger zu schaffen?
Wie lassen sich Gemeinsamkeiten schaffen und die bereichernde Vielfalt in Europa verbinden? Wissen über Europa, Verständnis füreinander und die Bereitschaft zu gemeinsamem Handeln sind wichtige Voraussetzungen für einen erfolgreichen Weg in die Zukunft Europas.

Europaparlament in Straßburg

Räumliche Orientierung

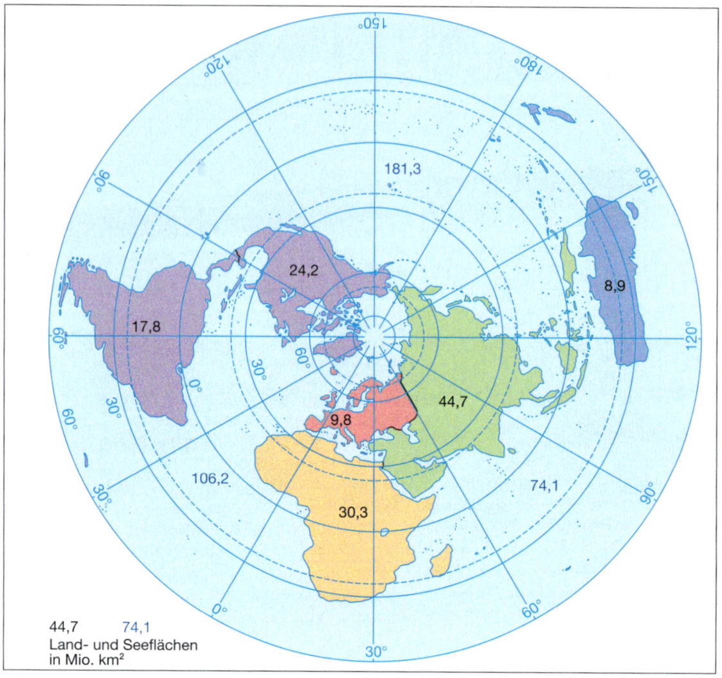

M1 Topographische Lage Europas

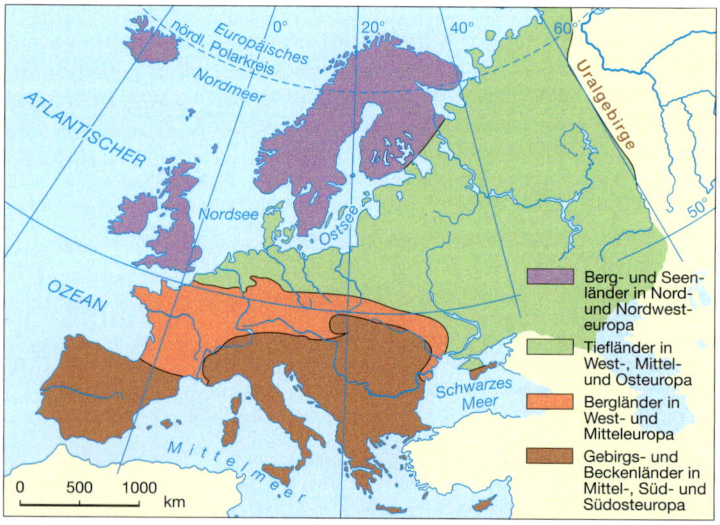

M2 Natürliche Großlandschaften Europas

M3 Topographische Großräume Europas (ohne Mitteleuropa)

Nordeuropa: Island, Norwegen, Schweden, Finnland, Dänemark; Westeuropa: Irland, Großbritannien, Frankreich, Belgien, Niederlande, Luxemburg; Südeuropa: Portugal, Spanien, Italien, Griechenland; Südosteuropa: Slowenien, Kroatien, Bosnien-Herzegowina, Serbien, Montenegro, Mazedonien, Albanien, Rumänien, Bulgarien; Osteuropa: Russland, Weißrussland, Ukraine, Moldau

Natürliche Großräume Europas

Bereits über 600 Millionen Jahre dauert die geologische Entwicklung Europas an. Diese erdgeschichtliche Vergangenheit brachte eine Gliederung in vier natürliche Großräume hervor. Insgesamt ist der Kontinent stark gegliedert.

1. Die Berg- und Seenländer in Nord- und Nordwesteuropa. Das skandinavische Hochland erscheint mit seinen höchsten Gipfeln in Hochgebirgsgestalt. Nach Osten flacht das Bergland allmählich zur Ostsee ab. Viele Seen prägen die Landschaft – vor allem in Finnland. Die Britischen Inseln erreichen in den Schottischen Highlands und im Bergland von Wales ihre größten Höhen.

Die Bergländer sind Gesteinsschollen sehr alter Gebirge. Ihre heutige Oberflächengestalt und den Reichtum an Seen verdankt der Landschaftsraum jedoch der abtragenden Tätigkeit des Inlandeises während des Eiszeitalters.

2. Die Tiefländer in West-, Mittel- und Osteuropa. Das Europäische Tiefland erstreckt sich von den Niederlanden bis zum Ural und setzt sich im Westsibirischen Tiefland fort. Gesteine aus dem Erdaltertum und dem Erdmittelalter sind durch mächtige Ablagerungen – die Moränen des Eiszeitalters – überdeckt.

3. Die Bergländer in West- und Mitteleuropa. Dieser Teil Europas ist durch viele Mittelgebirge, Bergländer, Beckenlandschaften und Täler stark gegliedert.

Das Bergland erstreckt sich vom Französischen Zentralmassiv bis zu den Beskiden. Der Raum ist ein Bruchschollenland. Das starre Gestein eines Gebirges aus dem Erdaltertum zerbrach. Einzelne Schollen wurden in die Tiefe gedrückt, sie bilden die Becken, andere bis zu 1000 Meter herausgehoben, sie bilden die Mittelgebirge.

4. Die Gebirgs- und Beckenländer in Mittel-, Süd- und Südosteuropa. Die hier befindlichen Hochgebirge bilden den westlichen Abschnitt des eurasiatischen Hochgebirgsgürtels. Das Faltengebirgsland entstand in der Erdneuzeit.

Das Klima Europas

Europa liegt größtenteils in der gemäßigten Zone. Nur der äußerste Norden reicht in die polare Zone hinein; Südeuropa gehört zu den Subtropen. Bestimmend für das Klima des Kontinents ist die Lage zwischen dem Atlantischen Ozean und der Landmasse Asiens einerseits sowie zwischen dem Nordpolarmeer und Afrika andererseits. Von großem Einfluss auf die Temperaturverhältnisse nördlich der Alpen – insbesondere in Nordeuropa – ist der Golfstrom. Außerdem bewegen die häufigen Westwinde in der gemäßigten Zone das ganze Jahr über feuchte Luftmassen vom Ozean in den Kontinent.

Die natürliche Vegetation

In der gemäßigten Zone reichen Wärme und Niederschläge allgemein zur Ausbildung einer Waldvegetation aus. Im kälteren Norden wachsen Nadelwälder sowie südlich davon Laub- und Mischwälder. Im trockenen Südosten können sich lediglich die Gräser und Kräuter der Steppe entfalten. Entsprechend den extremen Beleuchtungsverhältnissen breiten sich im hohen Norden Tundren aus. Sommerliche Trockenheit bedingt in Südeuropa die subtropische Hartlaubvegetation.

Die Grenzen Europas

Im Norden, Westen und Süden bilden die Nebenmeere des Atlantischen Ozeans die Begrenzung. Die gebräuchliche Ostbegrenzung Europas verläuft durch Russland und die Türkei. Sie ist eine Übereinkunft, die vor allem topographische Grundlagen für statistische Zwecke schafft, aber die Frage nach der östlichen Begrenzung Europas nicht zufriedenstellend löst.

Die Grenzen des kulturellen Europas verlaufen anders. Das Bewusstsein kultureller Zusammengehörigkeit vertiefte sich unter dem Einfluss christlicher Werte. Im 17. Jahrhundert wurde im Zuge der Eroberung Sibiriens durch das christliche Russische Reich auch Nordasien europäisiert. Der Islam reicht im Nordkaukasus und an der Wolga weit nach Russland hinein.

M4 Klima und Vegetation

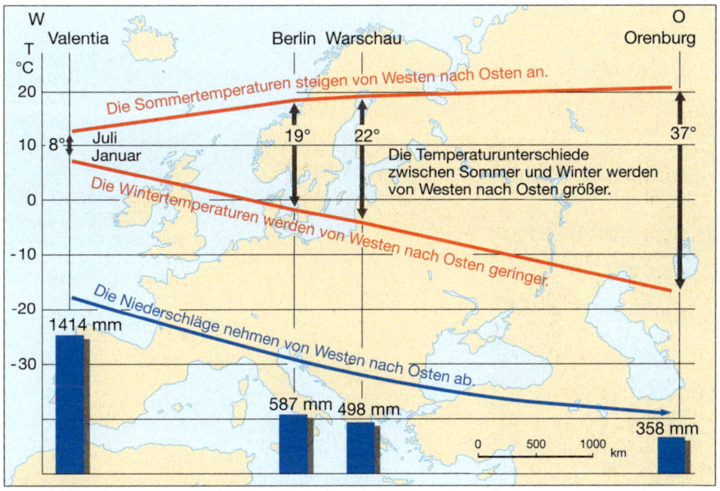

M5 Temperaturen und Niederschläge

1. Beschreibe die topographische Lage Europas und bestimme die Grenzen (M1, Text, Atlas).
2. Vergleiche die Unterschiede in der Oberflächengestalt Europas (Text, M2) und berichte darüber.
3. Beschreibe den Verlauf der Ostgrenze Europas. Unterscheide hinsichtlich physischgeographischer, politischer und kultureller Grenze (Text, M2).
4. Erläutere die Tatsache, dass Europa in doppelter Weise ein Kontinent des klimatischen Übergangs ist (Text, M4, M5).
5. Erkläre die Vielfalt der natürlichen Vegetation Europas (M4).

Kulturraum Europa

Europas Wurzeln

Auf den ersten Blick erscheint die Zahl der in Europa gesprochenen Sprachen fast unüberschaubar. Auch das Brauchtum, die Baustile, Esskultur und Lebensart unterscheiden sich in vielen Ländern sowie Landschaften Europas voneinander.
Beim Vergleich von Europa mit anderen Kulturerdteilen wird deutlich, dass die europäischen Kulturen trotz vieler Unterschiede doch zahlreiche Gemeinsamkeiten aufweisen. Sie haben drei kulturelle Wurzeln, die bereits vor über zwei Jahrtausenden im Mittelmeerraum angelegt wurden.
„Europäische Identität" beschreibt ein Zugehörigkeitsgefühl zu Europa. Es umfasst die gemeinsame Geschichte, Wissen, Religion, Kunst und technische Ausrüstung. Bauwerke wie romanische, gotische und barocke Kirchen sind zweifellos typisch europäisch. Lange Zeit herrschte in Europa ein Überlegenheitsgefühl gegenüber anderen Kulturen.

Griechischer Tempel

Romanische Kirche

Gotische Kirche

Barocke Kirche

Johannes Gutenberg

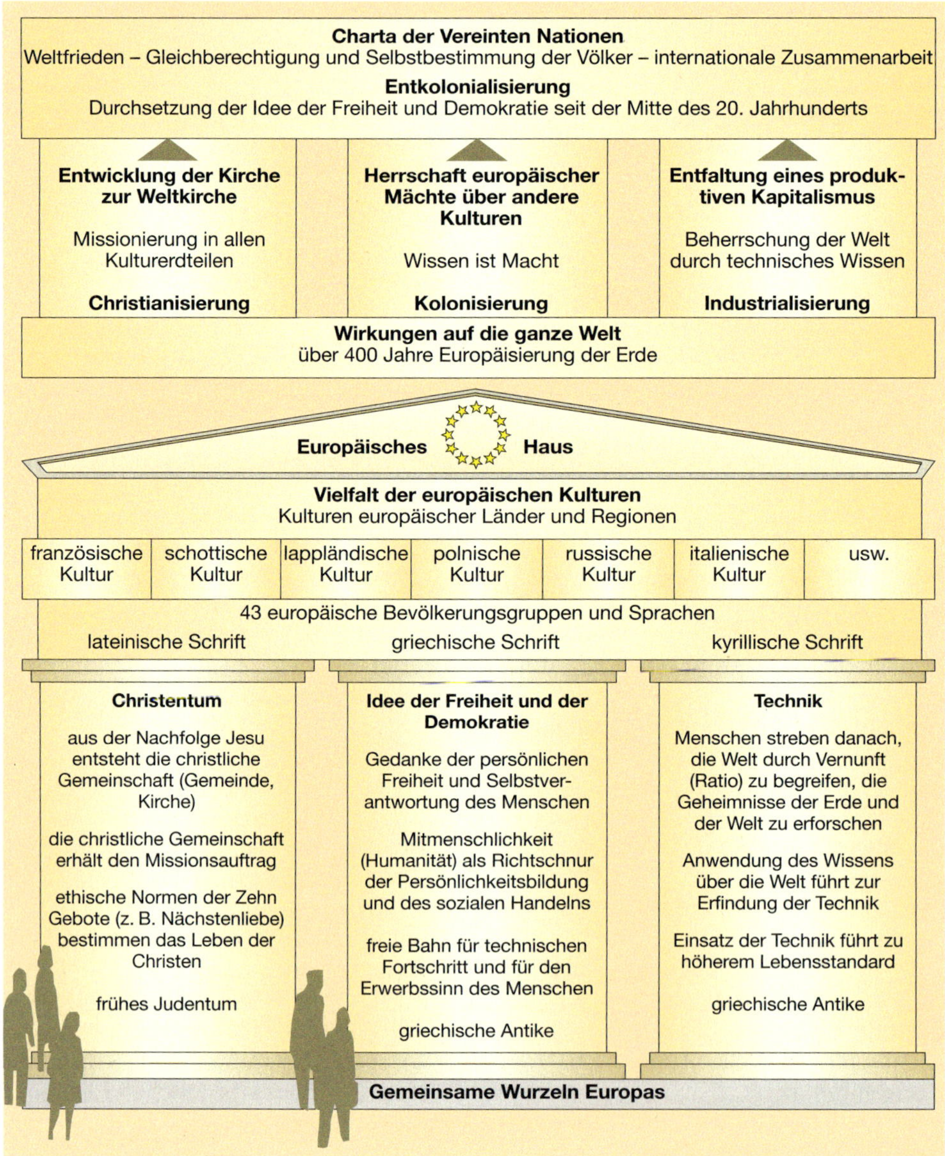

M1 Die kulturellen Wurzeln Europas

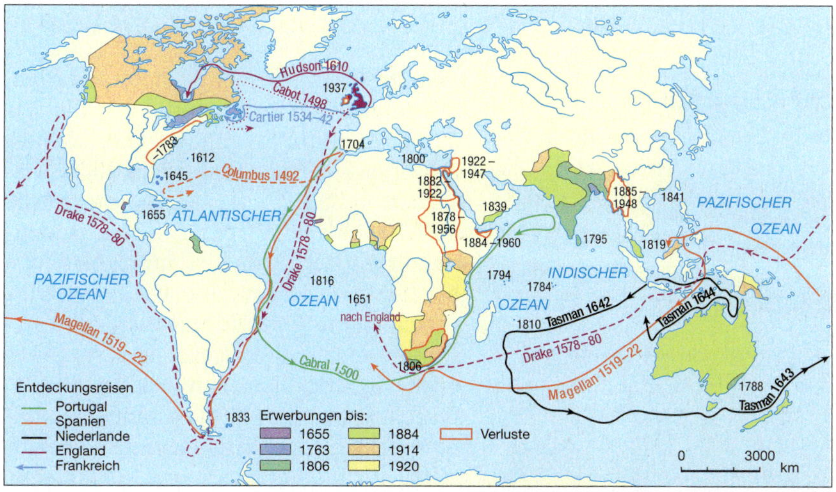

M2 Von Europa ausgehende geographische Entdeckungen (Auswahl) und territoriale Ausbreitung des britischen Kolonialreiches

Europa: Einheit und Vielfalt

Eine Reise durch Europa zeigt eine große Vielfalt von Kulturen, Wirtschaftsformen und Landschaften. Auf historischen Karten kann man sehen, dass diese Vielfalt Europas sich auch politisch in Form einer Vielzahl von Staaten niederschlug. Konflikte zwischen den Staaten Europas, Volksgruppen und Ideologien wurden im Laufe der Geschichte oft in Gestalt blutiger Kriege ausgetragen – zuletzt in den beiden Weltkriegen.

Die heutige Einigung Europas muss einen Spagat wagen. Einerseits bedarf es so vieler Gemeinsamkeiten wie möglich, um die Funktionsfähigkeit eines vereinten Europas zu gewährleisten. Andererseits muss die Vielfalt Europas gewahrt bleiben.

Die Ausweitung der EU auf Staaten des östlichen Mitteleuropas – und in Zukunft vielleicht auch Südosteuropas sowie die Türkei – wirft die Frage auf, wie die Gemeinsamkeiten Europas definiert werden, auf die sich alle zukünftigen Mitgliedsstaaten verständigen müssen. Diese Gemeinsamkeiten entstehen nicht nur aus einem gemeinsamen wirtschaftlichen und politischen Handeln.

Ein Europa, mit dem sich seine Bürgerinnen und Bürger identifizieren können, muss auch gemeinsame Werte einbeziehen. In der politischen Diskussion wird daher auf gemeinsame Wurzeln der Kultur hingewiesen.

M3 Europäisierung der Erde

Im Verlauf der großen geographischen Entdeckungen seit Anfang des 15. Jahrhunderts erweiterte Europa Schritt für Schritt seinen politischen und wirtschaftlichen Einfluss über die ganze Erde. Die Weltgeschichte wurde dadurch in ihren Grundzügen beeinflusst.
Diese tiefgreifenden Umwälzungen wurden in erster Linie durch die Entwicklung modernen wissenschaftlichen Denkens verursacht, das von der Naturerkenntnis zur Nutzung und Ausbeutung der Natur führte. Wirtschaftliche Interessen waren in hohem Maße bestimmend für die koloniale Unterwerfung außereuropäischer Kulturkreise durch europäische Mächte. Damit verbunden waren Missionierung und kulturelle Überfremdung. Fremde Kulturformen wurden häufig zerstört und diskriminiert.

M4 „Rule, Britannia! Rule the waves …"

Seit dem 17. Jahrhundert strebte England aus wirtschaftlichen Interessen die Errichtung eines Weltreiches an. Diesem Weltreich, das aus dem Mutterland England sowie zahlreichen Kolonien bestand, gab man den Namen „Großbritannien". Briten besetzten wichtige Küstenplätze Afrikas, Asiens, Amerikas und Australiens, um dort Handelsstützpunkte zu gründen. Eine starke Kriegsflotte übernahm den Schutz der Schiffe zwischen England und den Kolonien. Drei Jahrhunderte lang behauptete Großbritannien seine Herrschaft über die Meere.

1. Erläutere die Säulen der europäischen Kultur (M1). Berücksichtige den scheinbaren Widerspruch von Einheit und Vielfalt (Text).
2. Belege anhand von Beispielen die Vielfalt europäischer Kulturen (M1). Benutze auch Atlaskarten über Staaten, Sprachen, Völker und Religionen in Europa.
3. Beschreibe den Vorgang der Europäisierung der Erde (Text, M2–M4).
4. Begründe, wie du dich identifizierst: als Bewohner einer Stadt, einer Region, eines Bundeslandes, Deutschlands, Europas oder als Weltbürger.

Wir üben vernetztes Denken am Beispiel einer Satellitenbildinterpretation

M1 Schrittfolge bei der Satellitenbildinterpretation

1. Stelle die topographische Lage des Bildausschnitts und die Größenverhältnisse des Bildes fest.
2. Ermittle die technischen Daten des Bildes und prüfe, inwieweit diese für die Bildinterpretation von Bedeutung sind.
3. Identifiziere und interpretiere Grobstrukturen:
   a) Stelle großflächige Bildstrukturen fest, die sich deutlich von anderen Bildteilen unterscheiden. Zur Verdeutlichung kannst du eine Faustskizze anfertigen.
   b) Stelle Hypothesen auf, wodurch diese Bildstrukturen begründet sein könnten. Überprüfe diese Hypothesen durch Vergleiche mit Karten.
4. Identifiziere und interpretiere Feinstrukturen. Ermittle Besonderheiten des Bildes. Gehe vor wie bei der Interpretation von Grobstrukturen.
5. Beurteile die Aussagekraft des Bildes. Ermittle Stärken und Schwächen. Wo ist die Bildaussage eindeutig, wo nicht? Vergleiche mit anderen Medien.

M2 Anwendung auf das Satellitenbild Europa

1. Stelle die Ost-West- und Nord-Süd-Ausdehnung des Bildes fest. Benenne einige topographische Elemente, die dir die Orientierung erleichtern (M1).
2. Zeichne eine Faustskizze der Grobstrukturen des Bildes. Begründe deine Abgrenzungen von Bildstrukturen in der Zeichnung und erläutere sie.
3. Inwiefern unterscheiden sich Nord-, Mittel-, Ost-, West- und Südeuropa im Satellitenbild? Begründe.
4. Stelle fest, welche Gebirgszüge erkennbar sind. Beschreibe, inwiefern sich die Bildstrukturen unterscheiden. Vergleiche die Gebirge Nord-, Mittel- und Südeuropas.
5. Welche Ballungsräume sind im Bild erkennbar, welche nicht? Begründe.
6. Einige Flüsse Europas sind im Bild zu erkennen, andere nicht. Begründe.
7. Ermittle besondere Landschaftsformen (z. B. Küstenformen wie Fjorde, Watt, Ästuare) (M1 Atlas).
8. Die Farbgebung eines Satellitenbildes entspricht nicht immer natürlichen Farben und kann unterschiedliche Ursachen haben. Finde Beispiele.
9. Stelle Stärken und Schwächen des Bildes im Vergleich zu Atlaskarten gegenüber.

Von Satelliten aufgenommene Abbildungen der Erdoberfläche
Satellitenbilder erlauben durch ihre besondere Perspektive einen neuen Blick auf die Erdoberfläche. Sie sind darüber hinaus ein geeignetes Medium, vernetztes Denken zu üben, denn die Bildstrukturen sind abhängig von den technischen Eigenschaften des Aufnahmesystems und der Bildverarbeitung sowie den Eigenschaften der aufgenommenen Strukturen auf der Erdoberfläche. Diese wiederum sind das Ergebnis des Zusammenspiels der natürlichen Geofaktoren.

Vorgehensweise bei der Bildinterpretation
Satellitenbilder erfassen die von der Erde ausgesandte Strahlung. Diese Strahlungsqualität kann unterschiedliche Ursachen haben – z. B. Vegetation, Farbe und Feuchtegehalt des Bodens, Bodennutzung, Besiedlung. Unterschiedliche Nutzungen können dabei wiederum sehr verschiedene Gründe haben – wie physische Voraussetzungen, geschichtliche oder wirtschaftliche Entwicklungen.
Durch technische Entwicklungen sind unterschiedliche Bildarten mit spezifischen Einsatzbereichen entstanden. Die jeweiligen Bildeigenschaften hängen von den Eigenschaften des Aufnahmesystems und der Methode der Bildverarbeitung ab.
Streng genommen zeigen Satellitenbilder somit nicht unmittelbar Bodennutzungen (wie Wald oder Grünland) oder physische Einheiten (wie etwa Gebirge). Sie zeigen vielmehr nur Strahlungsqualitäten, die von Ort zu Ort einheitlich oder unterschiedlich sind. Die Legenden vieler Satellitenbilder sind daher bereits Interpretationen.
Eine systematische Interpretation geht von Bildstrukturen aus und sucht nach Gründen dafür – z. B. durch Vergleiche mit Informationen aus weiteren Medien (physische Karte, Bodenkarte, Wirtschaftskarte).
Beispiel: Ein Satellit „sieht“ kein Gebirge, vielmehr Bildstrukturen, die sich von der Umgebung unterscheiden. Ursache: andere Bodenbedeckung und Nutzung in der Höhe. Aus der unterschiedlichen Bodenbedeckung kann somit auf ihre Ursache – z. B. die Lage in einem Gebirge – zurückgeschlossen werden.
Andererseits können unterschiedliche Sachverhalte ähnliche Strahlungsqualitäten haben und sind daher im Bild nicht zu unterscheiden (Beispiel: Siedlungen heben sich von ihrer Umgebung unterschiedlich stark ab). Nicht alle Bildstrukturen können eindeutig erklärt werden.

(nach: Th. Breitbach, Satellitenbilder im Unterricht Bd. 2, 1998, Bonn)

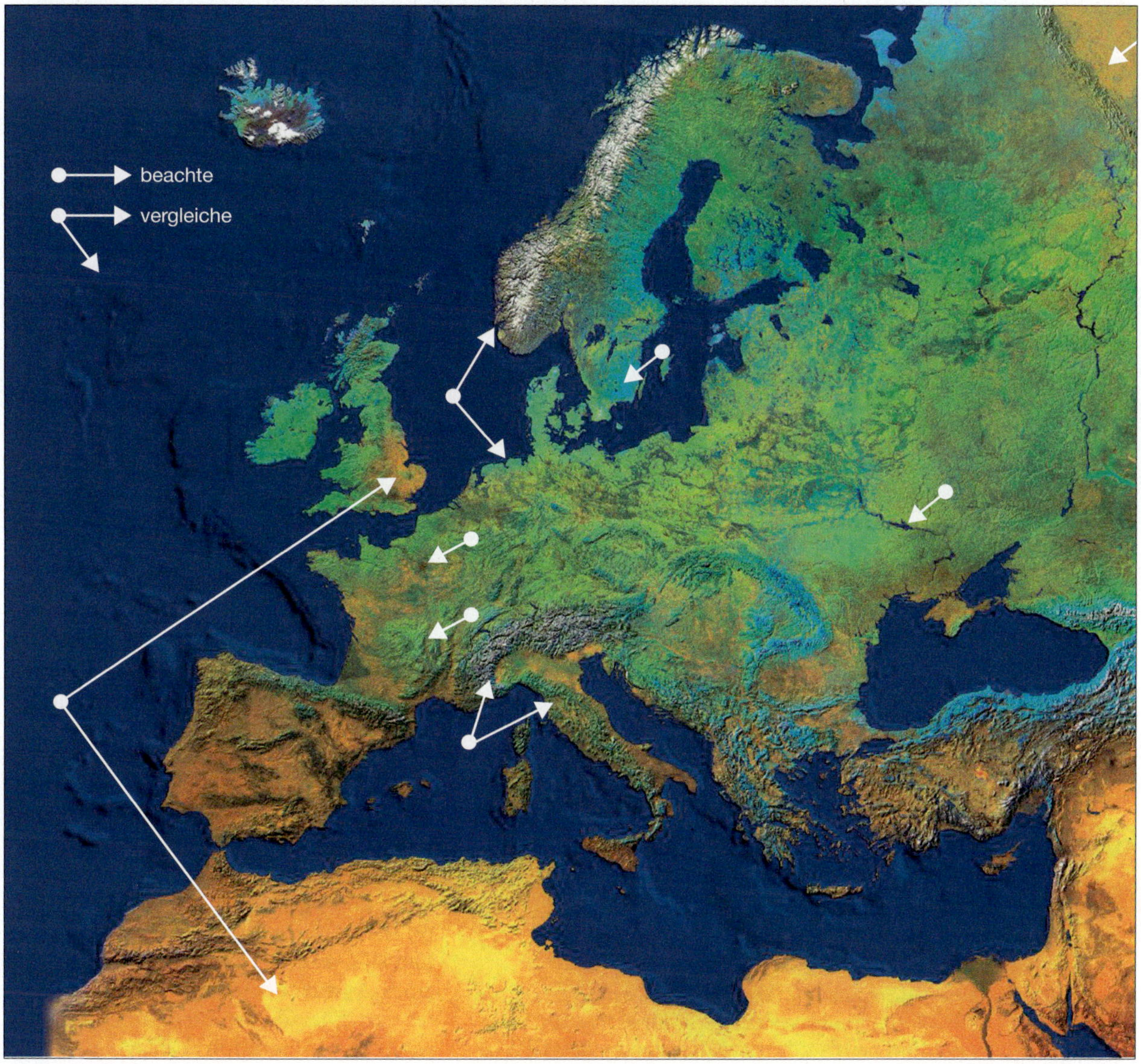

M3 Satellitenbild Europa

Bildmosaike
Bilder großer Raumeinheiten (Länder, Kontinente, Welt) werden aus vielen Einzelbildern zusammengesetzt, sie sind Bildmosaike. Dazu werden weitgehend wolkenfreie Einzelaufnahmen (Szenen) ausgewählt.
Folglich können die einzelnen Bildteile aus unterschiedlichen Aufnahmezeiten stammen – oftmals aus verschiedenen Jahren. Alle Bildteile sollten aber einen vergleichbaren Vegetationszustand aufweisen (z. B. voll entwickelte Vegetation im Frühsommer).

Technische Informationen zum Satellitenbild Europa
Das Satellitenbild Europa erfasst die Spektralkanäle des sichtbaren Lichts. Das Bild zeigt also Strukturen, die das menschliche Auge auch sehen würde.
Die vom Computer erstellten Bilddaten sind naturnah eingefärbt. Die Farbgebung entspricht in etwa dem natürlichen Erscheinungsbild.
Man muss aber berücksichtigen, dass dies nur Näherungswerte sind, welche durch die Bildbearbeitung am Computer entstanden. Aus denselben Bilddaten könnten auch Falschfarbenbilder erstellt werden, bei denen z. B. Siedlungen blau und die Vegetation rot eingefärbt sind.
Für Astronauten würde die Erdoberfläche aus dem All durch den Einfluss der Atmosphäre bläulich erscheinen.

Europa wächst zusammen

M1 Entwicklung der Europäischen Union

M2 Schritte auf dem Weg zu einem vereinten Europa

1949 Gründung des Europarates zum Schutz von Demokratie und Menschenrechten
1951 Gründung der Montanunion (Europäische Gemeinschaft für Kohle und Stahl EGKS) = gemeinsamer Markt für Kohle und Stahl
1957 Gründung der Europäischen Wirtschaftsgemeinschaft (EWG) in den Römischen Verträgen; Mitgliedsstaaten: Belgien, Bundesrepublik Deutschland, Frankreich, Italien, Luxemburg, Niederlande
1958 Gründung der Europäischen Atomgemeinschaft (Euratom)
1968 Zollunion: Gemeinsame Außenzölle der EWG
1. 1. 1973 England, Dänemark und Irland treten der EWG bei.
1979 Erste Direktwahl des Europäischen Parlaments
1. 1. 1981 Griechenland tritt der EWG bei.
1986 Bildung der Europäische Gemeinschaft (EG)
1. 1. 1986 Spanien und Portugal treten der EG bei.
1992 Gründung der Europäischen Union (EU) im Vertrag von Maastricht
1. 1. 1995 Finnland, Österreich und Schweden treten der EU bei.
1. 1. 2002 Der Euro (in Münzform und als Banknoten) wird Zahlungsmittel in den Staaten der Eurozone.
1. 5. 2004 EU-Osterweiterung; Beitritt von Estland, Lettland, Litauen, Tschechien, Slowakei, Polen, Ungarn, Slowenien, Malta und Zypern
1. 1. 2007 Bulgarien und Rumänien treten der EU bei.

Von den ersten Schritten bis zur Europäischen Union

Nach dem Zweiten Weltkrieg erkannten Politiker der an beiden Weltkriegen beteiligten Staaten, dass nur eine wirtschaftliche sowie politische Einigung und die Verfolgung gemeinsamer Ziele den Frieden in Europa garantieren können. Aus ersten Schritten und anfänglich wenigen kooperierenden Staaten entwickelte sich die heutige Staatengemeinschaft.

Die Zusammenarbeit erfolgte zunächst bei dem damals noch bestimmenden Wirtschaftszweig der Eisen schaffenden Industrie. Kohle und Stahl waren im Krieg besonders wichtig. Es wurde die Europäische Gemeinschaft für Kohle und Stahl (EGKS) gegründet. Später folgte die Europäische Atomgemeinschaft (Euratom). Parallel hierzu wurde die Zusammenarbeit in weiteren Bereichen der Industrie, im Handel und in der Landwirtschaft zur Europäischen Wirtschaftsgemeinschaft (EWG) ausgebaut.

Neben der Ausweitung der Zahl der Mitglieder intensivierte sich die Zusammenarbeit auf wirtschaftlichem, sozialem und kulturellem Gebiet – was zur Gründung der Europäischen Gemeinschaft (EG) und später der Europäischen Union (EU) führte.

Die EG verfolgte mit den Zielsetzungen eines Agrarmarktes, eines Binnenmarktes und einer Zollunion erstmals eine europäische Integration. Der Maastrichter Vertrag (Vertrag über die EU) bildete die Grundlage für die Durchsetzung nicht politischer Ziele. Neue Bereiche der Zusammenarbeit wurden vereinbart: Bildung, Kultur, Gesundheitswesen, Verbraucherschutz, Industrie, Entwicklungshilfe, Außen- und Sicherheitspolitik, Justiz und Inneres.

Ein Meilenstein Europas war die EU-Osterweiterung im Jahre 2004, welche einige Staaten des ehemaligen, unter der Vorherrschaft der Sowjetunion kommunistisch geprägten Ostblocks in die EU eingliederte. Mit weiteren Beitrittskandidaten hat die EU Verhandlungen aufgenommen.

Die drei Säulen der EU

Unter dem Dach der Europäischen Union symbolisieren drei Säulen die Hauptarbeitsfelder. Die mittlere Säule ist die stärkste. Sie steht für die Europäische Gemeinschaft. An die Stelle der EWG trat durch den EU-Vertrag die EG. Wirtschaftliche Bereiche wie Zollunion und Binnenmarkt bilden die Grundlage der Integration. Ziel ist eine Wirtschafts- und Währungsunion.
Die zweite Säule bildet die Gemeinsame Außen- und Sicherheitspolitik (GASP). Die GASP entwickelt sich nur langsam, da sie eine Verlagerung der Souveränität von den einzelnen Staaten zur EU bedeutet. Schwerpunkte der GASP bilden die Stärkung der Sicherheit der EU, Friedenserhaltung und Abrüstung, die Durchsetzung von Demokratie und Menschenrechten sowie die Hilfe für Drittstaaten.
Die dritte Säule ist die Innen- und Rechtspolitik. Polizei und Justiz bekämpfen gemeinsam den Terrorismus, den Drogenhandel und die organisierte Kriminalität. In Strafsachen arbeiten die Justizbehörden zusammen.

Der EU-Binnenmarkt

In der EU leben 493 Millionen Menschen auf 4,3 Millionen Quadratkilometern Fläche, das ist mehr als die Bevölkerung der USA und Russlands zusammen. Sie alle können von einem freien Binnenmarkt nur profitieren, wenn Handelshemmnisse wegfallen und die Bedingungen des Handels angeglichen werden. Aus diesem Grunde wurden die „Vier Freiheiten" innerhalb der EU vereinbart. Seit Januar 1993 werden im Warenverkehr der EU-Staaten – ausgenommen Alkohol und Tabak – keine Zölle mehr erhoben. Freie Arbeitsplatzwahl innerhalb der EU ermöglicht bessere individuelle Chancen. Auch kann der Arbeitskräftemangel in einzelnen Branchen einzelner Länder ausgeglichen werden.
Mit der Einführung des Euro als gemeinsamer Währung wurde die Europäische Wirtschafts- und Währungsunion verwirklicht. Damit entfallen die Umtauschkosten. Jedoch haben bislang nicht alle EU-Staaten den Euro eingeführt.

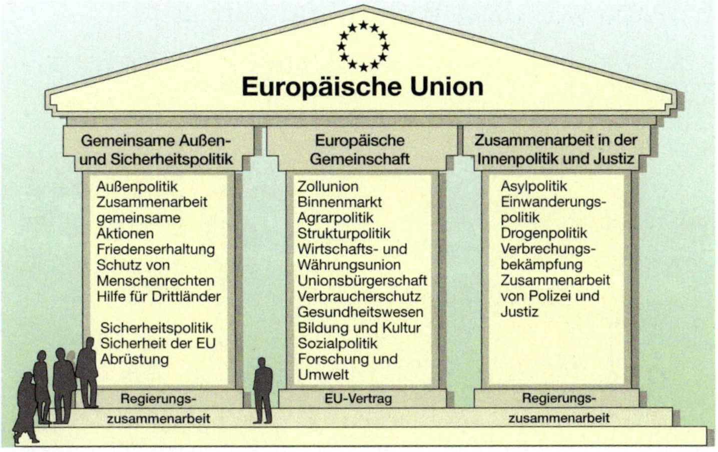

M3 Die drei Säulen der Europäischen Union

M4 Die „Vier Freiheiten

M5 Das Schengener Abkommen

1985 vereinbarten Deutschland, Frankreich und die Beneluxstaaten den Wegfall der Kontrollen an den gemeinsamen Grenzen. Seit 1995 gibt es den freien Personenverkehr zwischen diesen Staaten. Inzwischen sind außer Großbritannien, Irland, Zypern, Bulgarien und Rumänien alle EU-Staaten diesem Abkommen beigetreten – auch die Nicht-EU-Mitglieder Norwegen und Island. Die Schweiz will Ende 2008 folgen.
Anstelle der Grenzkontrollen werden die Kontrollen an den Außengrenzen der Mitgliedsstaaten verstärkt.

1. Erläutere die zunehmende wirtschaftliche und politische Integration Europas (Text, M1, M2, M5).
2. Skizziere eine Folge von Karten zu den Stufen des Zusammenschlusses europäischer Länder zur Europäischen Union (Text, M1, M2).
3. Begründe, warum die drei Säulen den Rahmen des politischen Handels der EU darstellen (Text, M3).
4. Erkläre die Prinzipien des EU-Binnenmarktes (Text, M4).

Europa auf dem Weg in die Zukunft

M1 „Gigantisch! Dieses niedliche Köpfchen."

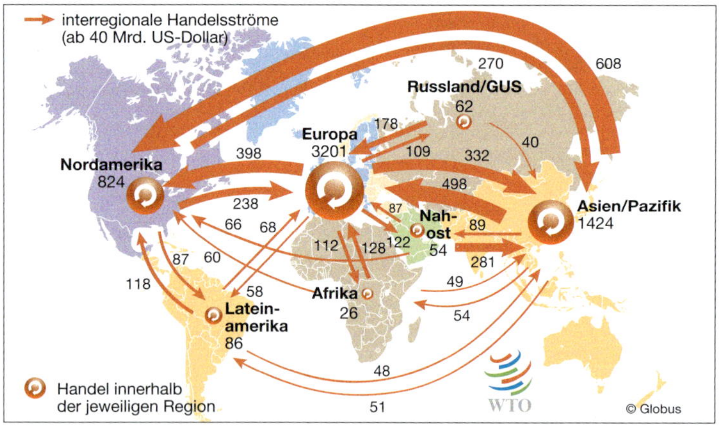

M2 Die Rolle Europas im Welthandel 2005

M3 Institutionen der EU

Europäisches Parlament
Sitz: Straßburg; zwölf monatliche Plenartagungen
www.europarl.europa.eu
Kontrolle über alle Organe der EU, Festlegung des EU-Haushaltsplans, Überwachung der Verwendung der Mittel

Rat der Europäischen Union
Sitz: Brüssel und Luxemburg
www.consilium.europa.eu
Wichtigstes Entscheidungsgremium; jeder Mitgliedsstaat durch einen Minister vertreten; Vorsitz halbjährlich wechselnd; nicht zu verwechseln mit Europarat (Sitz: Straßburg) als zwischenstaatliche Organisation www.coe.int

Europäische Kommission
Sitz: Brüssel; www.ec.europa.eu
Ausarbeitung von Rechtsvorschriften, politischen Maßnahmen und Aktionsprogrammen, 27 Kommissionsmitglieder (ein Mitglied je Mitgliedsstaat)

Europäischer Gerichtshof
Sitz: Luxemburg; www.curia.europa.eu; Wahrung der Grundrechte und Grundfreiheiten

Europäische Zentralbank
Sitz: Frankfurt am Main www.ecb.eu Festlegung und Ausführung der Geldpolitik des Euro-Währungsgebietes, vorrangig Gewährleistung der Preisstabilität

(Quelle: Der Fischer Weltalmanach 2008)

Freier Binnenmarkt bringt auch Probleme

Die Entwicklung des europäischen Binnenmarktes ist eine Erfolgsgeschichte. Seine Attraktivität wird deutlich im Beitritt immer neuer Staaten, die die Gemeinschaft 2007 auf 27 Mitglieder anwachsen ließen. Weitere Nachbarstaaten, z. B. die Ukraine, die Türkei oder Marokko, wollen der EU beitreten. Viele Bürger der EU haben vom freien Binnenmarkt profitiert. Durch das Lohn- und Preisgefälle innerhalb der EU hat jedoch in manchen Branchen ein Unterbietungswettbewerb eingesetzt, z. B. in der Baubranche und im Dienstleistungssektor. In Staaten mit höherem Lohnniveau wird daher der Ruf nach Schutz vor Billiganbietern laut. Ein weiterer Streitpunkt sind unterschiedliche Qualitäts- und Ausbildungsstandards in einzelnen Ländern. Probleme bringt auch der Außenhandel. Das Preisniveau für viele EU-Produkte, besonders in der Landwirtschaft, ist höher als auf dem Weltmarkt. Durch Einfuhrbeschränkungen und Zölle sollen die Produzenten geschützt werden, was mit der angestrebten Liberalisierung des Welthandels nicht vereinbar ist. Die Verträge von Lomé (1975–1989) regeln den Handel der EU mit vielen Entwicklungsländern.

Europäische Freihandelszone

Auch im ehemals politischen Westeuropa gehören nicht alle Staaten zur EU. Die Schweiz ist traditionell politisch neutral. Island, Norwegen, Liechtenstein und die Schweiz gründeten 1960 zum Schutz ihrer Interessen die European Free Trade Association (EFTA). In ihr herrscht Zollfreiheit mit Ausnahme des Agrarhandels. Im Rahmen gegenseitiger Freihandelsabkommen sind die Beziehungen zwischen EU und EFTA inzwischen weitgehend angeglichen. Ausnahmen bilden der Agrarhandel und einige Regelungen gegenüber Drittstaaten.
Beide Zusammenschlüsse bilden den Europäischen Wirtschaftsraum (EWR ohne die Schweiz) mit mehr als 500 Millionen Verbrauchern.

Der Staat

Die Staatenkarte Europas zeigt ein buntes Bild. Jeder Staat dient der Gestaltung des Zusammenlebens von Menschen. Sie sind seiner Herrschaft unterworfen. Der Staat umfasst:

- ein Staatsgebiet (durch Staatsgrenzen festgelegt); somit eine bestimmte topographische Lage, eine Flächengröße, eine Umrissform (Prinzip der Integrität des Hoheitsgebietes)
- ein Staatsvolk, die Staatsangehörigkeit des Bürgers, somit eine bestimmte Bevölkerungszahl gegliedert nach Alter, Geschlecht und sozialer Stellung (Prinzip der Staatsangehörigkeit)
- eine Staatsgewalt, d. h. die als Rechtseinrichtung ausgestaltete Befugnis zur Verwirklichung von Ordnung und Sicherheit sowie der Staatszwecke (Prinzip der Gebietshoheit/Souveränität).

Wege in die Zukunft

Vier Modelle einer europäischen Integration werden diskutiert:

- Bundesstaat: Die Souveränität liegt nicht mehr bei den Nationalstaaten, sondern bei der EU. Vorbild könnten z. B. die USA sein.
- Staatenbund: Die Regierungen der Staaten arbeiten eng zusammen, sie bleiben aber souverän. Beispiele wären Wirtschaftsbündnisse wie NAFTA (North American Free Trade Agreement) und ASEAN (Association of East Asian Nations) oder die GUS (Gemeinschaft Unabhängiger Staaten).
- Europa der Regionen: Regionen, in Deutschland (z. B. die Bundesländer) erhalten verstärkte Mitwirkungsrechte und bilden so ein Gegengewicht zur Zentralisierung in Brüssel. Das würde auch dem Wunsch (z. B. von Korsika) dem Baskenland oder Nordirland entgegenkommen.
- Differenzierte Integration: Mitgliedsstaaten können sich aus gemeinsamen Entwicklungen ausklinken – wie bereits bei der Einführung des Euro geschehen. Hieraus könnte sich ein „Europa der zwei Geschwindigkeiten“ ergeben.

M4 Schwierige Richtungswahl

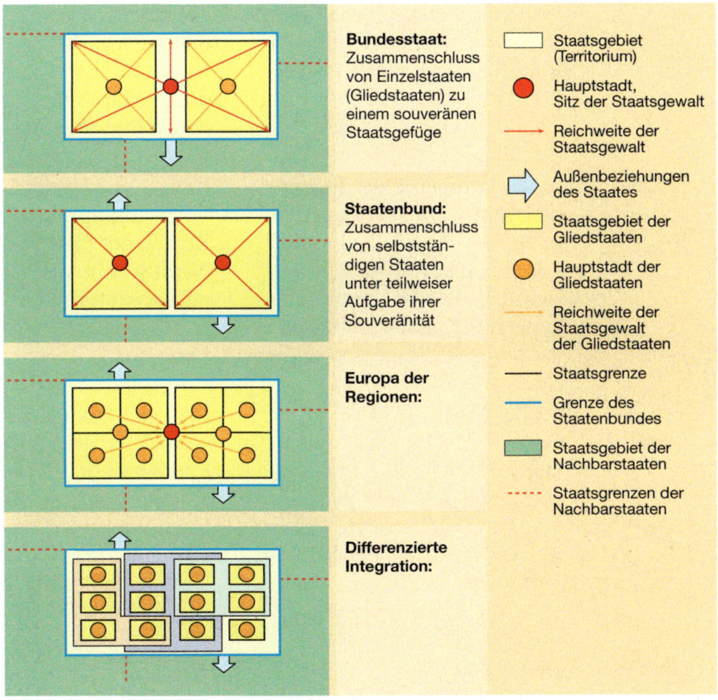

M5 Staatsformen

1. Beschreibe den Außenhandel der EU (M2, Atlas).
2. Stelle die Karikatur (M1) in einen Zusammenhang mit der Rolle Europas im Welthandel (M2). Beziehe auch M3 in deine Erläuterungen ein.
3. Vergleiche die Zielsetzungen von EU und EFTA (Text). Statistische Informationen über die EFTA-Mitgliedsstaaten findest du z. B. im Fischer Weltalmanach.
4. Erörtere Möglichkeiten der weiteren politischen Integration in Europa (Text, M4, M5).

EU-Agrarpolitik

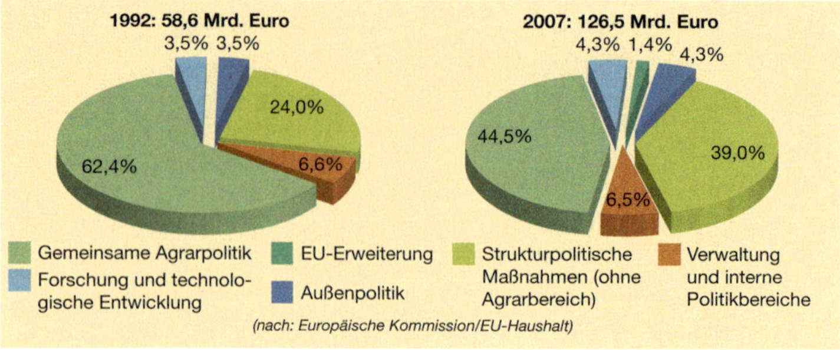

M1 Ausgaben der EU nach Bereichen

Die Gemeinsame Agrarpolitik der EU
Die 1957 in Rom von den damaligen sechs EWG-Staaten entwickelten Verträge für eine Gemeinsame Agrarpolitik (GAP) sind im Zusammenhang mit dem jahrhundertelangen Mangel an Nahrungsmitteln zu sehen. Wichtige Ziele der Römischen Verträge waren die Steigerung der Nahrungsmittelproduktion, die Sicherung der Einkommen für Landwirte und eine gesicherte Lebensmittelversorgung zu akzeptablen Preisen.

M2 Die Gemeinsame europäische Agrarpolitik (= GAP)

Phase	Maßnahmen	Folgen	Probleme
ab 1957	**Gemeinsame Marktordnung durch Römische Verträge** – Preise für zahlreiche Agrarerzeugnisse (u. a. Getreide und Rindfleisch) werden garantiert. Je mehr ein Landwirt produziert, desto höher ist sein Einkommen.	– Intensivierung der Landwirtschaft, hohe Produktionssteigerungen aufgrund von neuem Saatgut etc. – Viele Landarbeiter werden durch Maschinen ersetzt, finden aber Arbeit in der Industrie.	– wachsende Umweltbelastung – Garantiepreise liegen weit über den Weltmarktpreisen.
1970er- und 1980er-Jahre	**Interventionspolitik der EU** – Überschüsse werden teuer eingelagert, vernichtet oder mit Zuschüssen exportiert. – Einfuhrzölle und -beschränkungen sollen den EU-Markt vor billigeren Importen schützen.	– Intensivierung der Landwirtschaft nimmt weiter zu – Kosten der GAP steigen – Nicht wettbewerbsfähige Höfe müssen aufgeben, die Landwirte finden aber Arbeit in der Industrie.	– erste Überproduktion – Die Kosten für ihre Beseitigung belasten den EU-Haushalt. – Umweltbelastung wächst – Der freie Außenhandel ist stark eingeschränkt.
1990er-Jahre	**1992 Reform der GAP** – Garantiepreise sollen zunehmend durch direkte Beihilfen ersetzt werden, um Überproduktionen zu beenden. Die Interessen einzelner EU-Staaten schwächen die Reform ab, die Garantiepreise werden nur geringfügig gesenkt.	– Da Beihilfen flächenabhängig gezahlt werden, erweitern viele Landwirte ihre Anbauflächen. – erneute Überproduktion – Intensivierung der Landwirtschaft nimmt weiter zu. – Nur einige Preise nähern sich langsam den Weltmarktpreisen an.	– Die Kosten für die Beseitigung, Lagerung oder den Export der Überproduktion belasten den EU-Haushalt und verhindern andere Investitionen. – Umweltbelastung wächst weiter. – Freigesetzte Landwirte finden immer seltener Arbeit.
von 1990 bis 2004	**Agenda 2000** – erste Festlegung einer finanziellen Obergrenze für die GAP – weitere Senkung der Garantiepreise – flächenabhängige Beihilfen sowie Beihilfen für Natur- und Tierschutz	– Ausgaben halten sich relativ stabil. – Überproduktion wird reduziert. – Einkommen der Landwirte bleiben weitgehend gesichert. – Preise nähern sich weiter langsam den Weltmarktpreisen an.	– Osterweiterung ist so kaum finanzierbar. – Die Welthandelsorganisation (WTO) fordert den Abbau von Importbeschränkungen und Zöllen, EU-Agrarmarkt soll sich dem Welt-Agrarmarkt weiter öffnen.
Von 2004 bis 2007	Am 1. Mai 2004 traten zehn neue Mitgliedsstaaten der EU bei. Am 1. Januar 2007 wurden Rumänien und Bulgarien in die EU aufgenommen.	– Zunahme der Ackerfläche um 30 Mio. ha auf 102 Mio. ha – Zunahme der Milchproduktion um 25 Mio. t auf 163 Mio. t	– Es besteht die Notwendigkeit für grundlegende Veränderungen.

M3 Ziele der Reform der GAP 2005

- Anpassung an Weltmarktpreise und Öffnung zum Weltmarkt
- Abbau von wettbewerbsverzerrenden Maßnahmen (Garantiepreise, Exportzuzahlungen, Importbeschränkungen)
- Einkommensstützung der europäischen Landwirte
- Festlegung einer finanziellen Obergrenze für Agrarausgaben im EU-Haushalt
- Förderung des Umweltschutzes und der Tierschutzaspekte
- Vollständige Integration der neuen Beitrittsländer

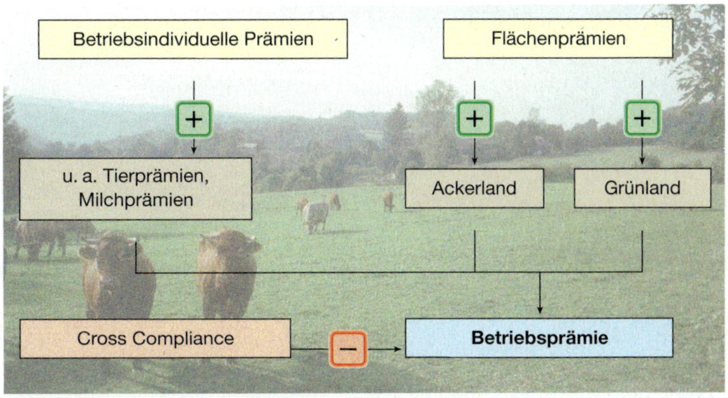

M4 Deutsches Kombimodell von 2005 bis 2013

Neue europäische Landwirtschaftspolitik

Die aktuelle europäische Agrarreform trat 2005 in Kraft und sieht vor, dass bis 2013 alle direkten Zuschüsse für Agrarprodukte wie Milch, Getreide oder Rindfleisch gestrichen werden. Dafür sollen die europäischen Landwirte pro Fläche mehr finanzielle Zuschüsse in Form einer Betriebsprämie erhalten. Da die Regionen abhängig von ihrer Beschaffenheit unterschiedliche Ausgleichzahlungen erhalten, spricht man vom „Regionalmodell“. Die vollständige Betriebsprämie bekommt nur der Landwirt, der alle Tier- und Umweltschutzauflagen einhält, die in 19 EU-Verordnungen festgelegt wurden (Cross Compliance). Die Gesamtausgaben dürfen eine festgelegte finanzielle Obergrenze nicht überschreiten (etwa 45 Mrd. Euro). Die Landwirte der zehn neuen Beitrittsländer erhalten erst 2013 die vollständige finanzielle Unterstützung.

Das deutsche Kombimodell

Bei der Umsetzung der neuen Agrarreform können die EU-Mitgliedsstaaten große Spielräume wahrnehmen. Deutschland hat sich für ein Kombimodell entschieden, um seinen Landwirten den Übergang bis 2013 leichter zu machen. Dabei betrugen die Zuschüsse für die Erzeugung (Betriebsindividuelle Prämien) 2005 noch 50 Prozent. Bis 2013 werden sie schrittweise reduziert, sodass ab 2013 nur noch die flächenbezogenen Zuschüsse gezahlt werden und damit das reine Regionalmodell in Kraft tritt.

M5 Cross Compliance – „Überkreuzungsverpflichtung“

Die Cross Compliance macht die Auszahlung der europäischen Direktzahlungen von der Einhaltung von Umweltstandards abhängig. Landwirte erhalten nur dann ihre komplette Betriebsprämie, wenn sie 19 EU-Verordnungen zum Umweltschutz einhalten und ihre Flächen in einem „guten landwirtschaftlichen und ökologischen Zustand“.

M6 Veränderungen der Zuschüsse am Beispiel eines Milchbetriebes

Betriebsdaten: 50 ha Ackerland, 50 ha Grünland, 10 Bullen, 70 Kühe, 560 000 kg Milchquote

Bis 2005	Direktzahlungen in Euro
Milchprämie: 3,55 Cent pro kg	19 880
Ackerbau: 350 € pro ha	17 500
Schlachtprämie: 28 Kühe mal 100 €	2 800
Bullenprämie: 310 € pro Bulle	3 100
Gesamt	**43 280**
Ab 2005 beginnt in Deutschland das Kombimodell.	
Ackerland: 301 €[1] pro ha	3950
Grünland: 79 €[1] pro ha	19 880
Milchprämie: 3,55 Cent pro kg	2100
Bullenprämie: 210 € pro Bulle	40 980
Gesamt	**15 050**
Ab 2013 gilt nur noch das Regionalmodell.	
Einheitliche Flächenprämie von 328 €[1] pro ha	32 800

[1] Hierbei handelt es sich jeweils um die Bundesdurchschnittswerte.

1. Bewerte die Zielsetzungen der gemeinsamen Marktordnung von 1957 (M2).
2. Erkläre und bewerte die Agrarreform 1992 sowie die Agenda 2000 (M1, M2).
3. Erläutere die Veränderungen durch die Reform der Gemeinsamen Agrarpolitik 2005 (M2, M4).
4. Beschreibe, wie sich die Art der Zuschüsse ändert (Text, M4–M6) und bewerte die Reform der HGAP 2005 (Text, M3–M6).

Industrie in Europa – früher und heute

M1 Mittelenglische Industrielandschaft im 19. Jahrhundert

M2 Elektronikbetrieb in Wales

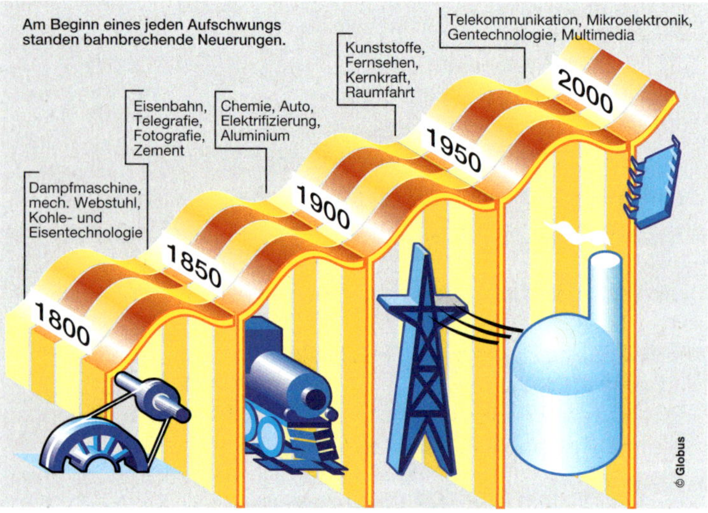

M3 Modell der langen Konjunkturwellen

Entwicklung der Industrie

Die wirtschaftliche Entwicklung Europas wurde in den vergangenen zwei Jahrhunderten maßgeblich durch die Industrie geprägt. Heute vollzieht sich allerdings ein Wandel von der Industrie zur Dienstleistungsgesellschaft. Die industrielle Produktion verliert gesamtwirtschaftlich an Bedeutung. Innerhalb der Industrie vollzieht sich ein Wandel von traditionellen Branchen (wie Eisen und Stahl) hin zu modernen, wissensbasierten Technologien. Damit ändern sich die Standortansprüche der Industriebetriebe. Die Prozesse der weltweiten Arbeitsteilung und der Globalisierung führen zu einer weiteren Dynamik der Wirtschaft Europas.

M4 England: Wiege der Industrieentwicklung Europas

Mithilfe der Spinnmaschine (Arkwright 1769) und des mechanischen Webstuhls (Cartwright 1785) war es möglich, große Mengen von Textilien für die wachsende Bevölkerung herzustellen. Neben Schafwolle wurde zunehmend Import-Baumwolle aus Nordamerika verwandt. Im Hinterland – um Manchester und in den Midlands – entstanden die ersten Industriereviere mit Manchester als Zentrum der Textilindustrie.

Die Entwicklung der Eisen schaffenden Industrie ging von Coalbrookdale/Shropshire aus. Hier wurde ein Verfahren zur Eisenverhüttung erprobt (Darby 1709), welches es ermöglichte, größere Mengen Eisen herzustellen. Mit der Bessemer-Birne (1856) wurde die Stahlherstellung möglich, das Thomasverfahren (1879) erlaubte auch die Verwendung „magerer“ Erze für die Stahlherstellung.

Neue Bergwerkstechnologien erlaubten den Kohlenabbau in immer größerer Tiefe, sodass die Kohlereviere in Mittelengland und Wales zu Zentren der Eisen- und Stahlherstellung wurden. Die Dampfmaschine (Watt 1769) und die Dampfeisenbahn (Stephenson 1825) führten zu immer neuen Nutzanwendungen der Grundstoffe Eisen und Stahl. Der Arbeitskräftebedarf der neuen Industrien führte zu einem raschen Städtewachstum und dem Wandel von der Agrar- zur Industriegesellschaft.

In der modernen Dienstleistungsgesellschaft – nicht mehr Industriegesellschaft – sind Kommunikation und Information entscheidende Produktionsfaktoren. Viele der neuen Tätigkeiten sind an eine hochwertige Ausstattung mit Kommunikations- und Informationstechniken gebunden. Sie sind jedoch weniger ortsgebunden als Industriebetriebe. Sie können leichter an einen anderen Standort verlagert werden. Günstige Standorte sind in der Regel großstädtische Ballungsgebiete.

M5 Klassische Standorttheorie: Das Beispiel der Eisen- und Stahlindustrie

Für die Herstellung von Kohle und Stahl müssen große Gewichtsmengen von Rohstoffen und Endprodukten transportiert werden. Die Transportkosten sind daher ein wesentlicher Standortfaktor. Der günstigste Standort ist der Transportkostenminimalpunkt. Dies ist der Punkt, an dem in der Summe für alle transportierten Güter die geringsten Kosten anfallen. So entstanden z. B. die ersten Stahlwerke an den Förderorten der Kohle, da man mengenmäßig mehr Kohle als Eisenerz benötigte, die Transportkosten für Kohle also die des Eisenerzes und der Endprodukte zusammen überwogen hätte. Mit der Entwicklung Kohle sparender Verfahren und solcher zur Verwendung von Erzen mit geringem Eisenanteil rückte die Produktion an die Erzförderorte. Durch den Import hochwertiger Erze aus Übersee verlagerte sich die Stahlproduktion an die Küste. Diese Regelhaftigkeit wurde in der Standorttheorie von Alfred Weber beschrieben. Sie gilt aber nur unter bestimmten Voraussetzungen – z. B. wenn in einem Raum gleiche Kaufkraft, ein gleichmäßig ausgebautes Verkehrsnetz oder gleiche gesetzliche Grundlagen herrschen.

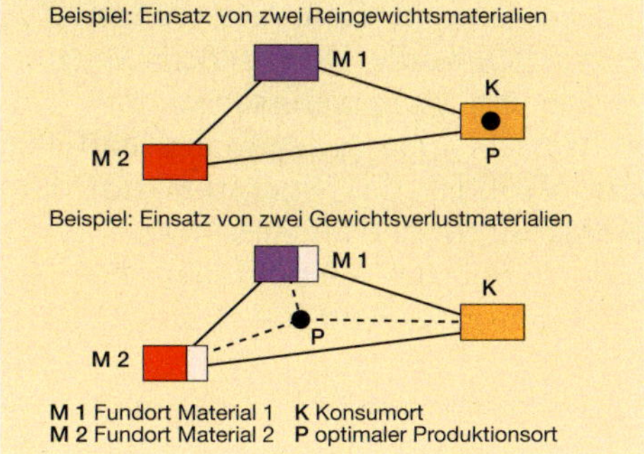

M6 Standortwahl nach Alfred Weber (1909)

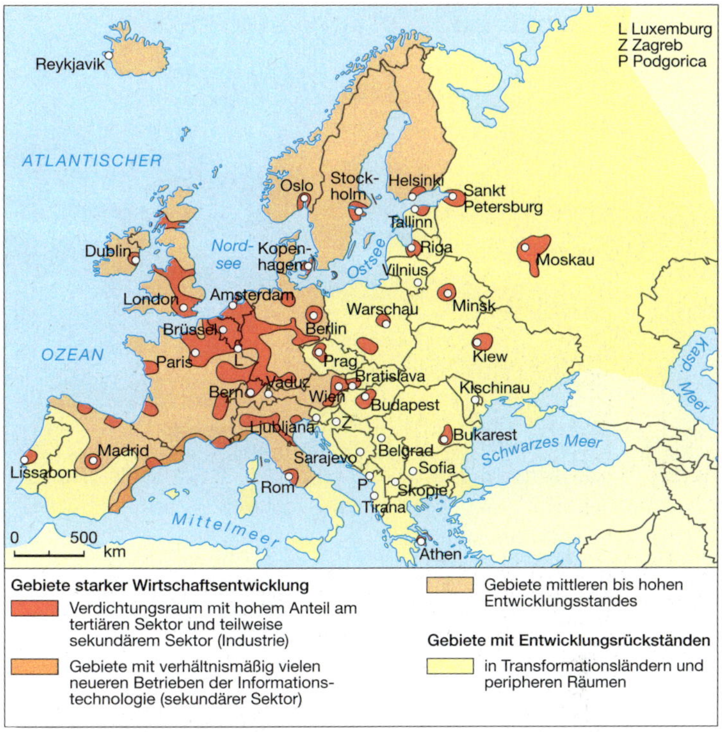

M7 Wirtschaftsräume in Europa

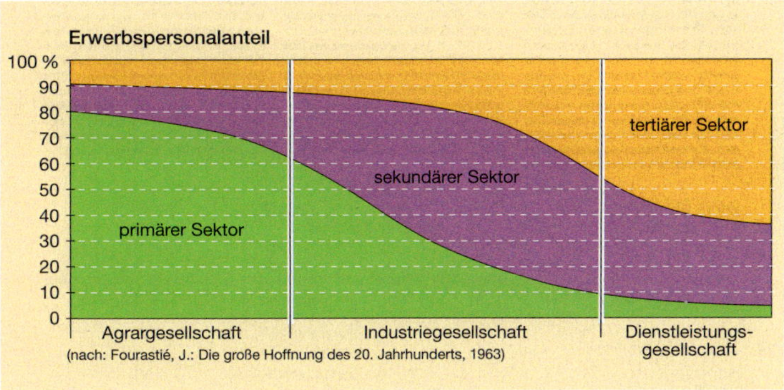

M8 Modell zur Entwicklung der Beschäftigten nach Wirtschaftssektoren

1. Stelle in einem fächerübergreifenden Projekt Informationen zur Entwicklung der Industrie in Mittel-, Nordengland oder Wales dar. Gehe dabei auch auf soziale Probleme und Umweltfragen ein (M1 – M4).
2. Beschreibe die Verteilung der Wirtschaftsräume in Europa im Überblick (M7, Atlas).
3. Erkläre den langfristigen Wandel der Beschäftigungsanteile der Wirtschaftssektoren (M8).
4. Erkläre an einigen Beispielen die Standorte folgender Industriezweige in Europa: Stahlwerke, Erdölraffinerien, Maschinenbau. Überprüfe dabei jeweils die „Tauglichkeit“ der Standorttheorie von Alfred Weber (M5, M6, Atlas).

Verkehrswege und Verkehrsströme

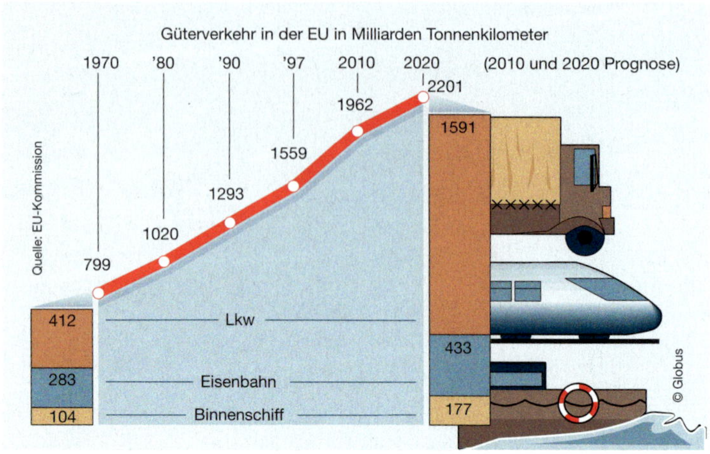

M1 Verkehrsaufkommen in der EU

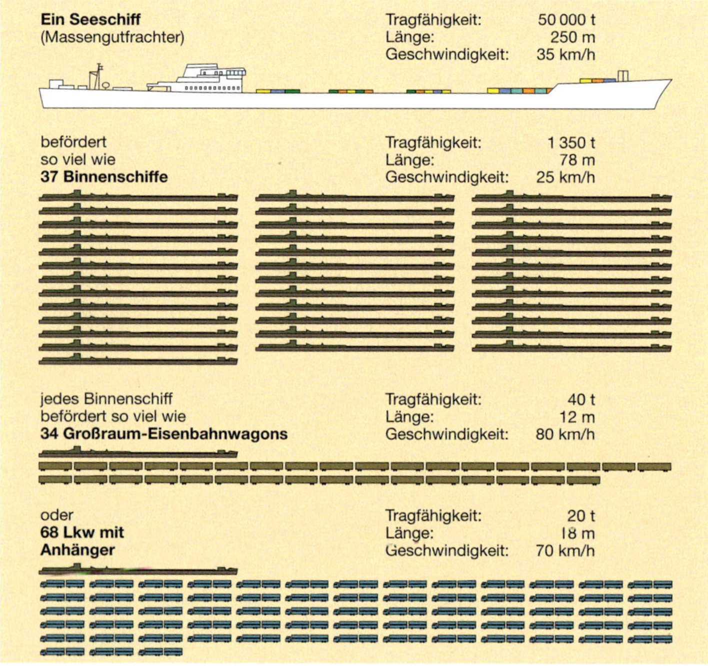

M2 Fracht-Transportmittel im Vergleich

M3 Güterverkehrszentren (GVZ)

Das Gewerbegebiet eines Güterverkehrszentrums ist an mindestens zwei Verkehrsträger angeschlossen. In der Regel werden Straßen- und Schienenverkehr verbunden, bei gegebenen Voraussetzungen werden auch die Binnenschifffahrt sowie der Luftverkehr angebunden. In dem Transportgewerbegebiet siedeln sich Speditionen und verkehrsergänzende Dienstleistungsbetriebe (Lagerung, Service, Logistik) an. Güterverkehrszentrums sehen die optimale Ausnutzung der Verkehrswegenetze vor und leisten damit einen Beitrag zur umweltverträglichen Gestaltung des Güterverkehrs.

Europäische Verkehrsachsen

Leistungsfähige Verkehrsnetze dienen zur Verwirklichung der Grundprinzipien der EU, dem freien Warenverkehr und der Freizügigkeit der Bürger. Schienen-, Straßen-, Wasserstraßen-, Luft- und Nachrichtenverkehr haben einen wesentlichen Anteil am Zusammenwachsen der Länder und Völker Europas und ermöglichen die wirtschaftliche Erschließung aller Regionen. Schnelle Verkehrswege und gut ausgebaute Telekommunikationsverbindungen zwischen den Verdichtungsräumen und Metropolen sichern die Nutzung der Vorteile einer arbeitsteiligen Wirtschaft.

Das Transeuropäische Schienennetz

Die EU strebt an, die nationalen Transportnetze zu einem europäischen Netz zu verbinden. Bis 2010 sollen 9000 Kilometer Neubau- und 15 000 Kilometer Ausbaustrecken für den schnellen Schienenverkehr fertiggestellt sein. Nationale Hochgeschwindigkeitszüge (ETR-500 (Italien), TGV (Frankreich), ICE (Deutschland)) werden von grenzüberschreitenden Zügen (Thalys: Paris–Brüssel–Köln, Eurostar: London–Paris–Brüssel) ergänzt. Im Güterverkehr wurden bereits internationale Verkehrskorridore (Freightways) eingerichtet. So verbindet der Trans European Rail Freight Freeway Glasgow und Sapron (Ungarn) in 33 Stunden.

Verkehr und Umwelt

Für den Transport von 1000 Tonnen Orangen von Spanien nach Deutschland werden heute z. B. 50 Lastkraftwagen eingesetzt, obwohl dafür ein einziger Zug ausreichen würde. Der Straßenverkehr ist zudem ein Hauptverursacher der Umweltverschmutzung. Auf ihn entfallen der Großteil der Stickstoffoxid- und Kohlenstoffmonoxidemissionen sowie ein Viertel des Gesamtausstoßes des Treibhausgases Kohlenstoffdioxid.

Die Strategie der EU ist darauf ausgerichtet, die Mobilität zu gewährleisten und die Umwelt zu schützen.

M4 Technische Neuerungen

Zur Abwendung eines drohenden Verkehrsinfarkts stehen innovative Technologien zur Verfügung.

Flotten-Informations-Server
Die Technologie ermöglicht eine Optimierung der Ladungs- und Tourenzeiten. Die internetgestützte Software, die auf dem Global Positioning System (GPS) basiert, zeigt eine aktuelle räumliche Position der jeweiligen Fahrzeuge weltweit an und bereitet die Text- und Datenkommunikation auf. Dazu sind die Fahrzeuge mit einer Ortungs- und Kommunikationseinheit ausgerüstet. Eine direkte Kommunikation zwischen Anwender und Fahrer ist möglich. Gefahrenmeldungen können vermittelt werden, die Verkehrsströme sind zu optimieren. Der Anwender weiß rechtzeitig, was wo mit Fahrzeugen seiner Flotte los ist. Wie viel es wann und wo zu transportieren gibt, kann über eine Frachtbörse geregelt werden.

Kombinierter Verkehr
Der Wettbewerb der konkurrierenden Verkehrsträger Straße und Schiene wird aufgehoben. Sie werden verknüpft. Es gibt zwei Varianten:
1. Begleiteter kombinierter Verkehr:
Das Fahrzeug wird vom Fahrer über eine Rampe auf den Niederflurwagon der Bahn gefahren. Der Fahrer begleitet den Schienentransport im mitgeführten Schlafwagen.
2. Unbegleiteter kombinierter Verkehr: Die Container oder die Sattelanhänger werden von einem Kran auf die Eisenbahnwagen verladen.

Schnellumschlaganlage
Der Kombinierte Verkehr erfordert das Rangieren der Wagons an Knotenpunkten der Bahn, wenn das Frachtaufkommen für einen direkten Zug nicht ausreicht. Statt dessen könnten Container einfach umgeladen werden. Dieses Hub-Konzept hat den Nachteil zu langer Umladezeiten. Mit einer Schnellhubanlage (Megahub) hingegen werden mehrere Züge gleichzeitig mit vielen, besonders schnellen Kränen be- und entladen. Der Umschlag wird automatisiert, indem die Kranbrücke über Satellitennavigation gesteuert wird. Im Achtminutentakt treffen sechs neue Züge am Terminal ein. 20 Minuten dauert die Beladung.

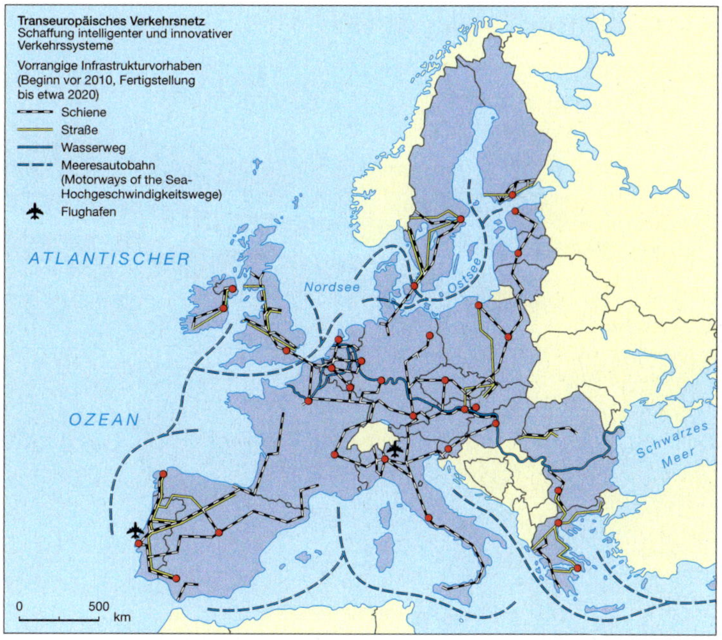

M5 Verkehrsprojekte der EU

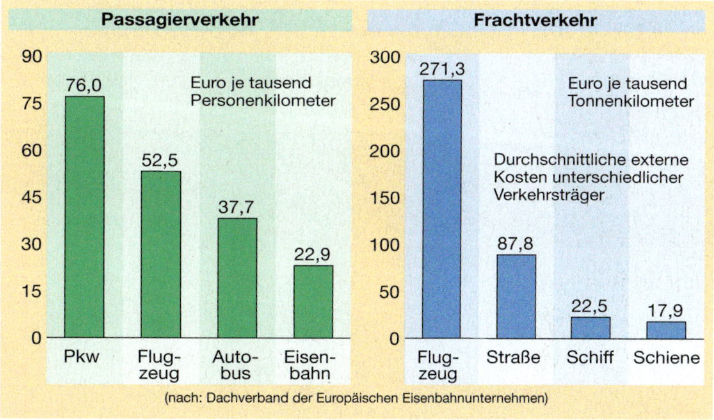

M6 Kosten des Verkehrs

1. Fasse die Aufgaben zusammen, die verschiedene Verkehrsmittel bei Gütertransporten erfüllen (M2).
2. Begründe die Notwendigkeit, das europäische Verkehrsnetz auszubauen (Text, M1, M5).
3. Erläutere den Einfluss des technologischen Fortschritts auf den Gütertransport (M4).
4. Erkläre Aufbau und Funktion eines Güterverkehrszentrums (M3).
5. Beschreibe den Zusammenhang zwischen Verkehr, technischen Neuerungen und Umwelt (Text, M4, M6).

Zentrum und Peripherie

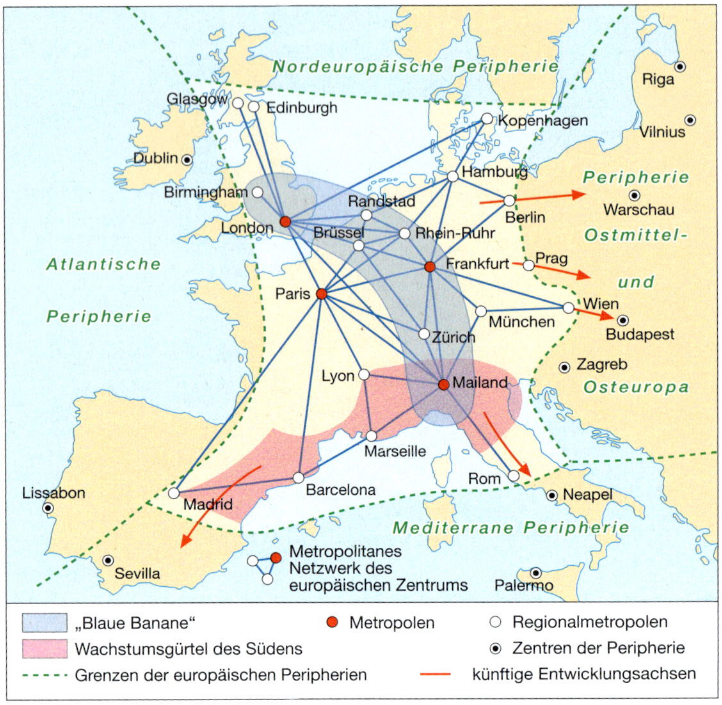

M1 Raumordnungsmodell der europäischen Wirtschaft 1989

M2 Verdichtungsräume und Wachstumsregionen in Europa

Räumliche Ungleichheiten

Die Standorte der verschiedenen Wirtschaftszweige, der Industrie, des Handels und der Dienstleistungen weisen in Europa eine starke Streuung auf. Verdichtungsräume bilden die Zentren wirtschaftlicher Aktivitäten. Sie sind durch moderne Industrien gekennzeichnet. Hochwertige Dienstleistungen von regionaler, nationaler und globaler Bedeutung konzentrieren sich in Metropolen. Den Verdichtungsräumen stehen ländliche Räume gegenüber. Es sind oft Problemgebiete mit hoher Arbeitslosigkeit, aus denen die jüngere Bevölkerung abwandert. Man bezeichnet sie als „Peripherie“.

Modelle Europas

Die Verteilung von Zentren und Peripherien, von Aktiv- und Passivräumen in Europa lässt sich wegen der Vielfalt der Strukturmerkmale in Karten nur schwer darstellen. Deshalb haben Wissenschaftler versucht, vereinfachte Modelle zu entwickeln, die den Sachverhalt besser veranschaulichen können.

Der Franzose Roger Brunet hat 1989 die europäischen Verdichtungsräume nach 16 wichtigen Strukturmerkmalen untersucht, zu denen das Bevölkerungswachstum, technologische Einrichtungen, Universitäten, Börsen oder Verkehrsverbindungen gehören. Daraus entwickelte er ein Raumordnungsmodell Europas, in dem ein zentrales, wachstumsstarkes und verstädtertes Gebiet auffällt, das der Form einer Banane gleicht. Da diese in der Originalkarte blau eingefärbt war, bürgerte sich der Begriff „Blaue Banane“ ein.

Dieses – wie auch andere Modelle – wurde benutzt, um die Zukunftschancen von Regionen abzuschätzen. So haben Politiker und Raumplaner Standorte immer dann als begünstigt eingestuft, wenn sie innerhalb der Blauen Banane lagen.

Brunet konnte bei seinen Überlegungen die Wiedervereinigung Deutschlands und die Öffnung Osteuropas noch nicht erahnen. Deshalb ist sein Modell heute ergänzungsbedürftig und von verschiedenen Wissenschaftlern verändert worden.

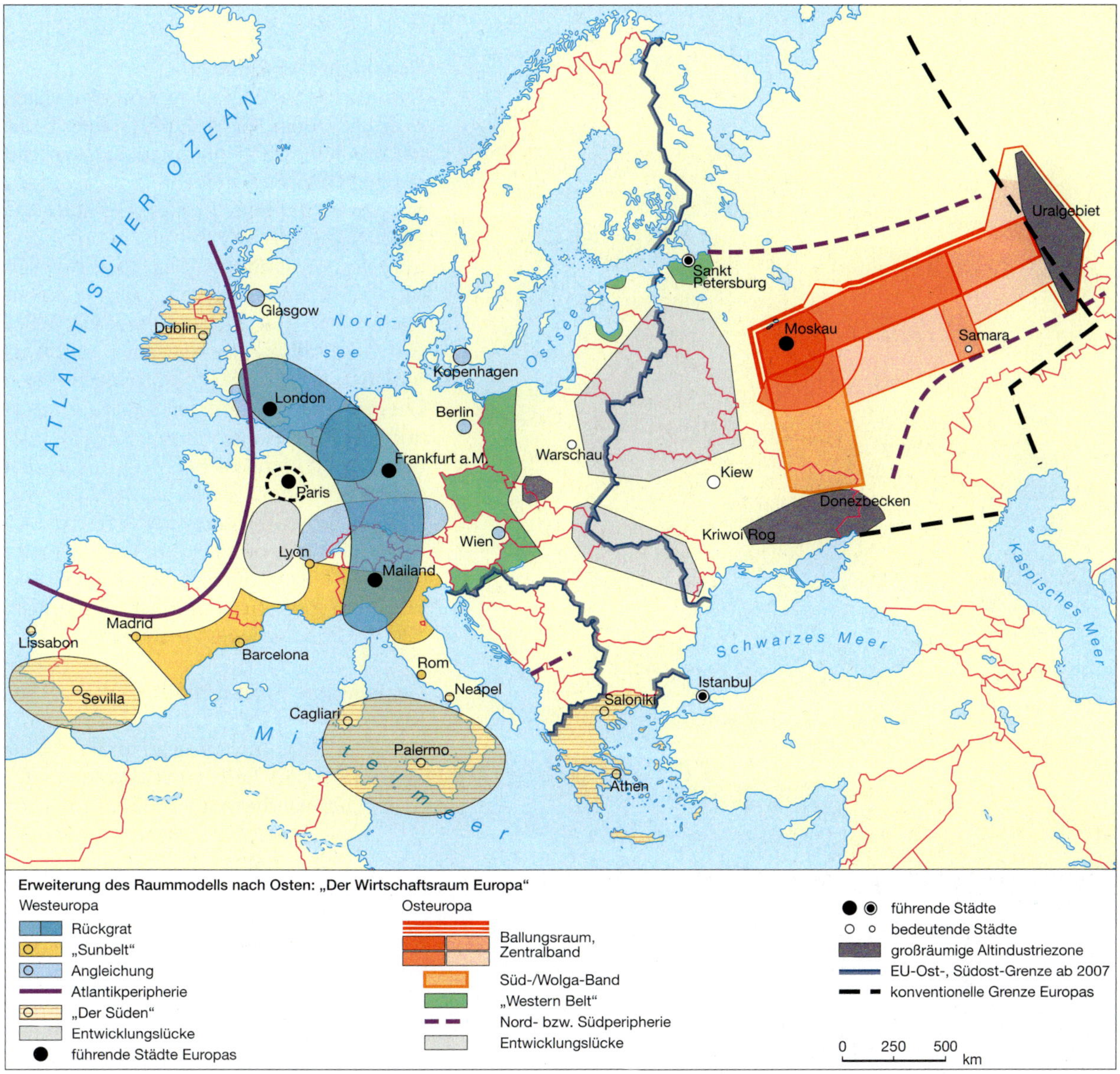

M3 Erweiterung des Raummodells nach Osten

Die europäische Kernzone umfasst die „Blaue Banane, d.h. die Region mit der dynamischsten Wirtschaftsentwicklung der EU. Nach der EU-Osterweiterung holten nationale Zentren der neuen Mitgliedsstaaten wirtschaftlich auf. Auch Regionen im Westen dieser Staaten erhielten als „Western Belt“ eine ganz neue Bedeutung. Betrachtet man den gesamten europäischen Wirtschaftsraum, müssen auch die Entwicklungen in der Ukraine und im europäischen Teil Russlands mit berücksichtig werden.

1. Erläutere die Begriffe „Zentrum“ und „Peripherie“ (Text, M1, M2).
2. Beschreibe die räumliche Lage der europäischen Kernzone (Text, M1).
3. „Modelle sind vereinfachte Darstellungen der Wirklichkeit. Sie bilden die Vorstellungen für die künftige Veränderung von Wirklichkeit ab.“ Kommentiere diese Aussage (Text, M1 – M3).
4. Stelle Merkmale des „Sunbelts“ und des „Western Belts“ in einer Tabelle zusammen (M3, Atlas).
5. Ein Modell des europäischen Wirtschaftsraumes wurde wie eine Weintraube entwickelt, deren Beeren sich aus den einzelnen Metropolen zusammensetzen. Entwirf eine Skizze, die diese Skizze widerspiegelt (Atlas, stumme Karte).

Armut und Reichtum in der EU

M1 Regionale Unterschiede in der EU (2005)

M2 Bevölkerung (Mio.), Kaufkraft (€), Stand 1.1.2007

Land	Ew.	BNE/Ew.	Land	Ew.	BNE/Ew.
B	10,6	28 700	A	8,3	30 200
BG	7,7	8 700	PL	38,1	12 400
DK	0,5	29 700	P	10,6	17 500
D	82,3	26 700	RO	21,5	8 800
EST	1,3	15 900	S	9,1	28 200
FIN	5,2	27 300	SK	5,4	14 700
F	63,3	26 500	SLO	2,0	20 400
GR	11,1	20 800	E	44,5	24 000
GB	60,8	27 900	CZ	10,3	18 600
IRL	4,3	33 700	H	10,0	15 300
I	59,1	24 300	CY	0,8	21 900
LV	2,3	13 600	**EU-27**	**495,1**	**23 500**
LT	3,4	13 600	Beitrittskandidaten		
L	0,5	65 300	HR	0,4	11 700
M	0,4	17 700	MK	0,2	6 400
NL	16,4	31 000	TR	73,4	6 900

(Quelle: eurostat)

Regionale Unterschiede

Die Länder der EU gehören zu den wohlhabenden Großräumen der Erde. Dennoch besteht zwischen armen und reichen Regionen innerhalb der Europäischen Union ein starkes Gefälle, das viele Regionen aus eigener Kraft nicht überwinden könnten. Die Strukturpolitik der Europäischen Union versucht ebenso wie die Mitgliedsstaaten, dieses Entwicklungsgefälle zwischen den verschiedenen Regionen zu verringern.

Dies geschieht einerseits aus Solidarität mit den Einwohnern, die in Regionen leben, die im Vergleich zum Durchschnitt aller EU-Gebiete wirtschaftlich und sozial benachteiligt sind. Andererseits versucht die EU durch eine Verringerung der Kluft zwischen wohlhabenden und ärmeren Regionen den Zusammenhalt aller ihrer Mitglieder zu stärken.

Gemeinsame Strukturpolitik

In den Jahren 2007 bis 2013 stehen für die Strukturpolitik insgesamt 347 Milliarden Euro zur Verfügung. Diese Gelder finden Verwendung für Maßnahmen zur Überwindung des Entwicklungsrückstandes, zur Schaffung von neuen Arbeitsplätzen, zur Steigerung der Wettbewerbsfähigkeit, zur Anpassung der Bildungs- und Ausbildungssysteme, zur Überwindung von Problemen in Regionen mit wirtschaftlichem Strukturwandel, zur grenzüberschreitenden Zusammenarbeit und zum Umweltschutz.

Mit der Osterweiterung wurden vor allem weniger leistungsfähige Staaten aufgenommen. Da ihre Wirtschaftskraft unter dem EU-Durchschnitt liegt, werden die meisten Regionen in den neuen Mitgliedsstaaten die höchste strukturpolitische Förderung erhalten.

Im Zuge der Osterweiterung werden allerdings auch viele Regionen der „alten“ EU-Staaten bei strukturpolitischen Maßnahmen nicht mehr oder nicht mehr im bisherigen Umfang durch EU-Finanzmittel unterstützt, weil sie in ihrer Wirtschaftskraft nun oberhalb des EU-Durchschnitts liegen.

EU-Regionalpolitik 2007–2013

Zwischen und in den EU-Staaten bestehen große wirtschaftliche und soziale Unterschiede. Diese Unterschiede haben sich durch die EU-Erweiterungen noch verstärkt. Schon in der Vergangenheit war die EU bestrebt, den Lebensstandard in den Passivräumen durch gezielte Fördermaßnahmen zu heben. So erhielt z. B. Deutschland von 2000 bis 2006 aus dem „Strukturfonds" 20 Milliarden Euro für die neuen Bundesländer und zehn für die alten Bundesländer. Für die 2004 beigetretenen Länder stellte die EU 80 Milliarden Euro als Zuschüsse für Verwaltungs- und Justizreformen sowie für den Ausbau der Infrastruktur zur Verfügung. Griechenland, Irland, Portugal und Spanien erhielten von 2000 bis 2006 rd. 80 Milliarden Euro, um ihre Wirtschaftskraft an die anderen EU-Länder anzupassen.

Die 347 Milliarden Euro, die die EU von 2007 bis 2013 vorgesehen hat, sind der zweithöchste Posten nach den Ausgaben für die Gemeinsame Agrarpolitik. Drei Ziele sollen erreicht werden:

1. Konvergenz (Annäherung)

In den am wenigsten entwickelten Regionen, deren Bruttoinlandsprodukt pro Kopf unter 75 Prozent des EU-Durchschnitts liegt, werden Wirtschaftswachstum und die Schaffung von neuen Arbeitsplätzen gefördert.

2. Regionale Wettbewerbsfähigkeit und Beschäftigung

Die reicheren Mitgliedsstaaten erhalten Mittel, damit sie Veränderungen in der Wirtschaft (z. B. durch die Globalisierung) und in der Arbeitswelt (z. B. Zugang zum Arbeitsmarkt) für sozial Schwache, besser bewältigen können. Förderfähig sind Gebiete, die nicht unter das Ziel Konvergenz fallen.

3. Territoriale Zusammenarbeit

Mit den Fördermitteln sollen grenzüberschreitende Projekte in Europa unterstützt sowie Lösungen für Probleme von Städten, Küstengebieten und ländlichen Räume gefunden werden. Für das Ziel sind 2,5 Prozent der Mittel vorgesehen; der Hauptanteil (81,7 %) entfällt auf die Konvergenzregionen.

M3 EU-Strukturförderung 2007–2013

M4 „Zukunftsprogramm Wirtschaft" in Schleswig-Holstein

Mit dem „Zukunftsprogramm Wirtschaft" bündelt das Land Schleswig-Holstein seine wirtschafts- und regionalpolitischen Fördermittel für die Jahre 2007 bis 2013. Mehr als 700 Millionen Euro stehen zur Verfügung, um Zukunftsprojekte zu gestalten. Das sind deutlich mehr Mittel als zuvor. Diese Mittel kommen allen Regionen zugute, denn zum potenziellen Fördergebiet gehört ab sofort das ganze Land. Zukunftsthemen wie Innovation und Wissen stehen besonders im Fokus. An den Kosten für die Fehmarnbeltbrücke (gesamt 4,8 Mrd. €) wird sich die EU mit 374,4 Millionen Euro beteiligen.

(Ministerium für Wissenschaft, Wirtschaft und Verkehr, 18. 4. 2007, 21. 11. 2007)

1. Beschreibe die Verteilung des BIP in den Staaten und Regionen der EU (Text, M1).
2. Lege eine Tabelle mit der Rangfolge der EU-Staaten nach der Kaufkraft pro Kopf (M2) an.
3. Erläutere Ziele und Maßnahmen der EU-Strukturpolitik. Beachte regionale Unterschiede (Text, M3).
4. Stelle fest, welche Regionen ab 2007 mit dem Höchstsatz gefördert werden (Text, M3) und berichte darüber.
5. Erläutere, welche Rolle der Strukturfonds für Schleswig-Holstein spielt (M4).

Was du über Europa wissen solltest

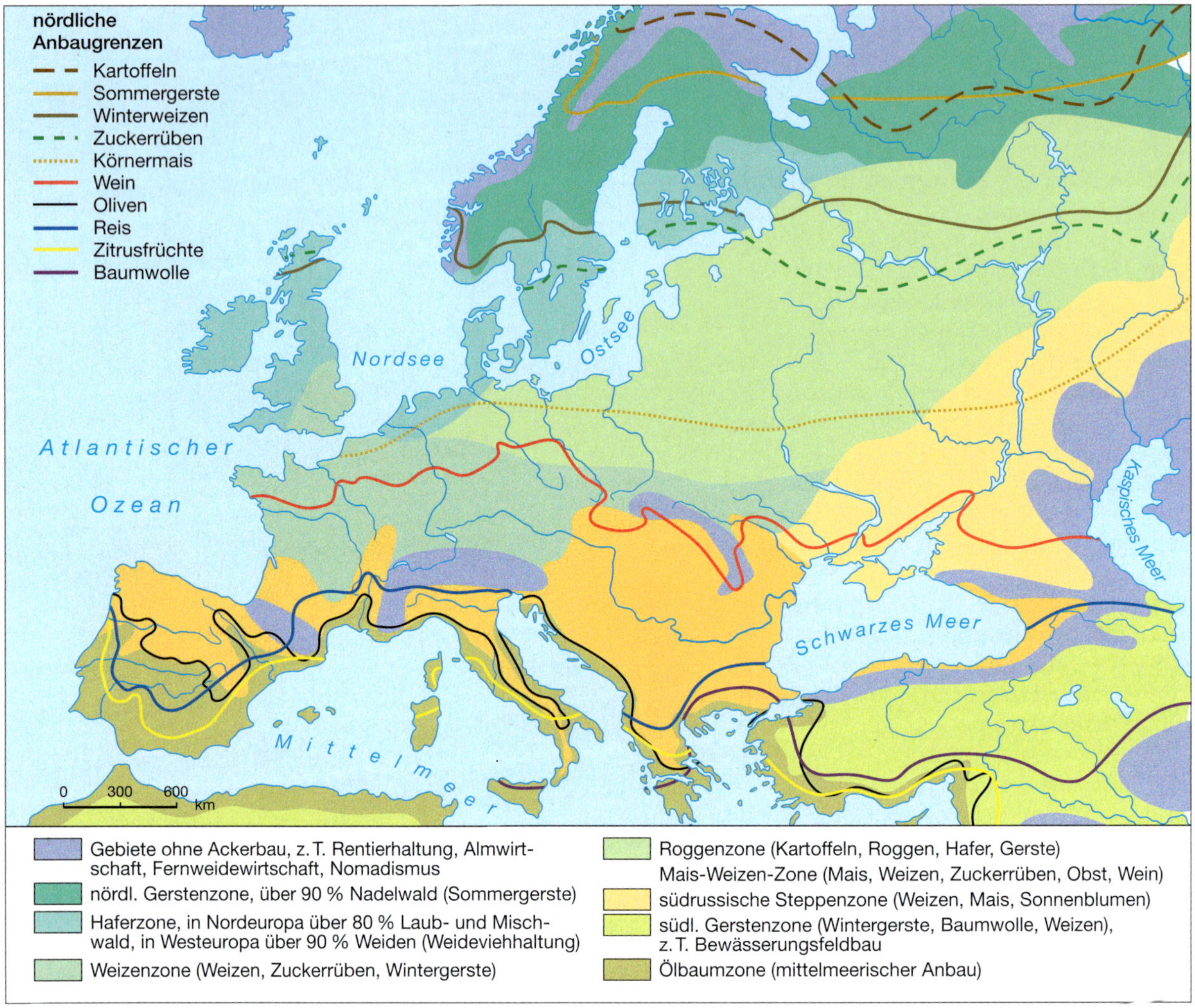

M1 Anbauzonen und Anbaugrenzen Europas

M2 Klimatische Ansprüche einiger Kulturpflanzen

Mais: stellt hohe Ansprüche an Wärme und Licht während der Vegetationsperiode (Keimung bei 8°–10 °C, bestes Wachstum erst bei 15°–20 °C Tagesmitteltemperatur); Wasseransprüche gering
Ölbaum: günstigste Wachstumsbedingungen bei einer mittleren Jahrestemperatur von 15° bis 22 °C und 500–700 mm Jahresniederschlag; toleriert auch sehr trockene Jahre (bis 200 mm Niederschlag) und Temperaturen bis 40 °C; frostempfindlich
Roggen: Anbau in kühlem und sommertrockenem Klima; nässeempfindlich; frosthärteste Getreideart (bis -25 °C).
Wein: wächst bei Jahresmitteltemperaturen von 10° bis 12 °C, einer Vegetationsperiode von 180–200 Tagen und Niederschlägen von etwa 800 mm im Jahr; eine sommerliche Trockenzeit kann wegen des ausgedehnten Wurzelsystems ertragen werden.
Weizen: Getreide des wintermilden, sommerwarmen Klimas; sehr anpassungsfähig, daher weltweiter Anbau; Winterweizen wird im Herbst ausgesät (Nutzung der Winterfeuchte, Keimung im Herbst), Sommerweizen wird im Frühjahr ausgesät (Anbau in winterkalten Gebieten)
Zitrusfrüchte: gutes Wachstum bei mindestens 17°–20 °C Jahresmitteltemperatur und 1200 mm Niederschlag im Jahr; Trockenzeiten werden nicht ertragen, kurze Frostperioden toleriert; hohe Sonneneinstrahlung erforderlich

1. Beschreibe die vorherrschenden landwirtschaftlichen Nutzungen in den verschiedenen Teilen Europas (M1, M2).

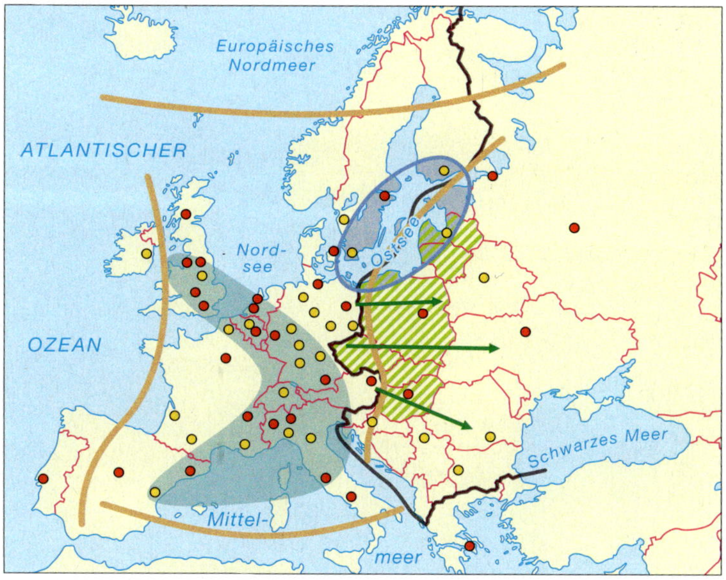

M3 Verdichtungsräume und Wachstumsregionen in Europa

2. Entwirf die Legende zu dieser Karte.
3. Welche Entwicklungen werden für Osteuropa aufgezeigt?

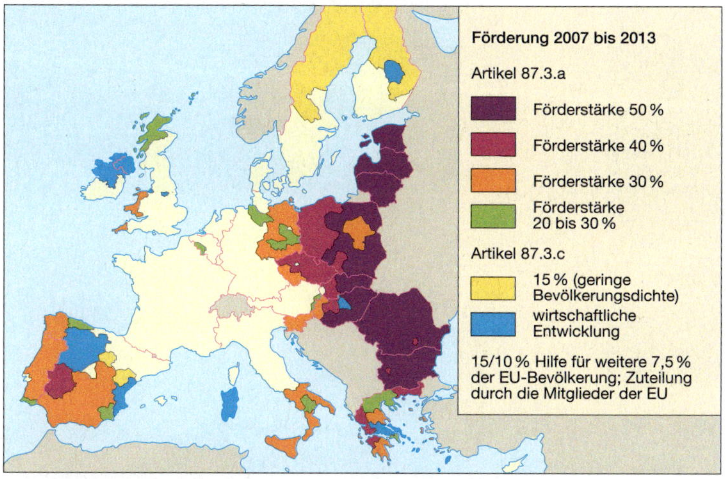

M4 Regionalförderung in der EU-27 ab 2007

4. Erläutere, welche Ziele eine EU-Förderung hat.
5. Welche Staaten haben gar keine besonderen Förderregionen?

M5 Europäische Union

Europa ist immer noch in viele Staaten unterteilt. Die politische Einigung ist jedoch seit der Gründung der EU, der zurzeit 27 Staaten angehören, weit vorangeschritten. Hauptziele sind: Erhaltung des Friedens, Gewährleistung von Freiheit, Sicherheit und Demokratie sowie Förderung des wirtschaftlichen und sozialen Fortschritts. Die EU ist neben den USA die stärkste Wirtschaftsmacht der Welt. Vom weiteren Integrationsprozess hängt es ab, inwieweit die EU diese Macht politisch zur Geltung bringen kann.

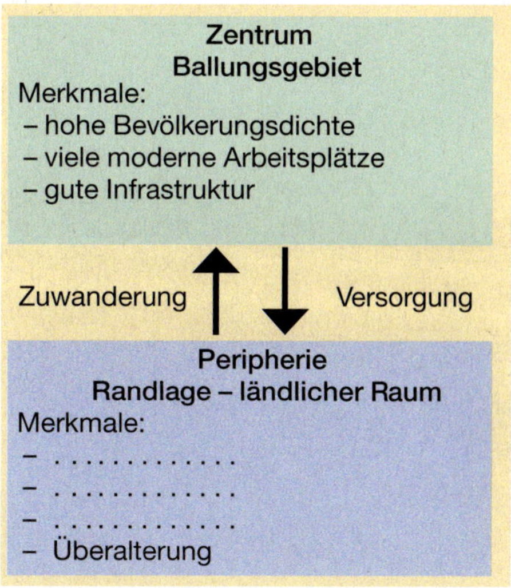

M6 Modell „Zentrum – Peripherie“

6. Beschreibe das Modell und nenne Merkmale der Peripherie.

M7 BIP pro Kopf in Kaufkraftstandards 2007 (EU-27 = 100)

Land	BIP/Kopf
Belgien	123,7
Bulgarien	38,8
Dänemark	126,0
Deutschland	114,2
Estland	71,8
Finnland	118,4
Frankreich	111,8
Griechenland	98,4
Großbritannien	119,6
Irland	143,9
Italien	103,0
Lettland	60,6
Litauen	61,6
Luxemburg	284,2
Malta	75,8
Niederlande	132,7
Österreich	129,6
Polen	55,2
Portugal	73,9
Rumänien	39,1
Schweden	120,8
Slowakei	66,6
Slowenien	91,7
Spanien	102,6
Tschechien	82,0
Ungarn	65,4
Zypern	93,7
EU-27	100,0

7. Setze die Daten in ein Diagramm um.

Deutschland – Räume verändern sich

Industrieller und landwirtschaftlicher Strukturwandel spiegelt sich auch in räumlichen Entwicklungen wider. Der Übergang von der Industriegesellschaft zur Dienstleistungsgesellschaft schafft neue Herausforderungen. Von den Veränderungen sind Ballungsgebiete und ländliche Räume gleichermaßen betroffen.
In der modernen Dienstleistungsgesellschaft sind Kommunikation und Information entscheidende Standortfaktoren. Hochwertige Dienstleistungen sind jedoch weniger ortsgebunden als Industriebetriebe. Deshalb können sie in der Regel leichter an den günstigsten Standort verlagert werden.

Getreidefeld nach der Ernte

Berlin – gestern und morgen

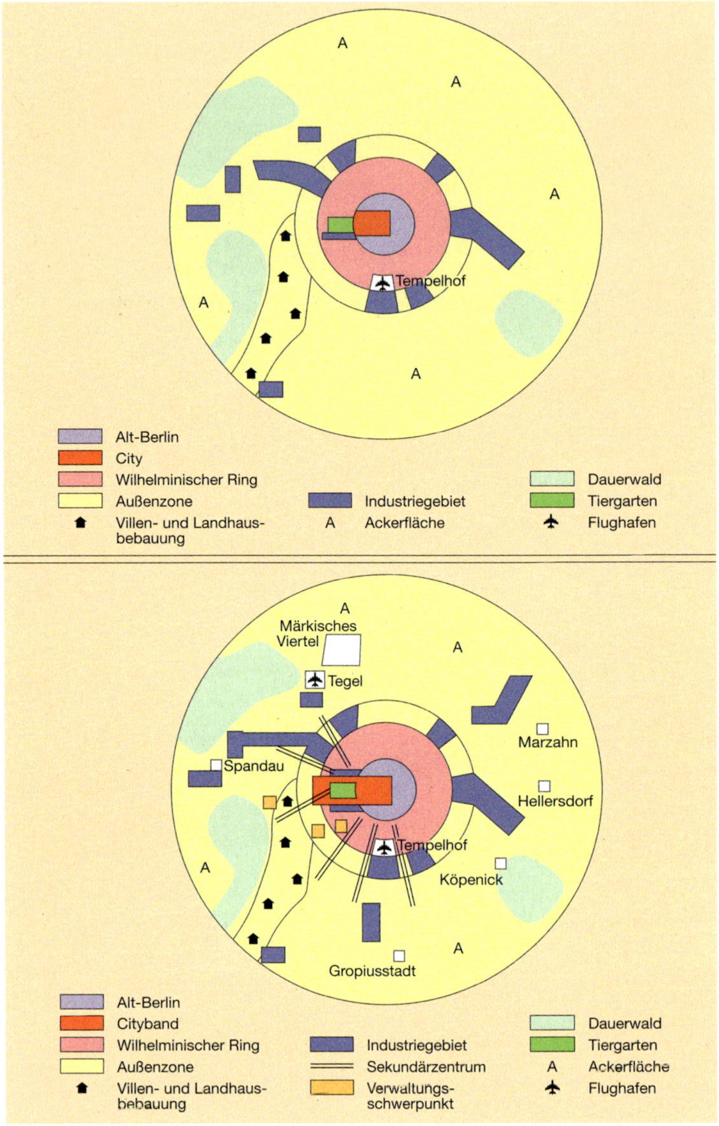

M1 Modell der Stadtstruktur Berlins (um 1940 und um 1990)

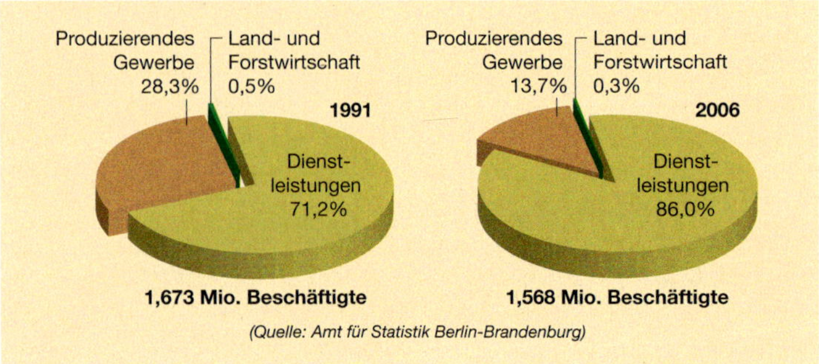

M2 Erwerbstätige 1991 und 2006

Metropole Berlin

Vor dem Zweiten Weltkrieg war Berlin die herausragende wirtschaftliche und kulturelle Metropole Deutschlands. Während der Teilung in Berlin-West und Berlin-Ost verlor die Stadt viele ihrer Funktionen. Seit der Wiedervereinigung Deutschlands vollzieht sich in Berlin ein Umwandlungsprozess.

Im Verlauf der industriellen Revolution des 19. Jahrhunderts entwickelte sich Berlin zur größten Industrie- und Dienstleistungsballung Deutschlands und zum drittgrößten Wirtschaftsstandort der Welt. Die zentrale Lage im Deutschen Reich und die nach Berlin führenden Fernverkehrswege schufen günstige Standortbedingungen für die Wirtschaft. Regierung, Finanz-, Kultur-, Bildungs- und Unternehmensdienstleistungen konzentrierten sich in Berlin. Viele Industriebetriebe mit modernen Produkten wurden gegründet. Berühmte Unternehmen wie Siemens und AEG trugen dazu bei, dass über die Hälfte aller Beschäftigten der Elektroindustrie Deutschlands in Berlin arbeitete. Weitere Branchen wie Maschinen-/Fahrzeugbau, Bekleidungsindustrie und Nahrungs-/Genussmittelindustrie ließen eine vielfältige Produktionsstruktur entstehen.

Mit der Industrialisierung waren auch massive Stadterweiterungen – Bau des Wilhelminischen Rings (Mietskasernen, hoch verdichtete Bebauung, Mischung von Gewerbe und Wohnen) und Entstehung von Villenvororten – verbunden.

Während der Teilung in Berlin-West und Berlin-Ost wanderten viele wichtige Bereiche aus Berlin-West ab. Siemens verlagerte den Hauptsitz nach München, das sich dadurch zum Zentrum der Elektro- und Elektronikindustrie entwickelte. Die Bundesbank zog nach Frankfurt am Main, Medien wählten Hamburg als Standort, Bundeshauptstadt wurde Bonn. In Berlin-Ost entstand eine auf dem Weltmarkt nicht konkurrenzfähige Produktion. In beiden Stadthälften Berlins herrschten staatlich subventionierte Verwaltung, Kultur und Forschung vor.

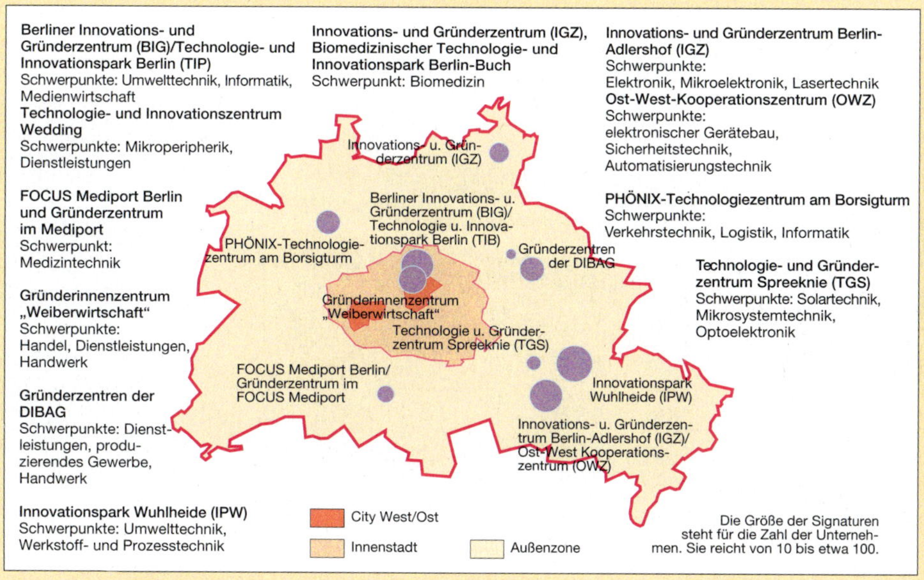

PHÖNIX-Technologiezentrum
ca. 50 Firmen aus den unterschiedlichsten Geschäftsbereichen (u. a. Medien, Software, Automatisierung, Gerätebau, Life Science)

M3 Technologieorientierte Gründerzentren 2005

Global City Berlin?

Nach der Wiedervereinigung kam es zu massiven Einbrüchen bei den Beschäftigtenzahlen. In Berlin-Ost gingen über 80 Prozent der Industriearbeitsplätze verloren und aus Berlin-West wanderten Industriebetriebe wegen der nicht mehr gewährten Subventionen ab. Auch im öffentlichen Bereich wurden viele Beschäftigte (z. B. Planungsbehörden und Ministerien aus Berlin-Ost) entlassen.

Erst langsam entwickelt sich Berlin zu einem wichtigen Zentrum für hochwertige Dienstleistungen in Deutschland. Mit dem Umzug der Regierung entstanden direkt (d. h. in der Regierung) und indirekt (z. B. in den Bereichen Botschaften, Gastronomie, Wachschutz, Transport) fast 60000 neue Arbeitsplätze. Es folgten viele Repräsentanzen von Unternehmen und Verbänden. Auch entwickelt sich die Stadt zum Zentrum für Medien (z. B. Fernsehen, Film-, Musikproduktion) und für Unternehmensdienstleistungen (z. B. Werbung, Beratung). Noch fehlen die für Global Cities wichtigen zahlreichen Hauptsitze von Unternehmen. Um Berlin herum (im Land Brandenburg) entwickelte sich ein „Speckgürtel“ mit neuen Einkaufszentren, Wohnquartieren und Gewerbegebieten.

Berlin fördert technologieorientierte Innovations- und Gründerzentren sowie die Zusammenfassung von Forschung und Entwicklung mit Produktion und produktionsnahen Dienstleistungen. Junge Unternehmen erhalten finanzielle Anschubhilfen. Zu den bevorzugten Ansiedlungen neuer Technologien zählen die Informations- und Kommunikationstechnologie, Medizintechnik und Biotechnologie, Laser-, Opto- und Umwelttechnik, Medienwirtschaft, Pharmazeutik und Verkehrstechnik.

Bisher sind überwiegend kleine, aber hoch spezialisierte Firmen entstanden, die häufig nur wenige Mitarbeiter beschäftigen. Dennoch tragen die Gründerzentren in erheblichem Maß zur wirtschaftlichen Belebung Berlins bei.

M4 Photonik-Zentrum Adlershof für Firmen aus dem Bereich Lasertechnik und Optoelektronik (Produkte und Verfahren zur Umwandlung von elektronisch erzeugten Daten in Licht)

1. Erkläre, warum sich Berlin vor dem Zweiten Weltkrieg zu einer herausragenden wirtschaftlichen und kulturellen Metropole entwickelte (Text, M1).
2. Berichte über den Bedeutungsverlust Berlins während der Teilung in Berlin-West und Berlin-Ost (Text).
3. Beschreibe den Strukturwandel nach dem Fall der Mauer (Text, M2).
4. Erläutere die Wirtschaftspolitik Berlins (Text, M3).
5. Diskutiert darüber, ob Berlin sich zu einer Global City entwickeln kann (Text, M2).

Das Ruhrgebiet – vom „Kohlenpott“ zur Zukunftswerkstatt

Kohlenhalde

Hardenberg-Hafen

Stahlwerk

Hochofenwerk

Großröhren-produktion

Arbeitersiedlung in Oberhausen

Kraftwerk Werne

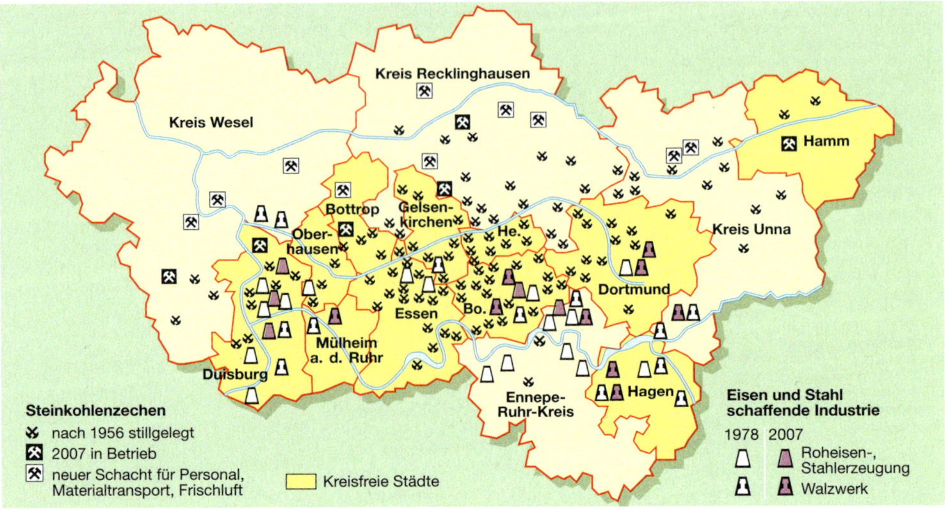

M1 Eisen- und Stahlindustrie, Zechenstandorte *(nach: RVR 2006, fortgeführt)*

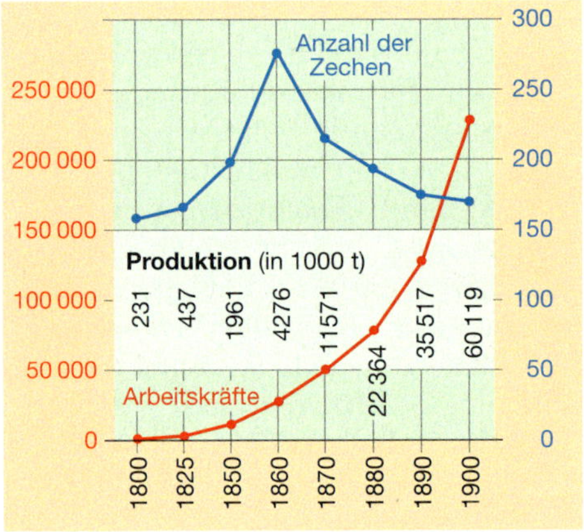

M2 Entwicklungen im Steinkohlenbergbau

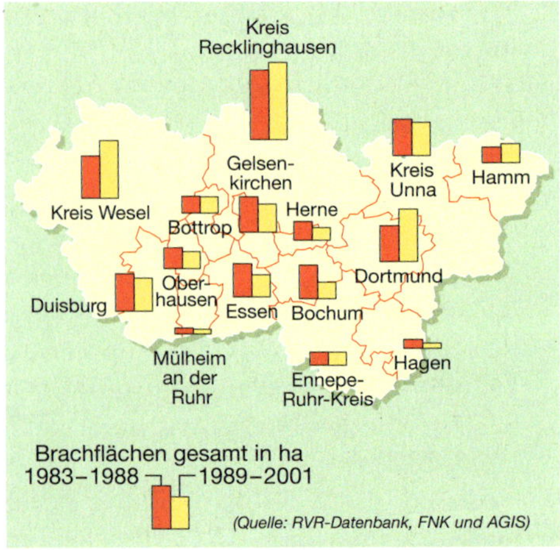

M3 Brachflächen im Ruhrgebiet 1983–2001

Entstehung des Ruhrgebietes
Das Ruhrgebiet bot für die sich Mitte des 19. Jahrhunderts ausweitende Eisen- und Stahlindustrie mit den Steinkohlenlagerstätten gute Standortbedingungen. Über Wasserstraßen und neue Eisenbahnverbindungen war es gut zu erreichen. Hochöfen, Stahlwerke und Maschinenfabriken wurden gebaut. Es kam zu einer starken Verdichtung von Industrie, Verkehrswegen und Siedlungen.

Probleme des Ruhrgebietes
Ende der 1950er-Jahre waren 500 000 Beschäftigte in den über 140 Steinkohlenzechen des Ruhrgebietes tätig. Heute wird Kohle für nur ein Drittel des Preises aus dem Ausland importiert. Die 35 000 Beschäftigten im Steinkohlenbergbau arbeiten nur noch aufgrund hoher Subventionen. Auch die Zahl der Beschäftigten in der Eisen- und Stahlindustrie ging von 220 000 (1970) auf weniger als 90 000 zurück. Baustähle werden in Entwicklungsländern billiger hergestellt und für Spezialstähle brauchen die modernen Betriebe wenig Personal. In allen Altindustriegebieten ist es schwierig, neue Industriezweige anzusiedeln. Aufgrund der hohen baulichen Verdichtung sind Ansiedlungsflächen knapp und teuer. Häufig ist der Boden belastet (kontaminiert).

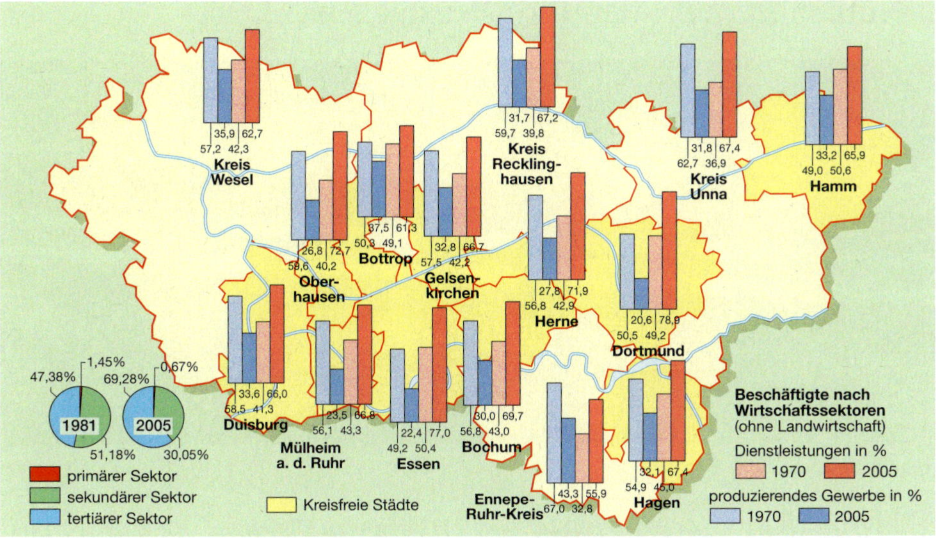

M4 Beschäftigte nach Wirtschaftssektoren *(nach: RVR 2005)*

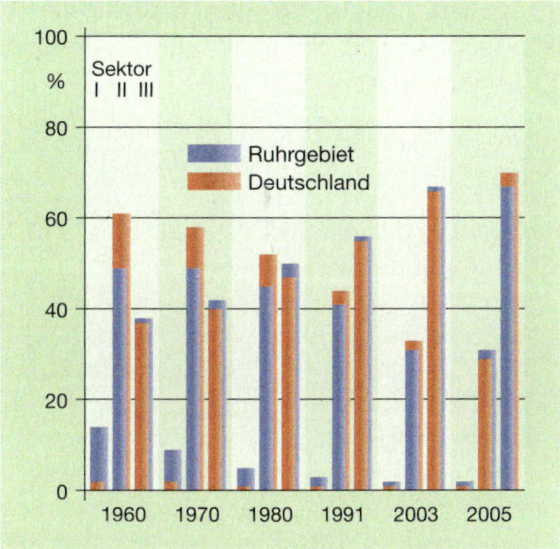

M5 Erwerbstätigenstruktur (in %)

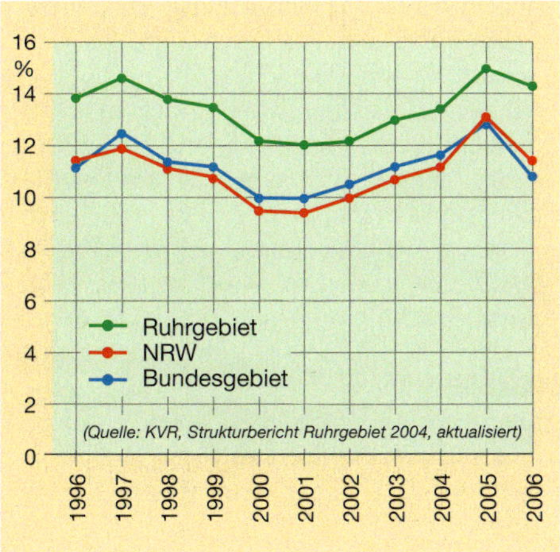

M6 Arbeitslosenquote 1996–2006

Hydro-Forming

Ehem. Zeche Erin

Ehem. Zeche Holland

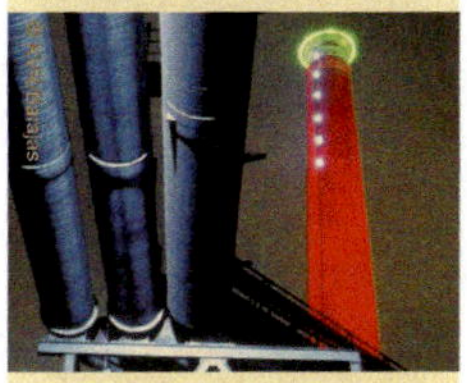

Landschaftspark Duisburg

Duisport

Gerhard-Mercator-Universität Duisburg

Strukturwandel

Die Bezeichnung „Kohlenpott“ für das Ruhrgebiet ist seit Ende der 1950er-Jahre nicht mehr zutreffend. In weniger als 20 Jahren hat dieser industrielle Verdichtungsraum sein Aussehen verändert. Ein schneller und umfassender Strukturwandel hat eingesetzt, der bis in die Gegenwart anhält. „Strukturwandel“ bedeutet hierbei mehr als nur Landschafts-, Industrie- oder Beschäftigungswandel. Er bedeutet auch Städte-, Siedlungs-, Bildungs- und Bewusstseinswandel.

Die regionale Wirtschaftspolitik versucht, durch Neuansiedlungen die Strukturprobleme auszugleichen. Bereits in den 1960er-Jahren wurde in Bochum ein Opelwerk angesiedelt. In den 1970er-Jahren erfolgte die Gründung von Universitäten (z. B. Bochum, Essen, Dortmund, Duisburg). Heute tragen Technologie- und Gründerzentren dazu bei, die Strukturprobleme zu lösen.

1. Erarbeite Merkmale des früheren „Kohlenpotts“ (Text, Bildleiste S. 108 links, M1, M2).
2. Berichte über Ursachen und Auswirkungen der Strukturkrise (Text, M1, M3).
3. Erläutere den sich im Ruhrgebiet vollziehenden wirtschaftlichen Strukturwandel (Text, M4–M6).
4. Beschreibe Maßnahmen, die den Strukturwandel vorantreiben sollen (Text, Bildleiste Seite 109 rechts).

Dortmund: Neue Nutzungen auf alten Industrieflächen

M1 Standort Phoenix in Dortmund vor 2001

Phönix: Fabelwesen der ägyptischen Mythologie, das als Erscheinung des Sonnengottes aufgefasst wurde: ein Vogel, der sich selbst verbrennt, um aus der Asche neugeboren emporzusteigen. Es ist Sinnbild der ewigen Erneuerung und Auferstehung.

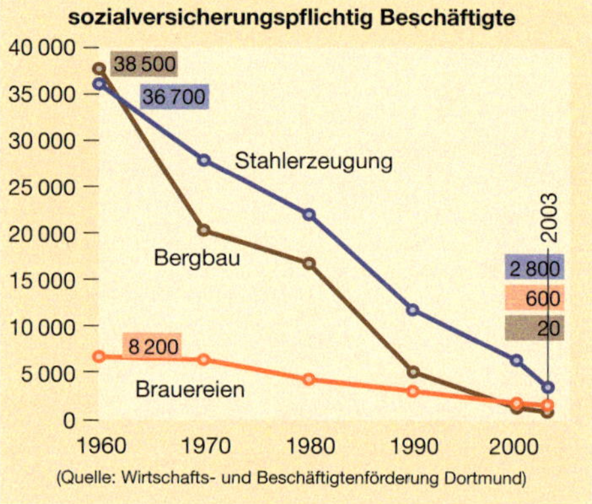

M2 Abbau der Montanindustrie

Hüttenwerk Phoenix

Bis 1998 erzeugte das Hüttenwerk Phoenix-West Stahl. Die Hochöfen wurden stillgelegt, nachdem der Stahlkonzern Thyssen-Krupp sich für den Standort Duisburg entschieden hatte.

M3 Der Standort Phoenix um 1927

Als die Schlote noch rauchten

„Es ist gerade kein schöner Anblick, der sich dem Wanderer bietet, der auf der Höhe im freien Dortmunder Felde stehend, im tiefen Tale Hörde mit seiner rauchschwangeren Luft liegen sieht.

Links tief liegend der eigentliche Phönix, der unzählige Schlote in den blauen Himmel streckt und aus dessen Warmbetrieben dicker gelber oder brauner Qualm, vermischt mit mannigfachen Ausdünstungen der Schornsteine, hervorquillt.

Rechts, höher gereckt, die typischen Hochöfen, die durch zuckende Lichter und leuchtend blaue Flammen [...] von der großen Hitze erzählen, die dort herrscht. [...]

Je mehr der Fremde der Stadt näherkommt, desto lauter macht der Rhythmus der Arbeit mit dröhnendem Schlag oder kurzem Gehämmer und anhaltendem Geknatter sein Trommelfell erschüttern.

Neugierig steckt der Eindringling seine Nase durch die Gitter des Burgtores, sieht mit staunenden Augen ein rot glühendes Stück Etwas sich bewegen und immer schmaler werden [hier wird ein Walzwerk beschrieben], entdeckt in dumpfen Büros Hunderte von Arbeitern und Angestellten, die mit Feder oder Schreibmaschine ihr Geld verdienen müssen. [...]

(nach: Hörder Zeitung von 1927)

M4 In Dortmund sprechen viele schon von einem „deutschen Silicon Valley“

Noch heute genießt Dortmund den Ruf, Kohle-, Stahl- und Bierstadt zu sein. Wegen der großen Bedeutung dieser traditionellen Industriesäulen wurde in den siebziger Jahren gern der Dortmunder „Dreiklang“ beschworen: Um sieben Millionen Tonnen Steinkohle zu fördern und sieben Millionen Tonnen Stahl zu erzeugen, müssen sieben Millionen Hektoliter Bier gebraut werden [...].

Ein neuer Dreiklang soll her. Software, Logistik und Microtechnik heißen die neuen Führungsregionen, die das Wirtschaftsprofil der Stadt schärfen und Arbeitsplätze schaffen sollen. [...]

Ein sehr ehrgeiziges Projekt trägt den Namen „Phoenix“. So heißt die 50 Hektar große, längst aufgegebene Hochofenfläche von Thyssen-Krupp. Die nahe dem Zentrum verkehrsgünstig gelegene Industriebrache soll in den kommenden zehn Jahren schrittweise entwickelt werden. Nicht eine Monostruktur, sondern die Ansiedlung von Firmen und New Economy und das Erschließen eines Wohngebietes mit einem See und Grünflächen als nahtloser Übergang zum Westfalenpark ist das Ziel.

(nach: FAZ vom 19. 6. 2000)

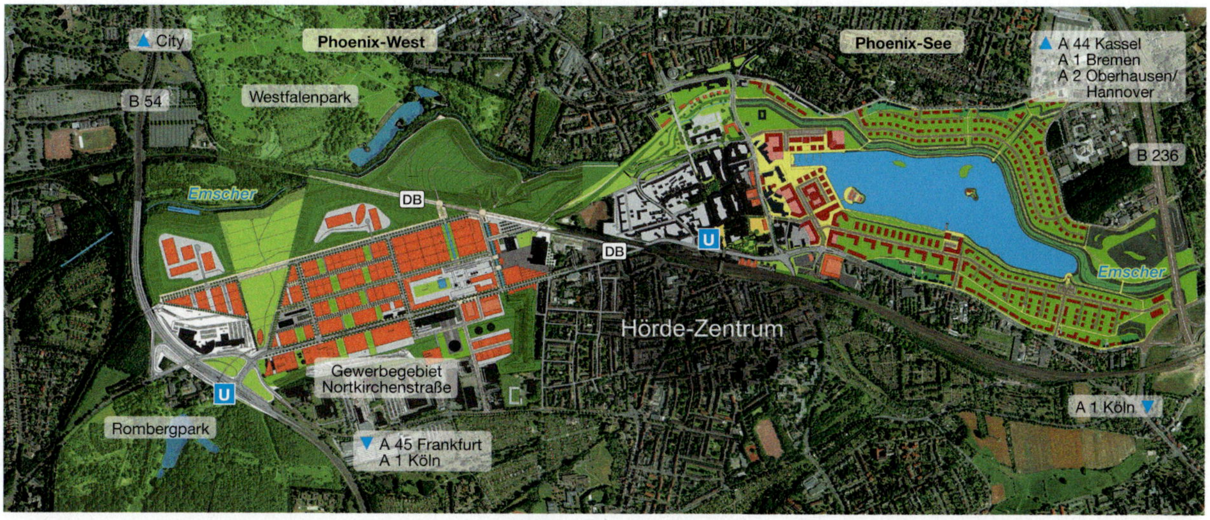

M5 Masterplan Phoenix-West und Phoenix-See 2004 *(nach: Stadt Dortmund und Architekturbüro Stegepartner)*

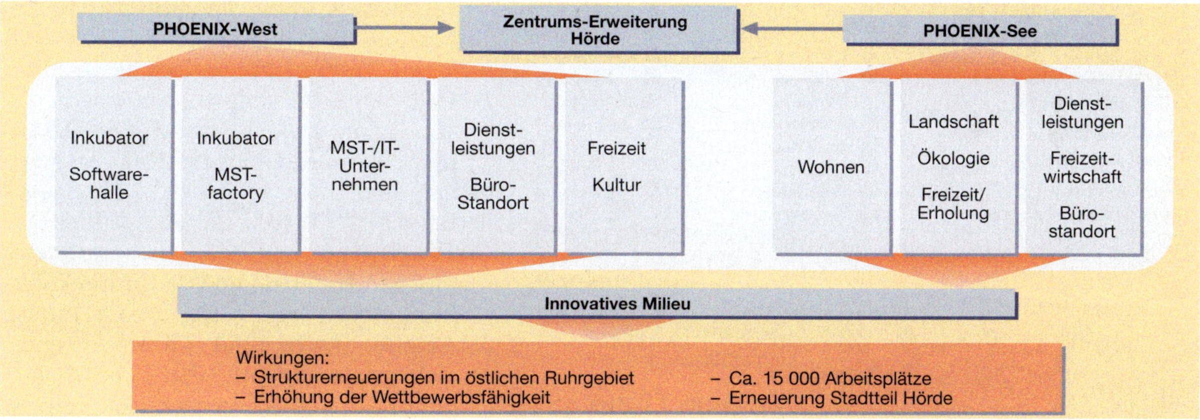

M6 Zukunftsstandort Phoenix – strategischer Ansatz (Inkubator = Brutkasten, MST = Mikrosystemtechnik)

Zukunftsstandort Phoenix

Anfang 2005 startete die MST-factory auf Phoenix-West, im Mai 2007 wurde der zweite Bauabschnitt eingeweiht. Hier können junge Unternehmen der Mikro- und Nanotechnologie Prototypen entwickeln. Schon zwei Monate später, im Juli 2007, war der Baubeginn für das Zentrum für Produktionstechnologie.

2005 begannen die Aushubarbeiten für den Phoenix-See, der größer sein wird als die Hamburger Binnenalster. An seinen Ufern sollen bis zu 1300 Wohneinheiten entstehen und Raum für 5000 Arbeitsplätze geschaffen werden. Die Vermarktung der neuen Gewerbeflächen auf Phoenix wird bis 2020 dauern.

M7 Phoenix in Zahlen

	Phoenix West	Phoenix-See
Entwicklungsfläche	110,0 ha	97 ha
davon:		
Erschließungsfläche	12,0 ha	13 ha
Grün-, Freiflächen	17,0 ha	10 ha
Halde und Grünkeil	35,5 ha	
Gewerbeflächen	45,5 ha	11 ha
Gewässerlandschaft		37 ha
Wohnen		26 ha

1. Beschreibe die Entwicklung von Phoenix bis 2001 (Text, M1–M3).
2. Erläutere den Masterplan 2004 (Text, M4–M7). Lokalisiere hierbei die in M7 genannten Nutzungsbereiche.
3. Vergleiche den alten und den neuen wirtschaftlichen „Dreiklang“ (Text, M4, M6).

Wirtschaftsräumlicher Strukturwandel im Raum Halle–Leipzig–Dessau

M1 Wirtschaftsraum Halle–Leipzig–Dessau heute

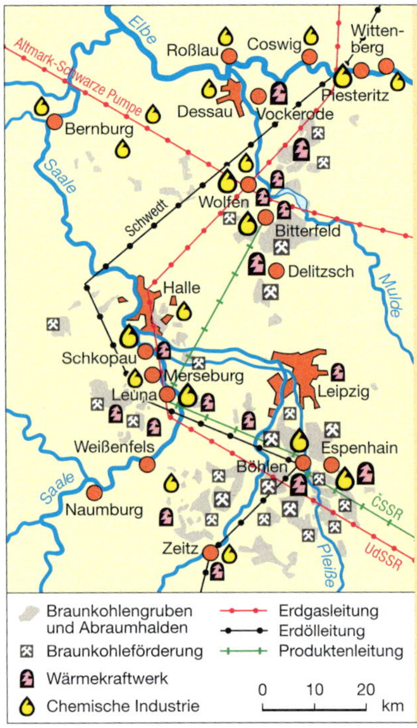

Chemiewerk Coswig:
Schwefelsäure

Agrochemie Piesteritz:
Kunstdünger

ORWO Wolfen:
Filme

Chemiekombinat Bitterfeld:
Aluminium, Kunststoffe

Chemische Werke Buna:
synthetischer Kautschuk, Kunstfasern

Leunawerke:
Kunstfasern

Hydrierwerke Espenhain und Zeitz:
Stadtgas, Benzin, Bitumen

Chemiekombinat Böhlen:
Benzol, Schmierstoffe, Äthylen

M2 Chemische Industrie in der DDR

Standortfaktoren und Strukturwandel

Der Großraum Halle–Leipzig–Dessau bildet die Kernregion des Mitteldeutschen Wirtschaftsraumes, an dem die Länder Sachsen, Sachsen-Anhalt und Thüringen Anteil haben. Er ist eines der ältesten Industriegebiete in Deutschland. Große Bedeutung erlangte dieser Raum vor allem durch den Braunkohlenbergbau und die chemische Industrie. Beide Bereiche sind auch heute noch die wichtigsten Wirtschaftsbereiche. Sie haben jedoch einen strukturellen Wandel erfahren.

Die Entwicklung wurde durch die Vorkommen wirtschaftlich verwertbarer Rohstoffe, den raschen Ausbau des Verkehrsnetzes sowie die zunehmende Ansiedlung von Bevölkerung als Arbeitskräfte und Verbraucher begünstigt. Bis 1989/1990 wurde die Industrialisierung in diesem Raum stark vorangetrieben. Die Betriebe der Großindustrie waren verstaatlicht und zu so genannten „volkseigenen Betrieben" (VEB) zusammengefasst.

Die Ballung von Großbetrieben der chemischen Industrie und von Braunkohlekraftwerken wirkte sich durch Rauch, Abgase, Asche und Lärmbelästigung sehr nachteilig auf die Lebensbedingungen in den Städten und Dörfern im Umkreis von 30 Kilometern aus. Die Zahl der Nebeltage nahm zu, der Wald war bereits seit Jahren stark geschädigt.

Mit dem politischen und wirtschaftlichen Wandel ab 1990 ergaben sich zahlreiche Veränderungen. Schwierig waren die Privatisierung der VEB sowie die Gründung neuer Mittel- und Kleinbetriebe. Zunächst kam es zu Produktionseinbrüchen, dann zu flächenhaften Stilllegungen von Produktionsanlagen und einem massiven Beschäftigungsabbau. Eine radikale Veränderung der Betriebsgrößen folgte.

Da im Großraum Halle–Leipzig–Dessau nahezu jeder zweite Arbeitsplatz an die chemische Industrie gebunden war, sprach vieles für den Erhalt dieses Wirtschaftsbereichs. Aus ökologischer Sicht gab es jedoch große Bedenken.

M3 Voraussetzungen der Industrie

Chemieparks

Das Chemieparkkonzept (1990) verkörpert eine Erfolg versprechende Strategie für die wirtschaftliche Umgestaltung der Region. Standortvorteile für die Neuansiedlung gleicher Branchen sind das große Potenzial an qualifizierten Arbeitskräften, eine hohe Akzeptanz der chemischen Industrie durch die Bevölkerung sowie das wissenschaftliche Potenzial in den Universitäten und Hochschulen in Leipzig, Halle und Merseburg.

Ähnlich wie bei Gewerbeparks bieten Chemieparks umfangreiche Leistungen der Infrastruktur an. Zu ihnen gehören beispielsweise Strom-, Rohrleitungs- und Verkehrsnetze zur Ver- und Entsorgung der Betriebe, aber auch vielfältige Serviceeinrichtungen. Mit diesem Angebot unterstützt das Chemieparkkonzept den Strukturwandel in der Region. Durch geringere Investitionskosten werden auch kleinere und mittlere Unternehmen gefördert. Ein höherer Spezialisierungsgrad und ein breiteres Produktangebot tragen zur Innovation der chemischen Industrie bei. Die Chemieparks in Bitterfeld, Schkopau und Leuna wirtschaften inzwischen erfolgreich.

M4 Meilensteine der Chemie

Das am Chemiestandort Leuna entwickelte Haber-Bosch-Verfahren gilt noch heute als das bedeutendste ökonomische Verfahren zur Herstellung von Ammoniak. Andere historische Meilensteine der Chemie um Halle und Leipzig waren die Entwicklung eines Verfahrens zur Herstellung synthetischer Treibstoffe, die Synthese von Perlon als Grundstoff für die Bekleidungsindustrie sowie die Entwicklung von synthetischem Kautschuk für die kostengünstige Herstellung von Autoreifen.

M5 Vier-Phasen-Plan zur Sanierung der Großchemie

Phase	Jahr	Ziele	Maßnahmen
1	1990	Sicherung des Überlebens	erste Betriebsstilllegungen, Sicherungsmaßnahmen, Bestandsaufnahme
2	1991	Strategieentwicklung	ökologisch-ökonomische Bewertung, Umweltschutzinvestitionen
3	1992	Privatisierung, Beginn der Sanierung	Beginn größerer Neubauvorhaben in den Bereichen Energie und Versorgung
4	seit 1993	strategische Neuausrichtung	Beseitigung von Altlasten

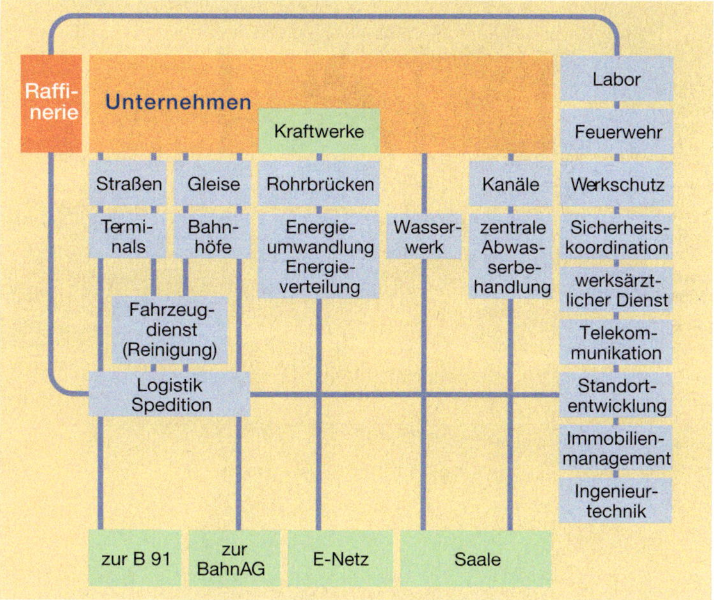

M6 Dienstleistungskonzept des Chemieparks Leuna

1. Werte die Karte „Wirtschaftsraum Halle–Leipzig–Dessau" aus (M1). Beschreibe dabei auch die räumliche Lage des Großraumes (Atlas).
2. Erläutere die Standortfaktoren, die eine industrielle Entwicklung des Großraums begünstigten (M3, Atlas).
3. Beschreibe die Verteilung der chemischen Industrie in der DDR bis 1989 (Text, M1, M2).
4. Erläutere die Probleme, die mit der Umgestaltung des Großraums 1989/1990 bewältigt werden mussten (Text, M5).
5. Erkläre die Strategie eines Chemieparkkonzeptes (Text, M4–M6).

Von der schwarzen zur weißen Industrie

M1 Steinkohlebergbau bei Zwickau (1955)

M2 Lokomotivbau im Chemnitz (1890)

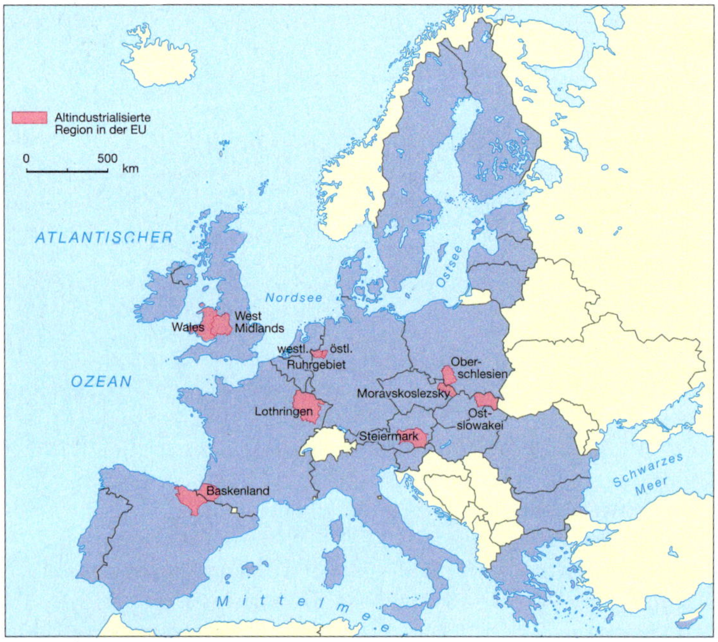

M3 Altindustrialisierte in Deutschland und in anderen EU-Staaten

Die Anfänge der Industrialisierung

Im Zeitalter der Industriellen Revolution (etwa 1760 bis 1850) war die Industrie rohstoff-, energie-, verkehrs-, arbeits- und absatzorientiert. Rohstoffe und Energie bildeten die Grundlage für die Schwerindustrie in den Mittelgebirgsregionen. Hier wurde die Energie gefällereicher Bäche und Flüsse genutzt. Als weiterer Gunstfaktor wirkte die Lage an schiffbaren Gewässern sowie an Eisenbahnlinien. Arbeitskräfte standen dort ausreichend und kostengünstig zur Verfügung, wo die landwirtschaftlichen Erträge nicht ausreichten und die Menschen zur Abwanderung zwangen.

Dieses räumliche Angebot an Produktionsfaktoren reicht aber zur Erklärung der traditionellen Standorte nicht aus. Die hochgradig industrielle Phase des 19. Jahrhunderts unterschied sich von den vorindustriellen Produktionsformen (Handwerk, Hausindustrie und Manufaktur) besonders durch die Herstellung von Gütern in großer Zahl und Menge (Massenproduktion). Arbeitsteilige Verfahrensweisen und der Einsatz von Maschinen kamen hinzu. Erfindungen wie die Spinning Jenny (1764) und die Dampfmaschine (1769) werden häufig als Ursache der Industriellen Revolution genannt. Es ist kein Zufall, dass diese „Revolution“ in England begann: Aufgrund des Holzmangels infolge frühzeitiger Entwaldung setzte man Koks statt Holzkohle zur Verhüttung ein. Damit begann der Aufstieg der Schwerindustrie dort früher als auf dem Festland.

Der Erfindergeist Gottlieb Daimlers ließ die Automobilindustrie im Raum Stuttgart entstehen. Mit der Fähigkeit, rationellere Produktionsmethoden zu entwickeln, schuf Adam Opel aus der eigenen Nähmaschinen- und Fahrradfabrik in Rüsselsheim ein weiteres Zentrum der Autoindustrie. Der Maschinenbau zählt in Deutschland bezüglich seines Umfangs, seiner Vielfalt, seines Spezialisierungsgrades und seiner Stellung als Exportindustrie noch heute zu den tragenden Säulen der Wirtschaft.

Auf dem Weg zur nachindustriellen Dienstleistungsgesellschaft

Die heimischen Rohstoffe haben ihre Bedeutung verloren. Die Unbeweglichkeit der Schwerindustrie, ihr hoher Investitionsbedarf, neue Energieträger sowie veränderte Ansprüche des Marktes in Bezug auf neue Produkte erforderten eine größere Produktvielfalt, neue Fertigungsmethoden und Fertigungstiefen. Wachsender Konkurrenzdruck zwang die Unternehmen zur Rationalisierung und Automation. Dieser Zeitabschnitt gilt als zweite Phase der Industriellen Revolution.

Heute sind andere Faktoren ausschlaggebend. Um Kosten zu sparen, werden Alternativen bei der Wahl des Standortes analysiert. Daneben spielen auch politische Gründe – wie die Ausweitung des EU-Binnenmarktes – eine Rolle. Traditionelle Gunsträume verlieren ihre Vorzüge, die alten Schwerindustrieregionen zählen nun zu den von tiefen Krisen betroffenen Regionen.

Neue Wirtschaftsräume (z.B. in Süddeutschland) und deren „weiche" Standortfaktoren gewinnen an Bedeutung. Der Freizeitwert, eine gesunde Umwelt sowie die Wohnqualität beeinflussen Standort- und Arbeitsplatzwahl. Auch die Nähe von Bildungs-, Ausbildungs- und Forschungseinrichtungen wird als positiv bewertet. Oft fördern das Land, der Kreis und die Gemeinde die Ansiedlung von neuen Gewerbegebieten, indem sie den Ausbau der Infrastruktur bezahlen.

Steigende Spezialisierung ließ mehr und mehr Dienstleistungs- und Handelsunternehmen entstehen. Deutschland ist kein Industriestaat mehr, denn wir befinden uns bereits in einer nachindustriellen Dienstleistungsgesellschaft. Die Entwicklung – weg von den Rohstoffen, hin zu Hightech, zu Mikroelektronik, Informationstechnologie und Multimedia – erfasst alle Bereiche des privaten und beruflichen Lebens. Wie einst beim Übergang von der Agrar- zur Industriegesellschaft hat dieser Wandel umfassende Veränderungen der wirtschaftlichen, sozialen und politischen Strukturen zur Folge.

M4 Chip-Produktion in Dresden

M5 Am Kontrollpult eines Walzwerkes im Ruhrgebiet

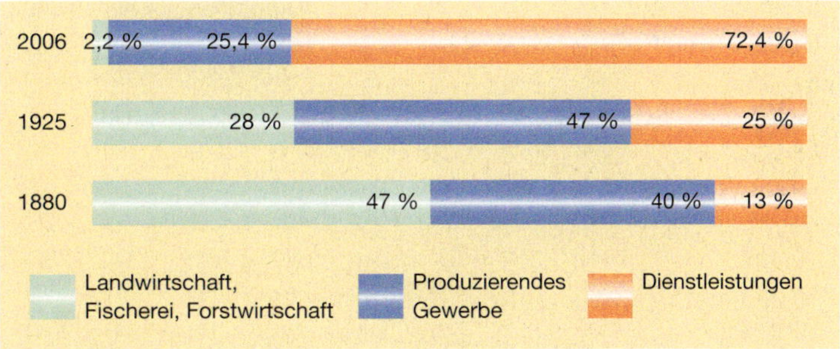

M6 Erwerbstätige nach Wirtschaftsbereichen in Deutschland

1. Unterscheide die heutige Industrie von ihren Vorläufern (Text, M1, M2, M4, M5).
2. Benenne Räume, die erhebliche Probleme mit dem Strukturwandel haben (M3). Beschreibe diese Probleme.
3. Kommentiere die Behauptung, dass wir uns in einer nachindustriellen Dienstleistungsgesellschaft befinden (Text, M6).

Wirtschaftsräume in Deutschland

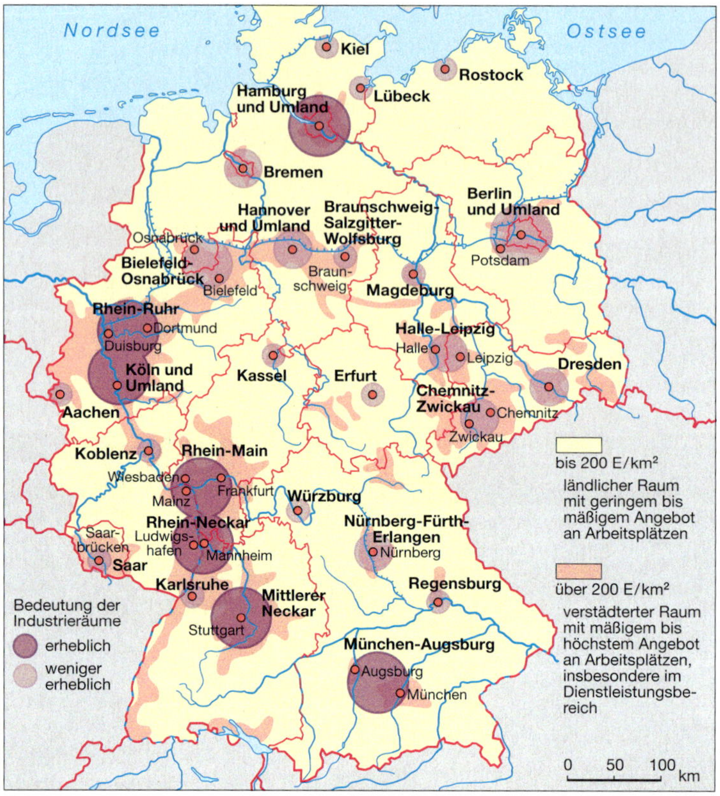

M1 Wirtschaftsräume in Deutschland

M2 Erwerbstätige 1996 und 2006 (in 1000) *(Quelle: Statistisches Jahrbuch 2007)*

	Insgesamt		Primärer Sektor		Sekundärer Sektor		Tertiärer Sektor	
Länder	1996	2006	1996	2006	1996	2006	1996	2006
Baden-Württ.	5047	5438	121	102	1892	1784	3034	3552
Bayern	5976	6409	223	192	1985	1844	3767	4373
Berlin	1596	1568	9	5	348	214	1240	1349
Brandenburg	1074	1015	50	37	343	226	680	751
Bremen	380	386	1	1	98	81	281	303
Hamburg	1005	1062	6	5	200	160	799	897
Hessen	2909	3043	50	44	863	692	1996	2308
Meckl.-Vorp.	768	711	35	28	216	131	517	551
Niedersachsen	3346	3556	127	116	978	872	2241	2567
Nordrh.-Westf.	7886	8474	120	127	2555	2074	5211	6274
Rheinl.-Pfalz	1667	1797	52	50	520	465	1096	1282
Saarland	476	508	4	4	156	144	316	360
Sachsen	2005	1906	59	42	693	505	1253	1359
Sachsen-Anh.	1120	994	36	29	381	233	703	732
Schlesw.-Holst.	1202	1236	41	40	303	242	857	954
Thüringen	1043	1003	38	27	353	289	652	687
Deutschland	37498	39106	971	849	11886	9958	24641	28299

Von der Agrar- zur Dienstleistungsgesellschaft

Seit der zweiten Hälfte des 19. Jahrhunderts entwickelte sich Deutschland äußerst schnell von einem Agrar- zu einem Industriestaat. Nach der Gründung des Deutschen Reiches 1871 bildete sich das Grundmuster der industriellen Ballungsgebiete heraus, das heute noch erkennbar ist.

Die Industrialisierung brachte den Übergang von der handwerklichen Einzelfertigung in häuslichen Werkstätten zur arbeitsteiligen Massenproduktion in Fabriken. Die maschinellen Produktionsverfahren schufen viele Arbeitsplätze. Es kam zu einer dichten Ansiedlung von Menschen, Industrie, Verkehr und Dienstleistungen in großen Städten.

Deutschland ist ein wirtschaftlich hoch entwickeltes Land. Die Güterproduktion und die Dienstleistungen sind durch eine breite Branchenstruktur gekennzeichnet, deren Standorte in unterschiedlicher Dichte und Anordnung über das Land verteilt sind. Ballungsgebiete und ländliche Räume bestimmen die räumliche Ordnung.

Globalisierung

Seit Jahrzehnten verändern sich mit zunehmendem Tempo die Bedingungen für die industrielle Produktion und für den Dienstleistungsbereich. Weltweiter Wettbewerb auf offenen Märkten und wachsende Beweglichkeit von Menschen, Gütern, Kapital und Informationen führen zur Globalisierung. Deutschland profitiert zwar von der Globalisierung, verliert aber auch Arbeitsplätze, weil Industriegüter in Niedriglohnländern billiger hergestellt werden können.

Hochwertige Dienstleistungen sind nicht mehr an einen Ort gebunden. Informationen und Wissen werden zu einem entscheidenden Produktionsfaktor. Viele neue Tätigkeiten beruhen auf einer hochwertigen Ausstattung mit Transport-, Informations- und Kommunikationstechniken. Die Dienstleistungsgesellschaft ist auf Informations- und Wissensvermittlung angewiesen.

M3 Ausgewählte Wirtschaftstandorte in Deutschland

Wirtschaftsraum (Mio. Einw.)	Einflussfaktoren der Standortbildung	Standortprofil Wirtschaftszweige (wichtige Branchen) GP = Grund- und Produktionsgüter, I = Investitionsgüter, V = Verbrauchsgüter, NG = Nahrungsgüterindustrie; HD = hochrangige Dienstleistungen, KD = konsumorientierte Dienstleistungen
Kiel 0,25	Seehafen, Marine, Lage am Nord-Ostsee-Kanal, gute Wasserstraßenanbindung	I: Schiffsbau, Maschinenbau (Lokomotiven, Großmotoren), Schiffstechnik , marine Technologie; NG; V; HD (Landesregierung); KD: Druckerei
Hamburg und Umgebung (3,0)	Seehafen, gute Verkehrsanbindung zum Hinterland, Wärmekraftwerke, Hochschulen	GP: Erdölverarbeitung, Buntmetall-, Aluminiumherstellung; I: Schiff-, Flugzeug-, Maschinenbau, Chemie; V: Elektrotechnik, Fahrzeugbau, Druckerei; NG; HD; KD
Rhein-Ruhr (10,0)	Bergbau, gute Verkehrsanbindung, Wärmekraftwerke, Hochschulen	Steinkohle; GP: Stahl-, Buntmetallherstellung, Gießerei, Erdölverarbeitung, Chemie; I: Maschinenbau; V: Metall, Fahrzeugbau, Elektrotechnik; NG; KD
Berlin und Umgebung (4,0)	Randlage, mäßige Verkehrsanbindung, Hochschulen, Bundeshauptstadt	I: Chemie, Metall, Maschinenbau; V: Elektrotechnik, Elektronik, Feinmechanik, Optik, Fahrzeugbau, Druckerei, Textilien, Bekleidung; NG; HD (Bundesregierung); KD
München Augsburg (3,0)	gute Verkehrsanbindung, Großflughafen, Hochschulen, hoher Freizeitwert	GP: Chemie; I: Maschinenbau, Hightech, Luft- und Raumfahrttechnik; V: Elektronik, Elektrotechnik, Feinmechanik, Fahr-zeug-, Schienenfahrzeugbau, Zellulose, Papier, Textilien, Bekleidung; NG; HD; KD

Industriestandorte in Deutschland
Die Wahl des Standortes der Gütererzeugung hat Einfluss auf den wirtschaftlichen Erfolg eines Unternehmens. Früher war häufig die Verfügbarkeit von Rohstoffen ausschlaggebend. Heute sind bei der Standortwahl vor allem der Ausbildungsgrad der Menschen und die Qualität der Verkehrs- und Kommunikationsstruktur wichtige Einflussfaktoren. Hightech-Industrien sind nahezu unabhängig von Rohstoffen. Die Konkurrenz auf weltweiten Märkten erfordert kostengünstige Produktionsverfahren. Eine Verschlankung des Unternehmens durch Just-in-time-Produktion, bei der Lastwagen zu rollenden Lagerhäusern werden, ist ein Lösungsversuch.

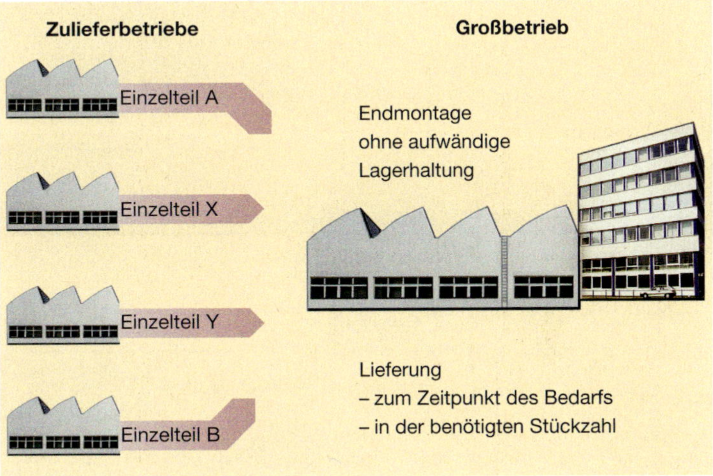

M4 Just-in-time-Produktion

Flächenanspruch der Wirtschaft
Land- und Forstwirtschaft haben einen großen, Bergbau, Industrie und Verkehrseinrichtungen hingegen einen kleineren Flächenbedarf. Am geringsten ist der Flächenanspruch des Dienstleistungsbereichs. Bei einer Ballung von Standorten ergeben sich Kostenvorteile, die zum Beispiel von Gewerbegebieten und Geschäftsvierteln genutzt werden.

1. Beschreibe das Grundmuster der wirtschaftsräumlichen Gliederung Deutschlands (M1, Atlas).
2. Erkläre an Beispielen die Herausbildung von Wirtschaftsräumen (M1, M3).
3. Berichte über Veränderungen der Arbeitswelt seit Mitte des 19. Jahrhunderts (Text, M4).
4. Erläutere die Standortbedingungen ausgewählter Industriestandorte (Text, M1, M3).
5. Untersuche die Veränderungen in der Zahl der Beschäftigten (M2). Zeichne für Schleswig-Holstein ein Diagramm.

Wir führen eine WebGIS-Untersuchung durch: BIP pro Kopf

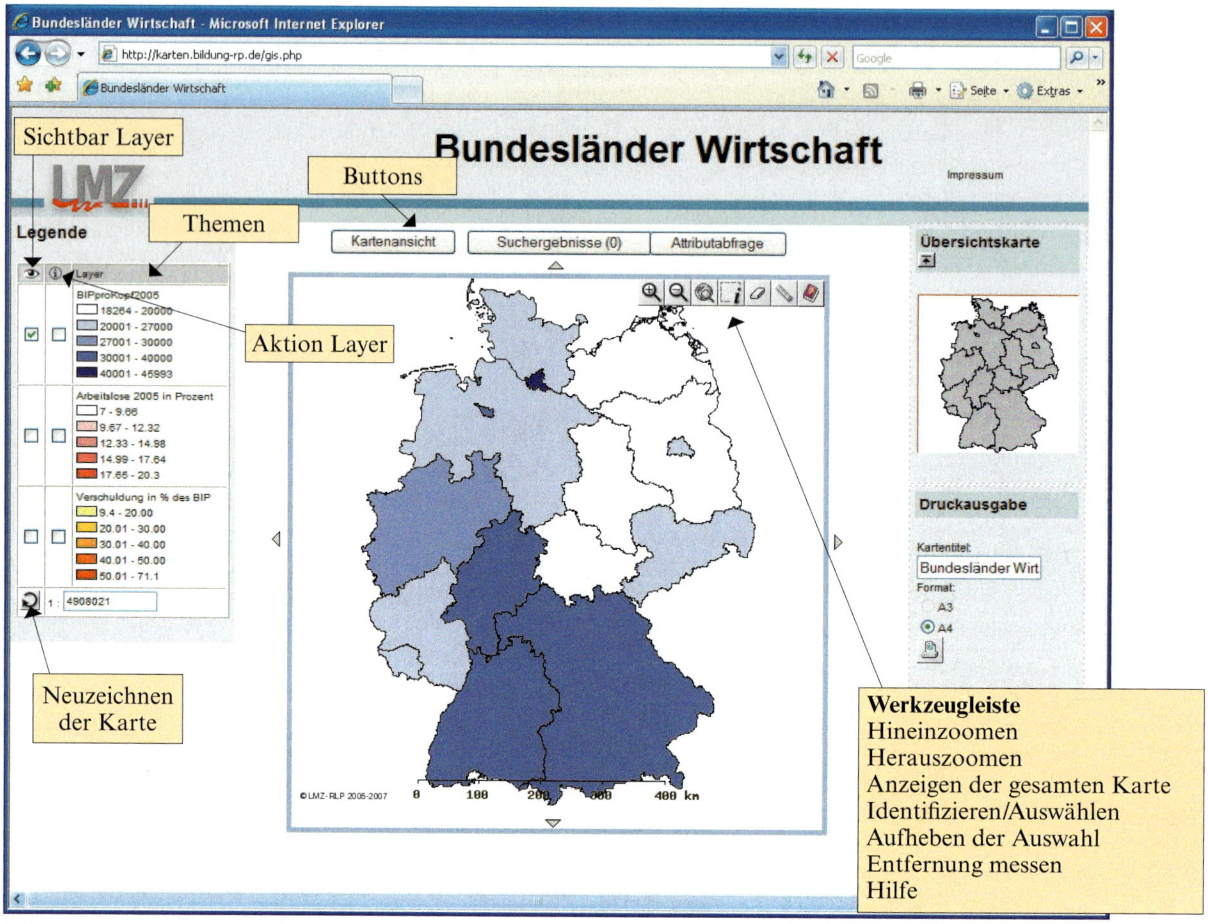

M1 Erklärung zu ausgewählten Funktionen

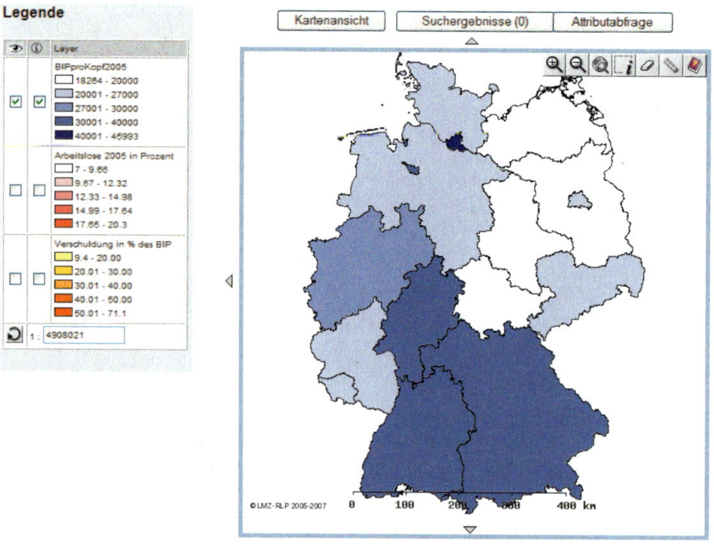

M2 Untersuchungsgegenstand Schleswig-Holstein

Bei Navigationssystemen, Web-Stadtplänen (GoogleEarth) oder Routenplanern handelt es sich um Geoinformationssysteme (GIS). Geoinformationssysteme sind Datenbanksysteme, die Daten enthalten, die einen Raumbezug haben, d. h., die Lager der Verteilung der einzelnen Objekte sind bekannt. Datenbanksysteme dienen der Speicherung, Verarbeitung und Analyse von großen Datenmengen. Ein WebGIS ist ein GIS, das über das Internet aufgerufen werden kann. Die Vielfalt der Einsatzmöglichkeiten nimmt ständig zu. Daten liefern z. B. Landesvermessungsämter und Städte. Im Folgenden soll die Verteilung des Bruttoinlandsproduktes (BIP) in Deutschland mithilfe des WebGIS.bildung-rp.de aus Rheinland-Pfalz näher untersucht werden.

M3 Arbeitsschritte für die WebGis-Untersuchung

1. Schritt:
Öffne den WebGIS-Server
http://webgis.bildung-rp.de/kartendienste/bundeslaender-wirtschaft.html
2. Schritt:
Klicke auf den Kartendienst Bundesländer Wirtschaft – BIP/Kopf 2005
3. Schritt:
Klicke unter Legende bei Layer BIP pro Kopf 2005 auf die beiden Kästchen (M4). Achte darauf, dass die anderen Kästchen nicht markiert sind.
4. Schritt:
Klicke in der Werkzeugleiste mit der linken Maustaste auf „identifizieren".
5. Schritt:
Klicke mit linken Maustaste in der Karte auf Schleswig-Holstein.
6. Schritt: ein Bundesland erfassen
Klicke auf den Button „Suchergebnisse" (1). Das Suchergebnis wird als Tabelle angezeigt. (M3) Wenn du „Übersichtskarte" anklickst, erscheint nur die Tabelle ohne Karte.

Ihre Abfrage des Layers: BIPproKopf2005 hat 1 Datensätze selektiert:

FLAECHE	NAME	BIPPKOPF03	BIPPKOPF05	BEV_05	A_LOSE_05	SCHULD_BIP
15779.96611	Schleswig-Holstein	23773	24381	2833000	11.6	32.7

7. Schritt:
Klicke auf den Button „Kartenansicht", um zurück zur Karte zu kommen.
8. Schritt: alle Bundesländer erfassen
a) Klicke „identifizieren" an, halte die rechte Maustaste gedrückt und fahre über die gesamte Karte.
b) Klicke mit der rechten Maustaste „Suchergebnisse" (16) an.
Die Tabelle zeigt nicht nur das BIP pro Kopf 2005, sondern auch weitere Einzelheiten (M5).
9. Schritt: Attributabfrage
Aufgabe des Button
a) Klicke auf „Attributabfrage".
b) Bilde nun in dem Fenster eine Abfrage an das WebGIS (M6), die die Bundesländer finden soll, die ein BIP 2005/Kopf von 30 000 Euro und mehr haben (BIPPKOPF05 >=30 000).
c) Schaue dir nun das Ergebnis der Tabelle und der Karte an. Was fällt auf?

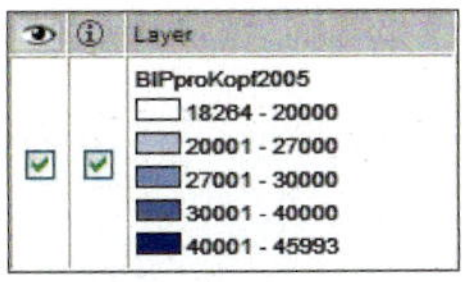

M4 Legende und Layer

1. Ordne die Bundesländer in einer Tabelle nach Fläche, Einwohnerzahl, BIP pro Kopf 2005 und Arbeitslosenrate (M5).
2. Beschreibe die unterschiedliche Verteilung des BIP in Deutschland (M1).
3. Erkläre die regionalen Unterschiede beim BIP pro Kopf. Ziehe zur Erklärung die Karte „Wirtschaftsräume in Deutschland" (S. 116) heran.
4. Ermittle mithilfe der Attributabfrage die Bundesländer mit einem BIP pro Kopf 2005 unter 20 000 Euro.

Ihre Abfrage des Layers: BIPproKopf2005 hat 16 Datensätze selektiert:

FLAECHE	NAME	BIPPKOPF03	BIPPKOPF05	BEV_05	A_LOSE_05	SCHULD_BIP
15779.96611	Schleswig-Holstein	23773	24381	2833000	11.6	32.7
748.11871	Hamburg	44467	45992	1744000	11.3	25.9
47752.57237	Niedersachsen	22932	23534	7994000	11.6	29.0
397.17208	Bremen	35481	36927	663000	16.8	49.8
34115.72955	Nordrhein-Westfalen	25985	27080	18058000	12.0	26.4
21114.24019	Hessen	31621	32454	6092000	9.7	19.3
19858.14409	Rheinland - Pfalz	23147	24007	4059000	8.8	29.4
36008.67136	Baden-Württemberg	29685	30818	10736000	7.0	13.9
70652.02741	Bayern	31004	32408	12469000	7.8	9.4
2572.31957	Saarland	25107	26090	1050000	10.7	32.4
891.66601	Berlin	23194	23470	3395000	19.0	71.1
29715.22280	Brandenburg	18348	18755	2559000	18.3	38.3
23116.62268	Mecklenburg-Vorpommern	17777	18264	1707000	20.3	38.8
18501.86416	Sachsen	19260	20033	4274000	20.3	20.3
20563.26425	Sachsen-Anhalt	18190	19376	2470000	20.3	47.0
16205.99362	Thüringen	18194	19047	12469000	17.1	39.4

M5 Suchergebnisse für alle Bundesländer

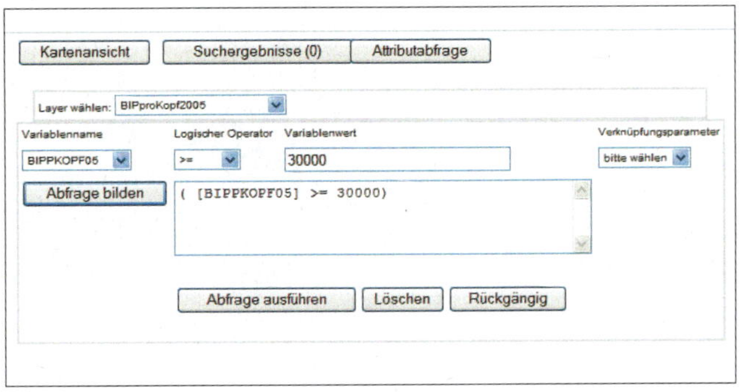

M6 Attributabfrage in WebGIS

Metropolregion Hamburg

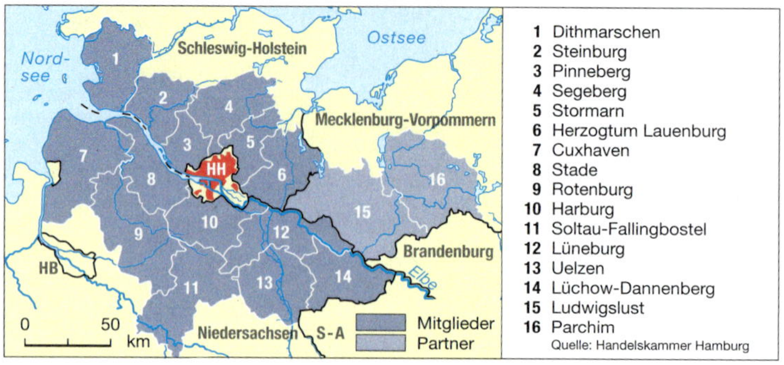

M1 Metropolregion Hamburg

M2 Einwohner und Pendler in der Metropolregion

Kreis	Einwohner 31.12.2006	Einpendler 2006 nach HH aus	Auspendler 2006 aus HH nach
Hamburg	1754182		
Dithmarschen	136829	1767	238
Steinburg	135834	5274	799
Pinneberg	300402	39228	11017
Segeberg	257749	28514	11049
Stormarn	225232	32632	14089
Hzgt. Lauenburg	186911	29079	3023
Cuxhaven	204235	1685	130
Stade	197122	18306	1606
Rotenburg	164958	3077	310
Harburg	242748	39084	5152
Soltau-Fallingbostel	142234	1951	287
Lüneburg	175906	8542	865
Uelzen	96458	1350	166
Lüchow-Dannenberg	50787	373	38
Metropolregion	4271678	210862	48769
Ludwigslust	127310	3741	309
Parchim	101279	1488	77

(Quelle: Handelskammer Hamburg)

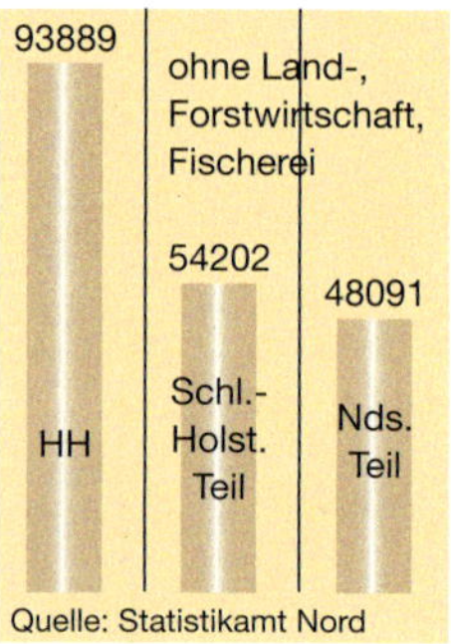

M3 Betriebe 2006

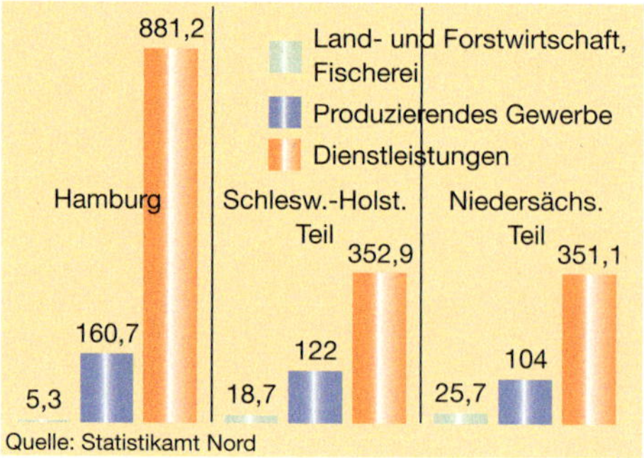

M4 Erwerbstätige 2005 (in 1000)

Verflechtungen

Bereits vor dem Zweiten Weltkrieg gab es eine grenzüberschreitende Zusammenarbeit zwischen Hamburg und seinen Nachbarländern. 1955 und 1957 vereinbarte die Hansestadt mit Schleswig-Holstein und Niedersachsen bilaterale Landesplanungen. Zunächst ging es um den Ausbau und die Weiterführung der U-Bahn-Strecken in das Hamburger Umland.

Es folgte das Achsenmodell mit fünf von Hamburg nach Schleswig-Holstein ausgehenden Entwicklungsachsen (Elmshorn, Kaltenkirchen, Bad Oldesloe, Schwarzenbek und Geesthacht) sowie drei Entwicklungsachsen nach Niedersachsen (Stade, Buchholz und Lüneburg). Mit den sternförmig angelegten Achsen sollte eine ringförmige Ausuferung Hamburgs und eine Zersiedlung des Umlandes vermieden werden.

Wie wichtig die Zusammenarbeit zwischen Hamburg und den Umlandgemeinden war, zeigte sich in den 1970er-Jahren, als viele Menschen aus der Kernstadt in das Umland zogen und sich ebenfalls Gewerbebetriebe wegen günstiger Grundstückpreise und steuerlicher Vorteile ansiedelten. Während der Pendlerverkehr stark zunahm, gingen ökologisch bedeutsame Flächen durch die Bebauung verloren.

So war es nur folgerichtig, die Zusammenarbeit zu verstärken. Die große Lösung – ein Nordstaat – kam nicht zustande. Statt dessen entstand die Metropolregion Hamburg. Schleswig-Holstein, Niedersachsen und Hamburg setzen daher auf trilaterale Kooperation.

Inzwischen geht es auch um regionale Wirtschafts- und Arbeitsentwicklung oder um Bildung und Wissenschaft. Die Neuausrichtung seit 2006 hat zum Ziel, die Zusammenarbeit über die Verwaltungsgrenzen hinweg zu intensivieren. Als neues Aufgabenfeld wird die Wettbewerbsfähigkeit angesehen, damit die Metropolregion in der internationalen Standortkonkurrenz bestehen kann.

M5 Maßnahme in der Tourismusbranche

Austauschbeziehungen

Die Metropolregion umfasst heute 800 Städte und Gemeinden mit mehr als 4,2 Millionen Einwohnern. Hamburg und die Umlandkreise bilden einen einheitlichen Wirtschaftsraum sowie einen gemeinsamen Arbeitsmarkt. Täglich kommen mehr als 280 000 Pendler nach Hamburg, und zwar nicht nur aus der Metropolregion, sondern auch aus Bremen, Hannover, Mecklenburg-Vorpommern und Brandenburg.

Hamburger Unternehmen sind auf schleswig-holsteinische und niedersächsische Zulieferer angewiesen, diese wiederum auf Hamburger Dienstleistungsunternehmen.

Das Umland trägt zur Nahrungsmittel- und Wasserversorgung bei, die Metropole übernimmt für viele Gemeinden die Abwasserreinigung und die Müllverbrennung. Absprachen und Informationsaustausch erfolgen bei der Neunutzung von ehemaligen Industrieflächen und Kasernenanlagen sowie bei der Bereitstellung von Flächen für neue Einkaufszentren.

Der Hamburger Hafen bleibt nur dann wettbewerbsfähig, wenn die Zufahrt auf der Elbe gewährleistet ist. Deshalb haben sich Schleswig-Holstein und Niedersachsen verpflichtet, das bei der Elbvertiefung anfallende Baggergut abzunehmen.

Kritiker sehen trotz der Zusammenarbeit zwischen Hamburg und dem Umland auch Probleme. Hamburg sei vor allem an der Metropolregion interessiert und würde als wirtschaftsstärkster Partner alle Zuständigkeiten bündeln. Schleswig-Holstein setzt sich der Gefahr aus, wirtschaftlich geteilt zu werden.

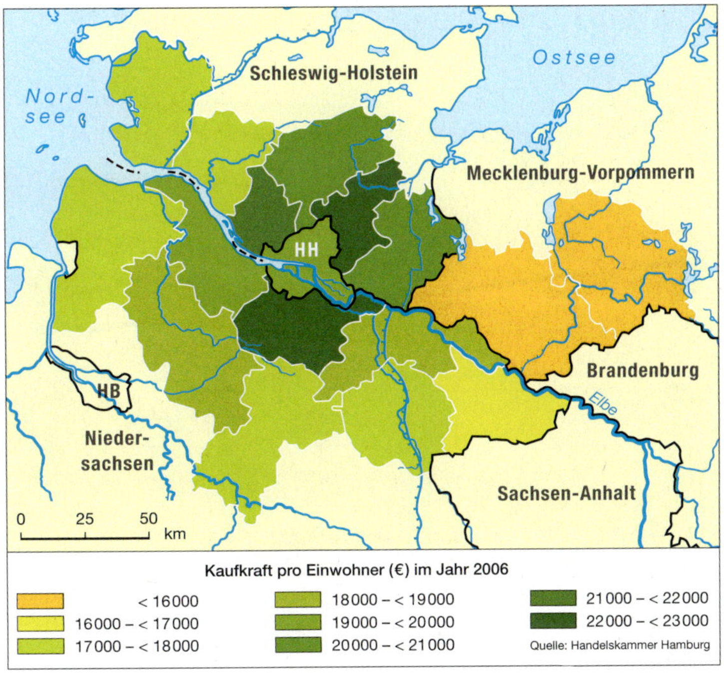

M6 Kaufkraft je Einwohner in der Metropolregion 2006 (in €)

M7 Schwierige Zeiten für den „Speckgürtel"

Hamburg/Kiel/dpa - Schleswig-Holsteins Landkreise im Hamburger Umland müssen sich trotz der guten Entwicklung in den vergangenen Jahren eventuell auf schwierigere Zeiten einstellen. Danach wird als Folge der demographischen Entwicklung die Bevölkerung in diesen Landkreisen nur noch wenig wachsen und stark altern. Auch die Zahl der Umzüge von Hamburgern in das schleswig-holsteinische Umland dürfte demnach abnehmen.

Das zieht sich auch durch zahlreiche andere Bereiche wie Wirtschaftskraft oder Attraktivität für Zuzügler. Durch den Rückgang der Geburten werden die Einwohnerzahlen der Landkreise ab 2015 kaum noch steigen. Eine Schrumpfung der Bevölkerung wird aber in ländlichen Räumen Schleswig-Holsteins wie Dithmarschen eine gewichtige Rolle spielen, während die Region im Umland der Metropole Hamburg weitaus mehr durch Alterungsprozesse der Bevölkerung betroffen sein wird.

(Quelle: Norddeutsche Rundschau vom 4. 10. 2007)

1. Beschreibe die räumliche Ausdehnung der Metropolregion Hamburg und fasse die dortige Bevölkerungsverteilung zusammen (M1, M2).
2. Entwirf eine thematische Karte, welche die Pendlerströme darstellt (M2, Atlas).
3. Führe Gründe für die Verflechtung von Kernstadt und Umlandgemeinden auf (Text, M5).
4. Erläutere die regionalen Unterschiede zwischen Metropole und Umland (M4, M6).
5. Nimm zu den Problemen im „Hamburger Speckgürtel" Stellung (Text, M7).

Strukturwandel in der Landwirtschaft

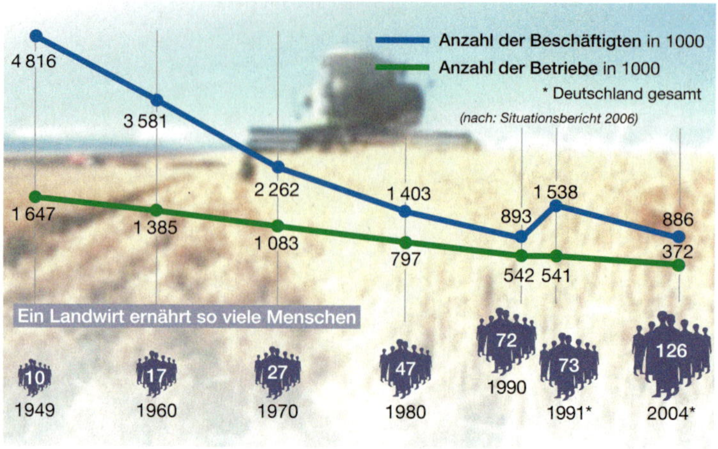

M1 Anzahl der Betriebe und Erwerbstätigen

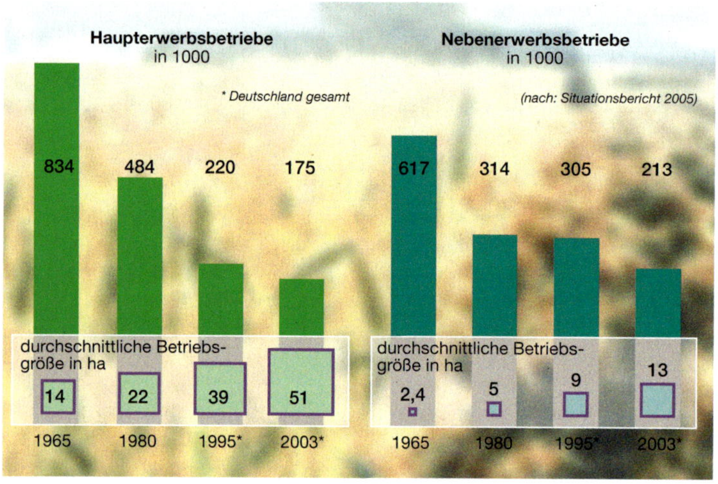

M2 Anzahl der Haupt- und Nebenerwerbsbetriebe

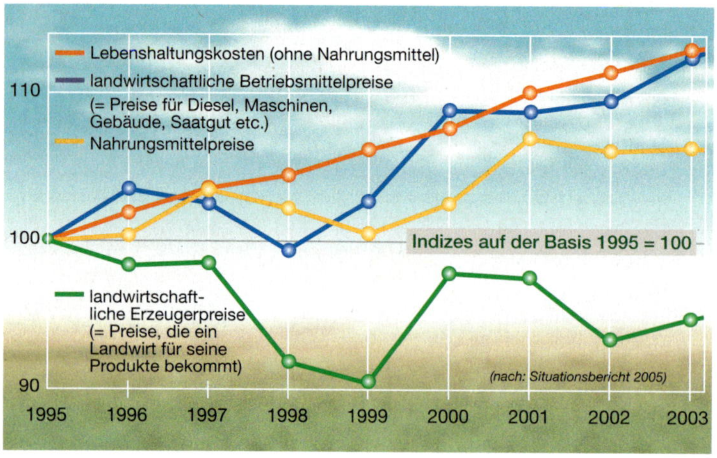

M3 Preisentwicklung im Vergleich

Bauernhof oder Agrarbetrieb?

Die Landwirtschaft in Deutschland wird durch einen grundlegenden Strukturwandel sowie die Europäische Agrarpolitik geprägt. Da in den Nachkriegsjahren Nahrungsmangel herrschte, bestanden die vorrangigen Ziele der Agrarpolitik in einer Produktionssteigerung sowie der Verbesserung der sozialen Lage der Landwirte.

In den dann folgenden Jahren kam es durch die Verwendung von Mineraldünger, Pflanzenschutzmitteln und besserem Saatgut zu einer enormen Produktionssteigerung. Dies führte seit den 1960er-Jahren zu einem Überangebot an Agrarprodukten. Die Landwirte mussten nun möglichst kostengünstig produzieren, um wettbewerbsfähig zu bleiben. Es gilt seither das Prinzip: „wachse oder weiche“.

Entweder man investiert in seinen Haupterwerbsbetrieb oder man muss langfristig aufgeben. Hierzu wurden Arbeitskräfte durch Maschinen ersetzt (Mechanisierung). Um die teuren Maschinen optimal nutzen zu können, spezialisierten sich die Betriebe auf wenige Produkte (Spezialisierung). Durch den Einsatz von Mineraldünger, Pflanzenschutzmitteln sowie den Wegfall von Brachezeiten wurden die Äcker immer intensiver bewirtschaftet (Intensivierung).

Viele Betriebe konnten diesem wirtschaftlichen Druck nicht Stand halten und mussten aufgeben. Andere wurden zu Nebenerwerbsbetrieben. Das bedeutet, dass mehr als die Hälfte des Einkommens durch eine andere Tätigkeit erwirtschaftet wird. Die intensive Landwirtschaft führte zu einer hohen Umweltbelastung. Seit den 1980er-Jahren nimmt deshalb die Forderung zu, dass eine naturnahe Landwirtschaft wichtiger sei als eine ständige Produktionssteigerung. Durch den weltweiten Wettbewerb setzt sich der Strukturwandel – hin zu weniger, dafür aber immer größeren Betrieben – weiterhin fort. Nur wenige kleinere Betriebe können in Nischen überleben (ökologische Betriebe, Direktverkauf ab Hof, Hoftourismus).

M4 Agro Bördegrün

Agro Bördegrün
Die Agro Bördegrün GmbH & Co KG wurde 1991 durch Zusammenschluss der LPG Pflanzen- und Tierproduktion Niederndodeleben und des VEGs Tierproduktion Groß Ottersleben gegründet. Die Mitglieder der LPG und die Landeigentümer beschlossen auf einer Versammlung die Abfindung aller Anspruchsberechtigten.
Von 680 Mitarbeitern 1989 beschäftigte der Betrieb 1992 noch 200 Arbeitskräfte. Bewerber der GmbH mussten Anteile von je 10 000 Euro erwerben. 1992 hatte die Gesellschaft 15 Mitglieder. In den folgenden Jahren wurde der Gebäudebestand erneuert sowie ausgebaut und es wurden 38 neue Maschinen gekauft.

Agro Bördegrün – Kennziffern 2006
Leitung: 2 Geschäftsführer, 1 Prokurist
Mitarbeiter: 21 in der Pflanzenproduktion, 12 in der Technik, 8 im Bau, 3 an der Tankstelle, 8 im Sozialbereich, 6 in der Verwaltung
Betriebsfläche: landwirtschaftliche Nutzfläche (LNF) = 3800 ha, davon 130 ha Grünland

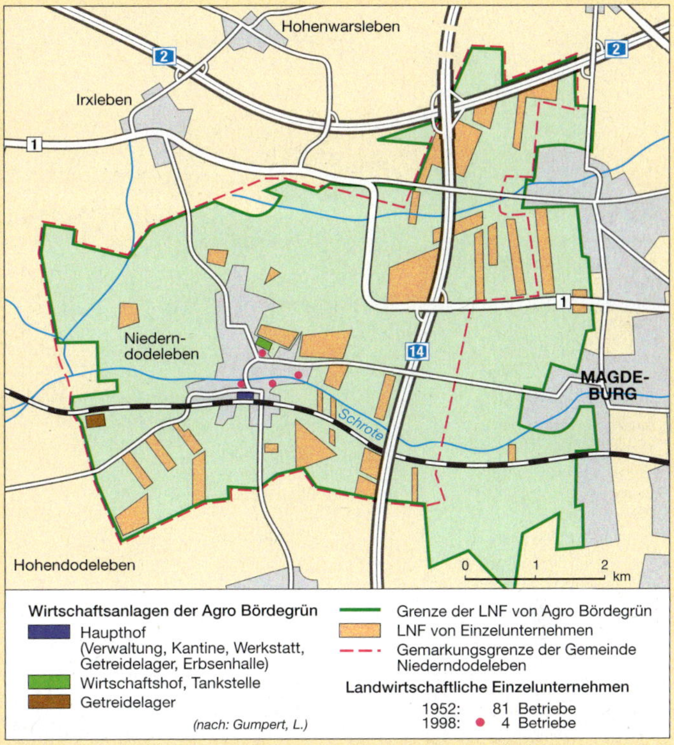

Umbau nach 1990
In den neuen Ländern zeigt die Landwirtschaft – wie in allen ehemaligen Ostblockstaaten – eine besondere Problematik. Mit der Wiedervereinigung setzte auch in der Landwirtschaft eine Reprivatisierung ein. Die rechtliche Umstellung der LPG und VEG war durch schwierige Verhandlungen um die Eigentumsanteile und die Regelung der Altschulden vieler LPGs begleitet.
Verhältnismäßig wenige LPG-Mitglieder wagten den Schritt zum bäuerlichen Familienbetrieb, weil es ihnen an Eigenkapital mangelte. Außerdem waren die Mitarbeiter der LPGs als spezialisierte Facharbeiter auf die Anforderungen eines selbstständigen Einzelunternehmens nicht vorbereitet. Zusätzlich musste man sich den Vorgaben der Europäischen Union anpassen. Die neuen Agrarbetriebe stehen nicht nur im Wettbewerb mit den Betrieben im früheren Bundesgebiet, sondern auch zur Landwirtschaft in den Staaten der EU.

M5 Unternehmensformen landwirtschaftlicher Betriebe in der DDR und in den neuen Ländern

Landwirtschaftliche Produktionsgenossenschaft (LPG): Zusammenschluss selbstständiger Bauern zu einem landwirtschaftliche Großbetrieb nach dem Vorbild der sowjetischen Kolchosen, Untergliederung in LPG Pflanzenproduktion und Tierproduktion
Volkseigenes Gut (VEG): enteigneter Großgrundbesitz

Einzelunternehmen: Der Landwirt finanziert und leitet seinen Betrieb, Anteil an der LNF etwa 20 %, Betriebsgröße 30 – 40 ha
Personengesellschaft: Mehrere Landwirte finanzieren und leiten ihren Betrieb, Anteil an der LN F etwa 20 %, Betriebsgröße 300 – 500 ha Kapitalgesellschaften (GmbH, AG): Manager übernehmen die Leitung des Großbetriebes, Kapital von Anteilseignern, Anteil an der LNF etwa 25 %, Betriebsgröße 800 – 4000 ha
Eingetragene Genossenschaften (eG): Die Mitglieder stellen Kapital, ein Vorstand führt den Betrieb, Anteil an der LNF etwa 35 %, Betriebsgröße 1000 – 4000 ha

1. Zeige den Strukturwandel in der Landwirtschaft auf (Text, M1 – M3).
2. Erläutere am Beispiel der Agro Bördegrün den Umbau der Landwirtschaft in den neuen Ländern (Text, M4, M5).
3. Informiere dich über die Landwirtschaft in Schleswig-Holstein und stelle einen Situationsbericht zusammen.

Wende dein Wissen über Deutschland an

M1 Nutzungsansprüche im geographischen Raum

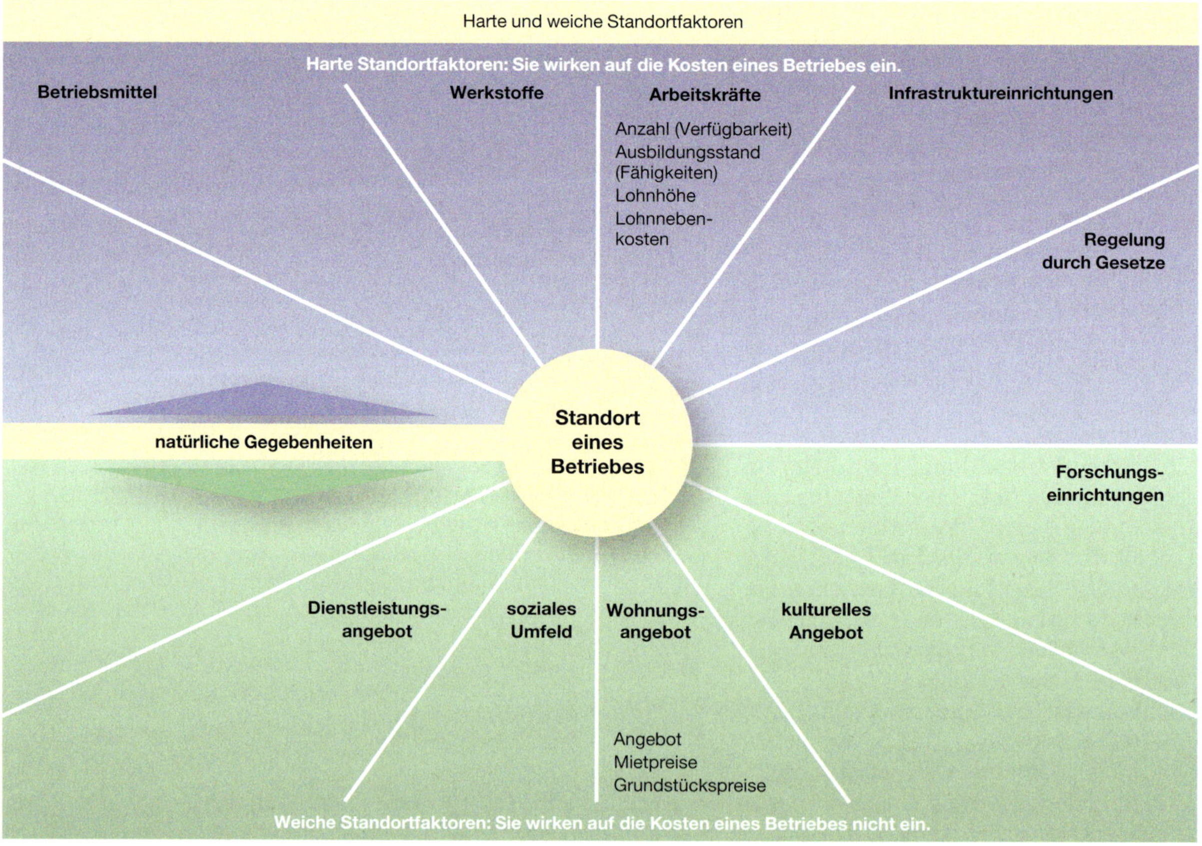

M2 Schema Standortfaktoren

1. Begründe an einem Beispiel aus deiner Region die Notwendigkeit, dass man die die Ansprüche an den geographischen Raum aufeinander abstimmen muss.

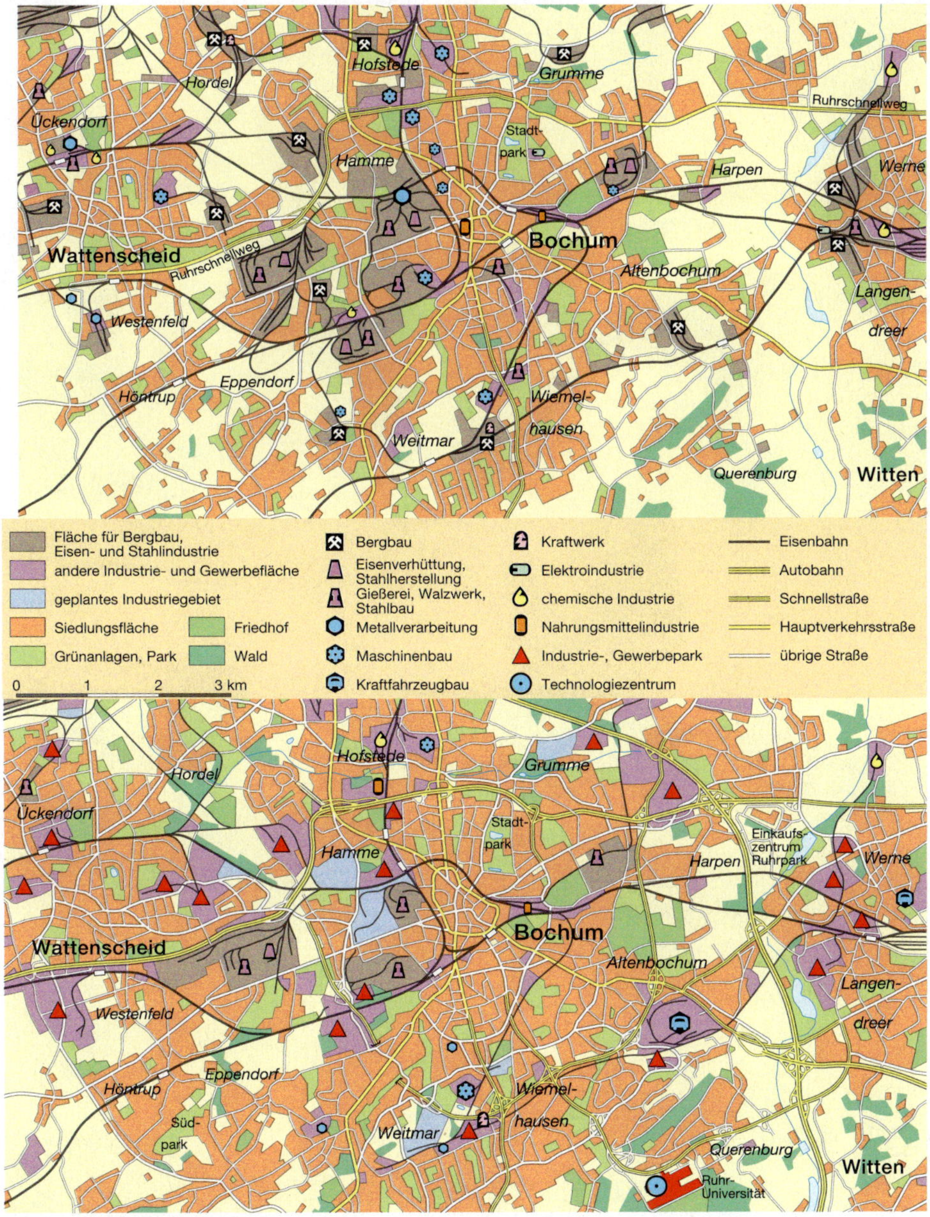

M3 Strukturwandel in Bochum

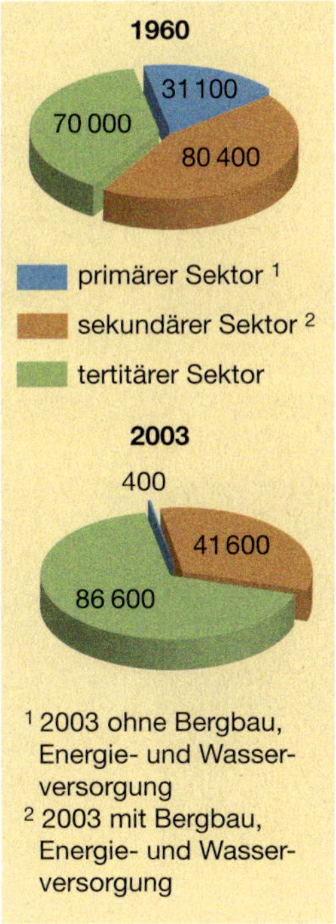

M4 Beschäftigte in Bochum nach Wirtschaftssektoren (gerundet)

2. Vervollständige die Standortfaktoren. Übertrage die Ergebnisse auf einen Betrieb an deinem Schulstandort.
3. Erläutere die Veränderungen in Bochum. Stelle die Veränderungen in einer Tabelle gegenüber.
4. Erkläre die folgenden Begriffe:

Altindustrialisierter Raum	Industrielle Revolution
Chemiepark	Metropole
Dienstleistungsgesellschaft	Produktionsfaktoren
Global City	Standortfaktoren
Gründerzentren	Strukturwandel (Industrie, Landwirtschaft)
Haupterwerbsbetrieb	Wirtschaftssektoren
Hightech-Unternehmen	Wirtschaftsstandort

Überbevölkerung
Mangel an Nahrungsmitteln und Trinkwasser
Rohstoffknappheit
Wachsender Energiebedarf
Zuwanderung aus Entwicklungsländern in Industrieländer
Globalisierung
Ursachen für Konflikte

Die Dritte Welt in der Einen Welt

Acht internationale Entwicklungsziele, die bis 2015 erreicht werden sollen:

- **Halbierung des Anteils der Weltbevölkerung, der unter extremer Armut und Hunger leidet**
- **Ermöglichung einer Grundschulausbildung für alle Kinder**
- **Förderung der Gleichstellung der Geschlechter und Stärkung der Rechte von Frauen**
- **Verringerung der Kindersterblichkeit**
- **Verbesserung der Gesundheit der Mütter**
- **Bekämpfung von HIV/AIDS, Malaria und anderen übertragbaren Krankheiten**
- **Verbesserung des Umweltschutzes**
- **Aufbau einer weltweiten Entwicklungspartnerschaft**

Mumbai – Frauen beim Straßenbau

Arme Welt – Reiche Welt – Eine Welt

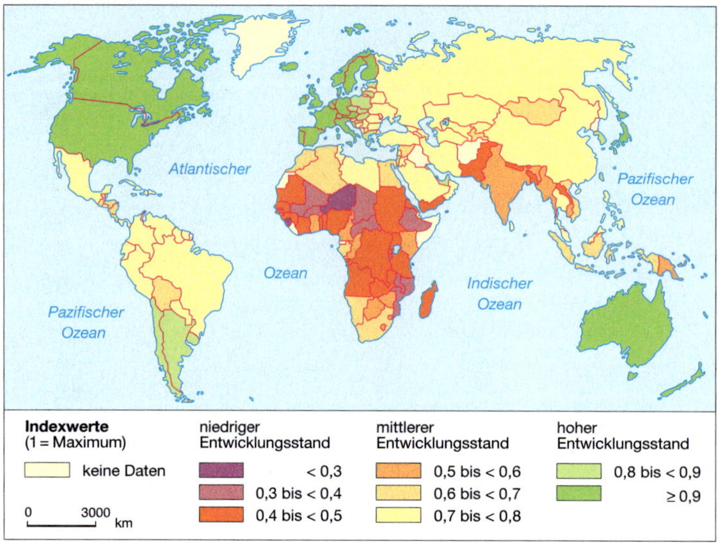

M1 Human-Development-Index der Länder der Erde (Stand: 2005)

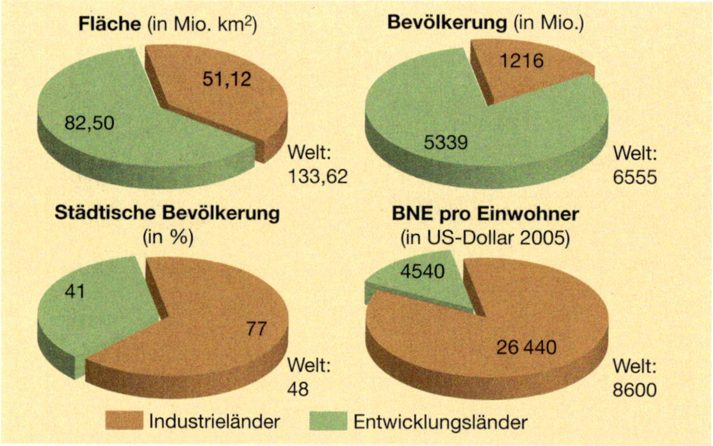

M2 Aufteilung der Welt 2006

Gliederung der Welt

Die Staaten der Erde unterscheiden sich nicht nur in Hinblick auf Flächengrößen und Einwohnerzahlen sowie natürliche Gegebenheiten der Oberflächengestalt, des Klimas, der Böden und der Rohstoffvorkommen, sondern auch in wirtschaftlicher und sozialer Hinsicht. Um die vielen Staaten besser einordnen zu können, gliedert man sie in Gruppen nach ihrer sozioökonomischen Struktur. Mithilfe der zur Gliederung verwendeten Merkmale erhält man unterschiedliche Bilder der Erde. Nach wirtschaftlichen Merkmalen wie dem Pro-Kopf-Einkommen ergeben sich drei Gruppen: Die Industrieländer haben heute das höchste Pro-Kopf-Einkommen – somit den höchsten wirtschaftlichen Entwicklungsstand. Dem stehen Entwicklungsländer mit geringem Pro-Kopf-Einkommen und Schwellenländer mit stärkerer Industrialisierung gegenüber.

Von den UN wird zur besseren Wahrnehmung von Unterschieden in den Lebensverhältnissen der Human-Development-Index (HDI) berechnet. Er kennzeichnet den Entwicklungsstand eines Staates und berücksichtigt ökonomische sowie soziale Merkmale: Lebensdauer (Lebenserwartung bei der Geburt), Bildungsniveau (Grad der Alphabetisierung, Anzahl besuchter Schuljahre), der Lebensstandard gemessen an der tatsächlichen Kaufkraft pro Kopf der Bevölkerung sowie regionale Unterschiede.

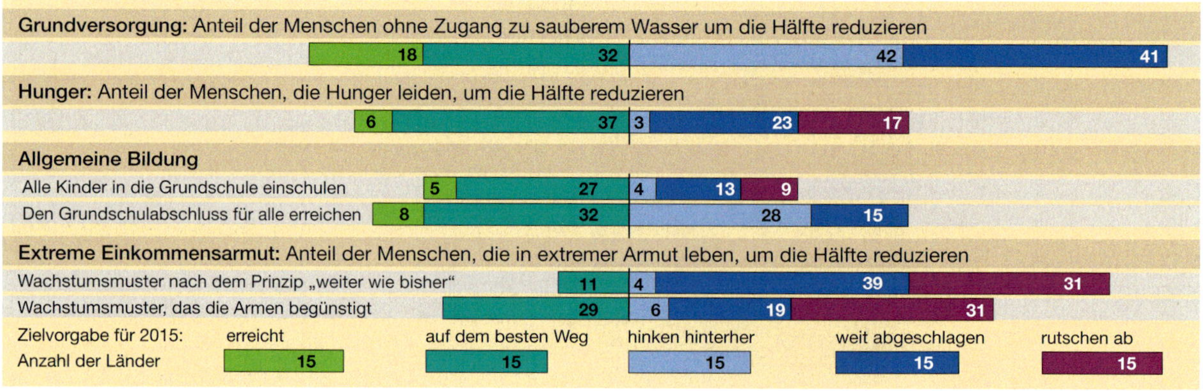

M3 Die Zielvorgaben der Millenniums-Erklärung – im Jahr 2000 von der globalen Staatengemeinschaft formuliert

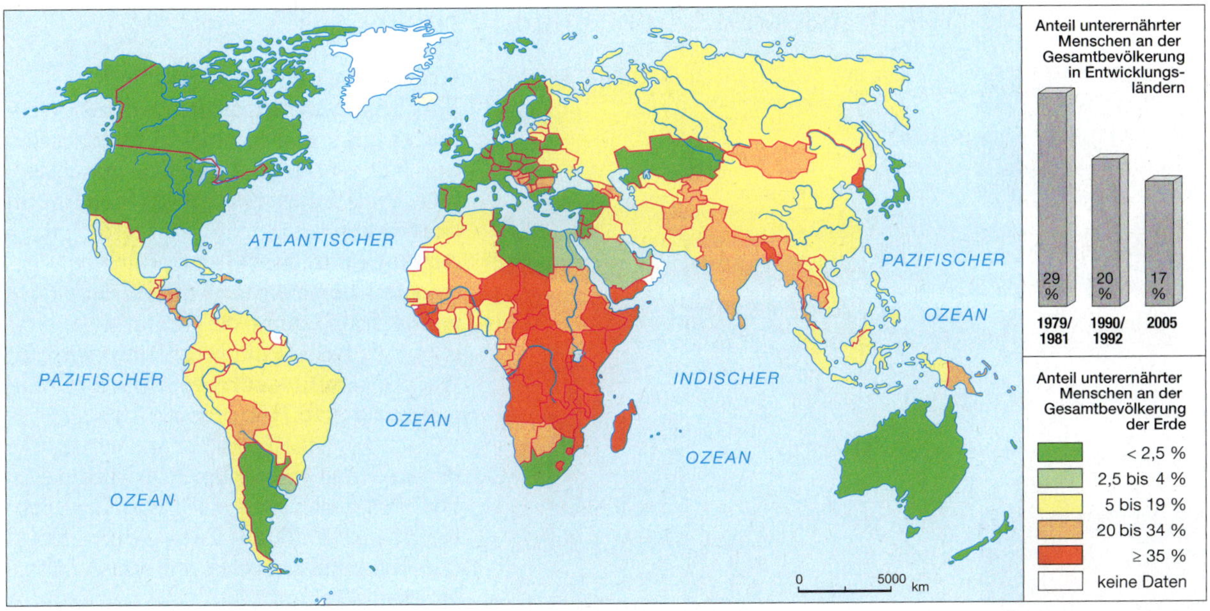

M4 Anteil der unterernährten Menschen an der Gesamtbevölkerung (Stand: 2005)

Eine Welt mit Gegensätzen

Über 6,6 Milliarden Menschen bevölkerten 2007 die Erde. Vor 2000 Jahren waren es etwa 250 Millionen, in 50 Jahren werden es mehr als neun Milliarden sein. Zur Befriedigung ihrer Grundbedürfnisse haben die Menschen zu allen Zeiten den natürlichen Lebensraum je nach den verfügbaren technischen Mitteln verschiedenartig genutzt. Das Ergebnis dieser jahrtausendelangen Entwicklung ist eine Welt voller Gegensätze.

Wirtschaftsleistung der Länder

Die Länder der Erde weisen verschiedene Wirtschaftsstrukturen auf. Zwischen ihnen bestehen erhebliche Unterschiede in Bezug auf die Wirtschaftsleistung. Zur Messung dieser Unterschiede dienen bestimmte Merkmale (Indikatoren).

Wirtschaftlicher Entwicklungsstand

Ökonomische Merkmale geben Aufschluss über die wirtschaftliche Leistung von Ländern. Seit den 1950er-Jahren gibt es ein von der UNO und der Organisation für wirtschaftliche Zusammenarbeit in Europa entwickeltes System, das die Güter- und Einkommensströme erfasst (Volkswirtschaftliche Gesamtrechnung).

M5 Entwicklung und Unterentwicklung

Wird der Begriff „Entwicklung" auf Länder bezogen, so liegt es nahe, entwickelte von unterentwickelten Ländern zu trennen. Dieser Sprachgebrauch kann von den betroffenen Bevölkerungen als Herabsetzung verstanden werden. Deshalb erscheint die übliche Bezeichnung „Entwicklungsland" problematisch. Unter „Entwicklung" verstehen wir die Überwindung von Armut und Ungleichheit: Abbau von Disparitäten, Herstellung sozialer Gerechtigkeit, Mitwirkung an politischen Entscheidungen.

M6 Karikatur

1. Berichte über Ziele und Zwischenergebnis der Millenniums-Erklärung (Text, M3, M4).
2. Erläutere die Gliederung der Welt (Text, M1, M2).
3. Erkläre den Zusammenhang zwischen Entwicklung und Unterentwicklung (Text, M5).
4. Kommentiere die Karikatur zum Thema „Arme Welt und Reiche Welt" (Text, M6).

Internationale Arbeitsteilung – Chancen und Probleme

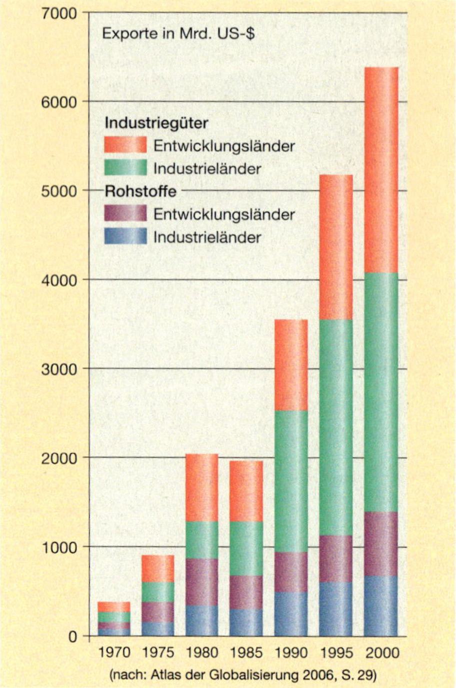

M1 Exporte des Südens und Nordens

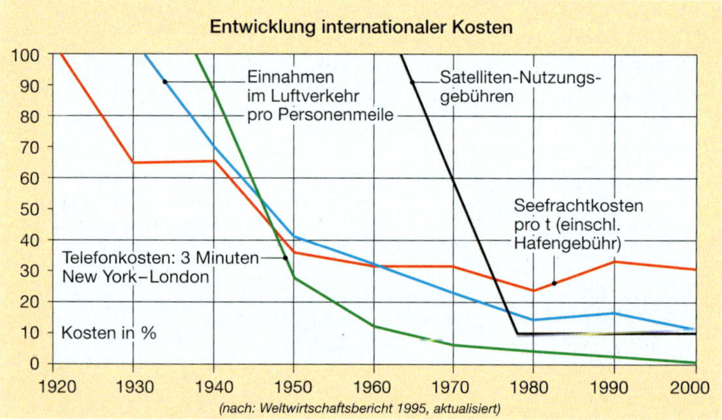

M2 Entwicklung internationaler Kosten

M3 Hoffnungen und Ängste

Die Globalisierung stellt man sich vielleicht als das Entfernen einer Trennwand zwischen zwei Wasserbehältern A und B mit bisher unterschiedlichen Wasserständen (A hoch, B niedrig) vor. Aus Sicht des Behälters A wird der Wasserstand absinken und aus Sicht des Behälters B ansteigen. Im Behälter A wird man sich ärgern und im Behälter B freuen. Mit dem Lohnniveau und den Sozialstandards ist das ähnlich. Hier wird ein massiver Ausgleich zwischen Erster und Dritter Welt stattfinden.

(nach einem Leserbrief in der FAZ vom 2. 12. 2004)

Grundlagen der Weltwirtschaft

Was knapp ist, ist teuer. Auf dem Weltmarkt gibt es Anbieter (Produzenten) und Nachfrager (Käufer/Konsumenten). Der Preis eines Handelsgutes – Güter oder Dienstleistungen – richtet sich nach Angebot und Nachfrage. Wird eine geringere Menge einer Ware angeboten als nachgefragt, steigt ihr Preis; ist das Angebot größer als die Nachfrage, sinkt er. Angebot und Nachfrage wiederum hängen von vielen Faktoren ab.

Anbieter und Käufer auf dem Weltmarkt

Die Produkte, die ein Land auf dem Weltmarkt anbieten kann oder einkaufen muss, hängen nicht nur von Rohstoffen, sondern vor allem von der Struktur der Wirtschaft ab. Ein Land mit wenig verarbeitender Industrie muss zahlreiche Industrieprodukte zukaufen. Ein Land mit vielfältigen Industriebranchen kann hingegen eine breite Produktpalette anbieten.

Ziel der Wirtschaftsentwicklung ist es, eine einseitige Handelsstruktur (d.h. Konzentration auf wenige Handelsprodukte) zu vermeiden. Länder, die umfassend in den Welthandel integriert sind, exportieren und importieren ähnliche Güter. Zeichen einer gesunden Wirtschaft ist eine leicht positive Außenhandelsbilanz (Verhältnis des Wertes von Export zu Import).

Niedrige Produktionskosten haben oft einen hohen Preis:

- lange Arbeitszeiten (60 Stunden und mehr pro Woche), niedrige Löhne
- kaum Sozialleistungen
- unzureichende Sicherheitsbestimmungen, hohe Unfallgefahr
- geringe Umweltauflagen, dadurch Umweltschäden und Gesundheitsschäden bei den Arbeitskräften
- häufig Diskriminierung von Frauen
- Kinderarbeit

Es bleibt zu hoffen, dass ein Umdenken einsetzt – z. B. durch Vergabe von Labeln für Produkte, die unter akzeptablen Bedingungen hergestellt werden.

Globalisierung
Nah und fern sind zunehmend miteinander verflochten – das zeigen der internationale Waren- und Informationsaustausch, die hohe Mobilität von Menschen (sei es aus beruflichen Gründen oder als Touristen) der Austausch von Kapital, aber auch von Erfahrungen und kulturellen Errungenschaften. Entscheidungen, die wir an einem Ort treffen, haben Auswirkungen auf andere Teile der Welt.

Global Player
Durch die weltweite Arbeitsteilung entwickeln sich zunehmend multinationale Unternehmen (Multis). Dies sind Unternehmen, die auch außerhalb ihres Herkunftslandes Waren produzieren und Dienstleistungen erbringen. Die Mehrzahl der Multis sind mittelständische Unternehmen, die bekanntesten jedoch weltweit operierende Großkonzerne (Global Player). Gab es Anfang der 1990er-Jahre etwa 7000 Multis, so waren im Jahre 2003 bereits 65 Muttergesellschaften und 850 000 Tochtergesellschaften registriert. Diese Entwicklung hat Konsequenzen für die Herkunfts- und Zielländer gleichermaßen.
Stand zunächst der Zugang zu ausländischen Rohstoffen im Vordergrund, so gibt es heute vielfältige Gründe für Auslandsinvestitionen. Man sichert sich den Zugang zu ausländischen Märkten – insbesondere in den schnell wachsenden Volkswirtschaften Chinas, Südostasiens sowie der Transformationsstaaten. Vielfach werden Produktionsschritte in Entwicklungs- und Schwellenländer verlagert. Niedrige Löhne, Zoll- und Steuervergünstigungen sind wichtige Argumente, welche die Kosten im Vergleich zu anderen Produktionsstandorten senken. Daneben suchen Multis zunehmend Zugang zu Know-how im Ausland.
Anfangs wurden nur einfache Arbeiten ins Ausland verlagert. Heute entstehen viele qualifizierte Arbeitsplätze in Entwicklungsländern. Entscheidend hierfür sind der Zugang zu Kommunikationseinrichtungen (wie das Internet) sowie Bildungsmöglichkeiten.

M4 Lohngünstige Auftragsarbeiten in Vietnam für den globalen Textilmarkt

M5 Multinationale Unternehmen in Niedriglohnländern

Chancen	Probleme
– Multis schaffen Arbeitsplätze in den Zielländern – trotz Niedriglohns sind Arbeitsplätze bei Multis oftmals höher dotiert als durchschnittliche andere Arbeitsplätze – langfristig findet eine Übertragung von Kapital, Know-how und Technologie in die Zielländer statt – vielfach übernehmen später einheimische Unternehmen als Lizenznehmer oder Dienstleistungsanbieter Aufgaben von den Multis – langfristig findet auch ein Transfer von Arbeits- und Umweltstandards statt; Verstöße gegen Umwelt- und Sozialbestimmungen können leicht zu einem erheblichen Imageschaden eines Unternehmens führen – manche Zielländer lernen aus den Erfahrungen der Industrieländer, dass Umweltschäden heute zu erheblichen Folgekosten später führen können	– Kostenersparnis durch geringe oder keine Umweltschutzauflagen führt zu Umweltschäden, wie Gewässer-, Luftverschmutzung und Bodenverseuchung sowie zu Gesundheitsschäden der Arbeiter – niedrige Kosten werden häufig durch fehlende soziale Absicherung der Arbeiter erreicht – die Unternehmen treffen Entscheidungen wie Firmenschließungen ohne Rücksicht auf die jeweilige Region – die Regierungen an den Unternehmensstandorten haben weniger Einfluss auf die Wirtschaftsentwicklung ihres Landes, da Standortentscheidungen am Sitz der Konzernmutter getroffen werden – der Gegensatz zwischen armen und reichen Regionen in Entwicklungsländern kann verstärkt werden, da viele Multis in ausgewählten Zentren, insbesondere an Küstenstandorten, investieren

1. Vergleiche die Werte in der Grafik M1 und berichte darüber in einem kurzen mündlichen Vortrag.
2. Erläutere den Zusammenhang von Transportkosten und Globalisierung (Text, M2).
3. Liste positive und negative Auswirkungen der internationalen Arbeitsteilung auf (Text, M4).
4. „Multinationale Unternehmen sind Chance und Problem für Entwicklungsländer gleichermaßen“ – nimm begründet Stellung zu dieser Aussage (Text, M3, M5).

Handel mit Rohstoffen

M1 Die wichtigsten Exportprodukte ausgewählter Entwicklungsländer in Prozent ihrer gesamten Export

Nigeria	Erdöl	90	Mauretanien	Eisenerz	56
Gabun	Erdöl	79	Ghana	Kakao	54
Tschad	Baumwolle	79	Mali	Baumwolle	52
Gambia	Erdnüsse	72	Guayana	Gold, Zucker	51
El Salvador	Kaffee	58	Bolivien	Erdgas, Erdöl	38
Malawi	Tabak	57	Ruanda	Tee	38
Niger	NE-Metalle	57	Kolumbien	Erdöl	25

(nach: Statistisches Jahrbuch für das Ausland 2006)

M2 Rohstoffpreisentwicklung, 2000 = 100, Indizes auf US-$-Basis

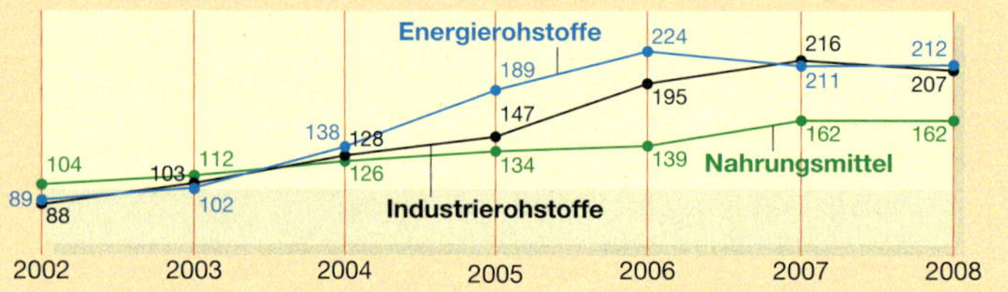

	2002	2003	2004	2005	2006	2007	2008
Alle Rohstoffe	1	14	15	28	21	-1	-1
Nahrungsmittel	12	8	25	0	11	17	0
Industrierohstoffe	-1	17	25	14	33	11	-4
Agrarerzeugnisse				1	12	18	2
NE-Metalle	-4	12	38	16	60	5	-10
Eisenrohstoffe	3	18	26	37	19	-6	0
Energierohstoffe	-1	14	10	37	19	-6	0
Rohöl	1	15	5	42	20	-6	1

Rohstoffpreisentwicklung, Veränderungen gegenüber Vorjahr in %

M3 Terms of Trade

Austauschverhältnisse *(Berechnungen nach Daten des Statistischen Bundesamtes)*

Dem Wert eines Lkw entsprachen an der deutschen Grenze …

Jahr	1985	1990	1997	2005 (Progn.)
Kaffee	93 Sack	302 Sack	280 Sack	310 Sack
Bananen	44 t	58 t	100 t	95 t
Kakao	76 dz	290 dz	280 dz	300 dz

Annahmen: Lastkraftwagen 6–10 Tonnen
Rohkaffee salvadorianisch, Bananen mittelamerikanisch
Ivorischer Kaffeee, good fermented (Angaben in Doppelzentnern)

Preise für Rohstoffe

Das Verhältnis von Preisen der exportierten Waren zu den Preisen der importierten Waren wird als „Terms of Trade“ bezeichnet. Der Austausch von Rohstoffen gegen Fertigwaren ist nicht mehr „gleichwertig“, weil für Fertigwaren immer mehr Rohstoffe „getauscht“ werden müssen. Betrachtet man die Arbeitszeiten, die zur Herstellung von Rohstoffen und Fertigwaren nötig sind, so zeigen sich wieder ungleiche Austauschverhältnisse:

Um z. B. eine Uhr mit Kaffee bezahlen zu können, muss man für den Kaffee (z. B. Anbau, Ernte, Verpacken) siebzigmal so viel Arbeitsstunden wie für die Produktion der Uhr aufwenden. Zwar ist eine Arbeitsstunde im Kaffeeanbau billiger als in der Uhrenproduktion, aber gemessen an der reinen Arbeitszeit sind die Rohstoffexporteure im Nachteil.

Der Preisunterschied zwischen Rohstoff und Fertigprodukt ist sowohl im Handel als auch in der Verarbeitung begründet.

- Rohstoffe werden auf Warenbörsen angeboten und wechseln mehrfach den Besitzer. Dabei machen die Händler kräftige Gewinne. Kakao z. B. wird bis zu zehnmal an Warenbörsen verkauft, ehe er zur Verarbeitung gelangt. Die dabei erzielten Verkaufsgewinne gehen am Kakaoexporteur vorbei.
- Der Preis, den ein Rohstofferzeuger erhält, macht oft nur einen Bruchteil des Endprodukts aus. Der größte Gewinn wird bei der Verarbeitung und beim Handel erzielt. So beträgt z. B. der Erzeugerpreis bei Tee nur neun Prozent des Ladenpreises (bei Bananen 6 %, bei Pulverkaffee 4 %).

Es ist verständlich, dass die Entwicklungsländer angesichts dieser Preisbildung versuchen, statt der Rohstoffe bearbeitete Produkte zu exportieren. Das ist aber nicht ohne weiteres möglich, da ihnen für die Produktion von hochwertigen Industriegütern die Fabrikanlagen, die Maschinen, die ausgebildeten Arbeitskräfte und vor allem das Kapital fehlen.

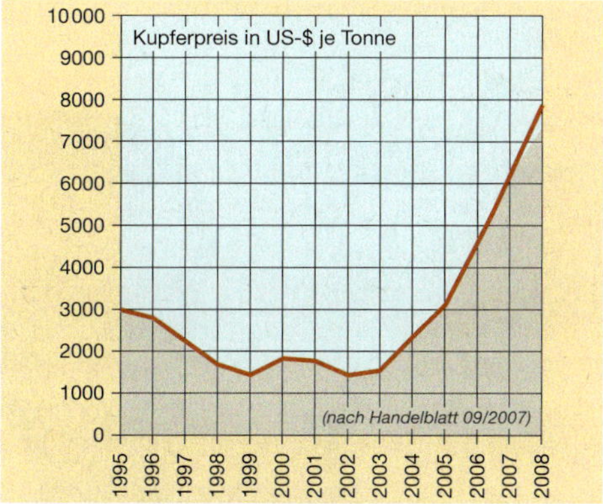

M4 Entwicklung des Kupferpreises

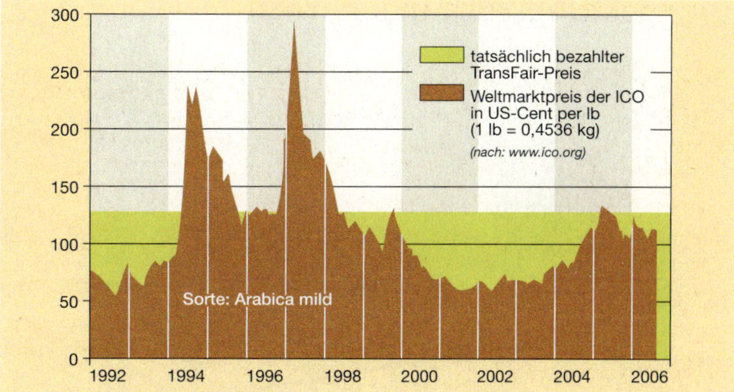

M5 Preisentwicklung für Rohkaffee an der Börse

Bei einigen Produkten, deren Herstellung technologisch relativ einfach ist, haben Entwicklungsländer die Fabrikation selbst in die Hand genommen. Dazu zählen die Verarbeitung von Baumwolle, Kaffee und Jute.

Als die Entwicklungsländer ihre Produkte an die Industrieländer verkaufen wollten, mussten sie feststellen, dass die Industrieländer Steuern und Importzölle für die Produkte erhoben. Je weiter ein Rohstoff verarbeitet war, desto höher war der Zoll darauf. Mit solchen Importzöllen schützen Staaten ihre eigenen Produkte. Inzwischen versuchen auch viele Entwicklungsländer, Einfuhren von Industrieländern zum Schutz der eigenen im Aufbau befindlichen Industrie sowie zur Deviseneinsparung zu reglementieren.

Eine Möglichkeit für Entwicklungsländer, an ihren Waren besser zu verdienen, ist die Vermarktung ohne Beteiligung der Warenbörsen und des Zwischenhandels. So haben sich in einigen Kaffeeländern Kleinbauern zu Genossenschaften zusammengeschlossen, die vom Anbau bis zum Verkauf alles selbst organisieren. Als Folge bekommen z. B. Kleinbauern fast den doppelten Preis für ihren Kaffee gegenüber früher. In den Industrieländern gibt es zudem oft Partnerorganisationen („Aktion Dritte Welt Handel“, gepa), die im Interesse der Kaffeepflanzer den Verkauf des Kaffees in den Industrieländern übernehmen und Gewinne z. T. wieder den Genossenschaften zukommen lassen.

M6 Die heutige Rohstoffsituation

Für die günstige Versorgungssituation und die niedrigen Preise bei Rohstoffen bis 2003 gibt es eine Reihe von Gründen:

1. Stagnierender Bedarf in den Industrieländern durch
   - Sättigungseffekte (Bedarfsdeckung bei vielen Gebrauchsgütern)
   - Devisenknappheit einiger Abnehmer (z. B. Entwicklungsländer, Osteuropa)
   - Einsparung von Rohstoffen durch Recycling (z. B. bei Zinn 50 %), neue Technologien (z. B. Energie sparende Maschinen, dünnere Bleche im Automobilbau) und Verwendung von Kunststoffen anstelle von Metallen (z. B. Beschichtung von Dosenblech mit Kunststoff statt mit Zinn).
2. Erhöhung des Angebots an bergbaulichen und landwirtschaftlichen Rohstoffen durch
   - Mehrproduktion wichtiger Lieferanten (z. B. exportabhängige Entwicklungsländer), die zur Deckung ihres Devisenbedarfs auf erhöhte Einnahmen aus Rohstoffexporten angewiesen sind und auf sinkende Preise häufig mit vermehrtem Angebot reagieren
   - Lieferung aus neuen Lagerstätten, die seit den 1970er-Jahren aufgrund damals hoher Rohstoffpreise erschlossen worden waren
   - Der weltwirtschaftliche Aufschwung seit 2003, vor allem aber die starke Nachfrage durch China haben die Versorgungssituation auf dem Weltmarkt seitdem wieder ungünstiger werden lassen – die Preise stiegen vorerst an.

(nach: Fischer Weltalmanach, versch. Ausg.)

1. Nenne Nachteile für ein Land, das weitgehend vom Export eines Rohstoffes abhängig ist (Text, M1).
2. Erläutere anhand der Kupfer- und Kaffeepreise die Entwicklung der Terms of Trade für die Entwicklungsländer (M2–M5). Vergleiche die Preise mit der dir bekannten Ölpreisentwicklung.
3. Beschreibe die Entwicklung der Weltmarkpreise für Rohstoffe (M2).
4. Werte den Text zur heutigen Rohstoffsituation aus (M6). Welche Schlussfolgerungen lassen sich für Deutschland ziehen?

Entwicklungszusammenarbeit

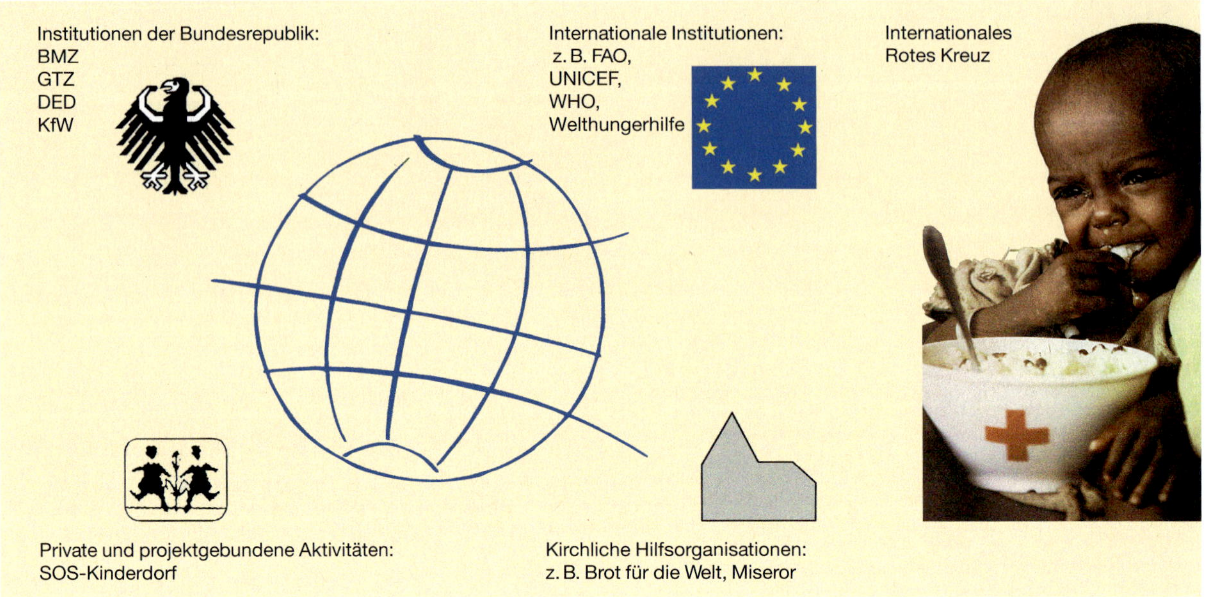

M1 Entwicklungszusammenarbeit mit vielen Akteuren

M2 Öffentliche Hilfen 2006

Land	Entwicklungshilfe (Mio. US-$)	Anteil am BNE* (%)
USA	22739	0,17
GB	12607	0,52
J	11608	0,25
F	10448	0,47
D	10351	0,36
NL	5452	0,81
S	3967	1,03
E	3801	0,32
CDN	3713	0,30
I	3672	0,20
DK	2234	0,80
AUS	2128	0,30
B	1968	0,50
CH	1647	0,39
A	1513	0,48
IR	997	0,53
FIN	826	0,39
P	391	0,21
GR	384	0,16
L	291	0,89

* sog. ODA-Quote

(Quelle: Harenberg Aktuell 2008)

Internationale Hilfe

Die öffentlichen Aufwendungen der Industrieländer für die Entwicklungszusammenarbeit (Official Development Assistance, ODA) beliefen sich 2006 auf 103,9 Milliarden US-Dollar. Der Anteil am BNE lag mit 0,30 Prozent unter dem seit 1970 eingeforderten UN-Ziel von 0,7 Prozent. Die finanziellen Leistungen gingen 2006 zum ersten Mal seit 1997 aufgrund der gekürzten Entwicklungsausgaben der USA zurück.

M3 Gleichberechtigung

Im September 2006 präsentierte die Weltbank den mit Mio. US-$ budgetierten Aktionsplan „Gender Equality as Smart Economics" (Gleichberechtigung ist wirtschaftlich klug), der die ökonomische, politische und kulturelle Gleichberechtigung von Frauen in Entwicklungsländern unterstützen soll. Der ungleiche Zugang von Frauen zu Boden, Kapital und Arbeitsplätzen führe gesamtwirtschaftlich zu erheblichen Entwicklungshemmnissen. So könnte z. B. Uganda sein Wirtschaftswachstum nach Ansicht der Weltbank um 2% steigern, wenn Frauen die gleichen Rechte wie Männern zugestanden würden.

(Quelle: Harenberg Aktuell 2008, S. 220)

Deutsche Entwicklungspolitik: Grundsätze und Ziele

Der Begriff „Entwicklungszusammenarbeit" ist an die Stelle von „Entwicklungshilfe" getreten. Gemeint ist eine partnerschaftliche Zusammenarbeit, in der es nicht mehr nur um Schulbau, Brunnenbohrungen oder Kinderimpfungen geht, sondern um die Interessen der jeweiligen Partner. Deutschland arbeitet mit 70 Partnerländern zusammen. Das Bundesministerium für wirtschaftliche Zusammenarbeit und Entwicklung (BMZ) erarbeitet mit der jeweiligen Regierung Länderkonzepte. Aus den Konzepten werden Verträge mit den Zielsetzungen, Zeitplänen und der Höhe der Förderungssumme. Die Durchführung übernehmen u. a. der DED, die GTZ und die KfW-Entwicklungsbank. Diese Organisationen arbeiten vor Ort mit den Projektträgern zusammen, die die Regierung des Partnerlandes bestimmt.

Deutschland hat sich verpflichtet, ab 2010 jährlich 0,51 Prozent und ab 2015 einen Anteil von 0,7 Prozent des Bruttonationaleinkommens (BNE) für Entwicklungszusammenarbeit zur Verfügung stellen.

M4 „Integriertes Ernährungssicherungsprogramm" im Süden Malawis (Region Mulanje)

Inhaltliche Schwerpunkte
Ziel: Fähigkeit der Bevölkerung zur Stabilisierung der Ernährungssituation aus eigener Kraft
Projektpartner: Regierung Malawis, Gesellschaft für technische Zusammenarbeit (GTZ Deutschland)
Teilnehmer: 180 Dörfer mit ca. 50000 ernährungsgefährdeten Haushalten, d. h. mit etwa 280 000 Bewohnern

Landwirtschaft	Nahrungszubereitung	Gesundheit	Trinkwasser
– verbesserte Saat- und Pflanzgutgewinnung – verbesserte Anbaumethoden (Erosionsschutz, Kleinstbewässerung) – Aufbau und Pflege von Hausgärten – Schulungen für die Bauern zum Einsatz der Saatgutes, zur Bewässerung usw.	– Schulung von Frauen – in der Nutzung und Zubereitung auch nicht-traditioneller Produkte (Gemüse, Kochbanane, Süßkartoffel, Erdnuss) – Demonstration des Nutzens verbesserter Kochstellen, die selbst herzustellen sind und die ein Drittel weniger Holz verbrauchen – verbesserte Lagerung der Ernten in der Regenzeit	– Informationsveranstaltungen zur Vermeidung von Gesundheitsrisiken – Ausbildung von staatlichem Personal und dörflichen Freiwilligen für Gesundheitsbetreuung (z. B. Verteilung von Eisen- und Vitamin-A-Kapseln) – Theaterveranstaltungen über moderne Methoden der Familienplanung	– ständiger, gemeinsam geregelter Zugang zu Trinkwasser und Brauchwasser für die Landwirtschaft – Verbesserung und regelmäßige Wartung der Wasserquellen und Pumpen durch die Dorfgemeinschaft (Brunnenkomitees)

Programme zur Steigerung der Nahrungsmittelproduktion

Seit den 1960er-Jahren bewirkte die „Grüne Revolution" eine sehr hohe Steigerung der Getreideproduktion. Bis 1990 verdreifachte sich gegenüber 1960 die Erzeugung von Nahrungsmitteln. Diese Erfolge waren aber vielfach nicht dauerhaft. In Indonesien ging die Ertragskraft auf den ursprünglich sehr ertragreichen, frisch gerodeten Waldflächen stark zurück. Auf künstlich bewässerten Böden in Indien, die mit Hochertragssorten von Reis bestellt worden waren, ist Ertragsminderung durch Versalzung festgestellt worden. Infolgedessen ist in den letzten Jahren die Anbaufläche geschrumpft.

Den Kleinbauern in vielen Ländern fehlte von Anfang an das Geld zum Kauf des teuren Saatgutes, der Düngemittel oder der Pestizide.

Auch der von den großen Saatgutherstellern der Industrieländer angestrebte Einsatz von genmanipuliertem Hybrid-Saatgut bringt nur bei gleichzeitiger Verwendung von Agrochemikalien die versprochenen Erträge. Damit schaffen sich die Konzerne einen langfristigen Absatzmarkt – zumal dieses Saatgut nicht herkömmlich vermehrbar ist.

M5 Malawierin beim Bau eines Holz sparenden Tonofens

1. Informiere dich über Aufgaben und Ziele der verschiedenen Institutionen und Organisationen der Entwicklungszusammenarbeit (M1) und berichte darüber.
2. Erläutere die Rangfolge der Geberländer und den Anteil der Entwicklungshilfe am Bruttonationaleinkommen (Text, M2).
3. Erkläre am Beispiel von Deutschland, wie Entwicklungszusammenarbeit funktioniert (Text). Entwirf ein Fließschema.
4. Erläutere die Teilaufgaben des Ernährungsprojektes in Malawi. Wie hängen diese miteinander zusammen (M4, M5)?
5. Diskutiert, inwieweit Programme zur Steigerung der Nahrungsmittelproduktion in den Bereich Entwicklungszusammenarbeit gehören (Text).
6. Mache Vorschläge, wie deiner Meinung nach das in M3 angesprochene Problem zu lösen wäre.

Teste dein Wissen über die Dritte Welt

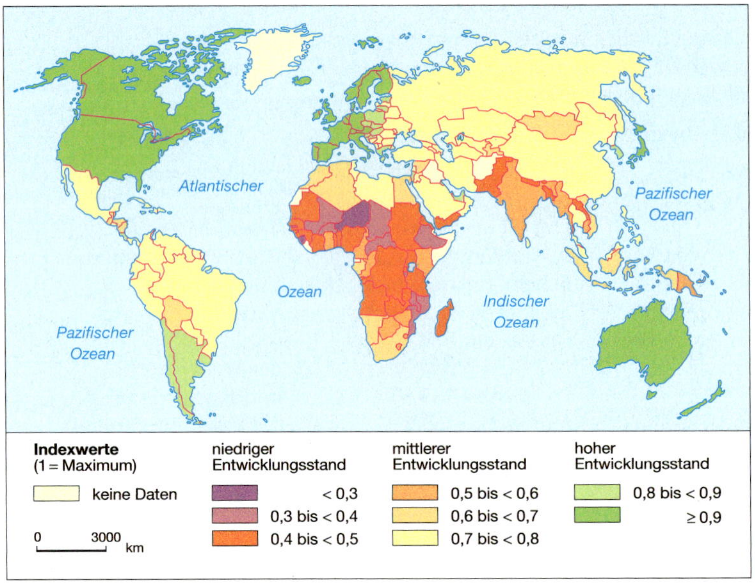

1. Der Human Development Index (HDI)
- Erläutere den Begriff „HDI". Wie setzt er sich zusammen?
- Notiere in deinem Arbeitsheft jeweils drei Länder zu den in der Legende angegebenen Gruppen.

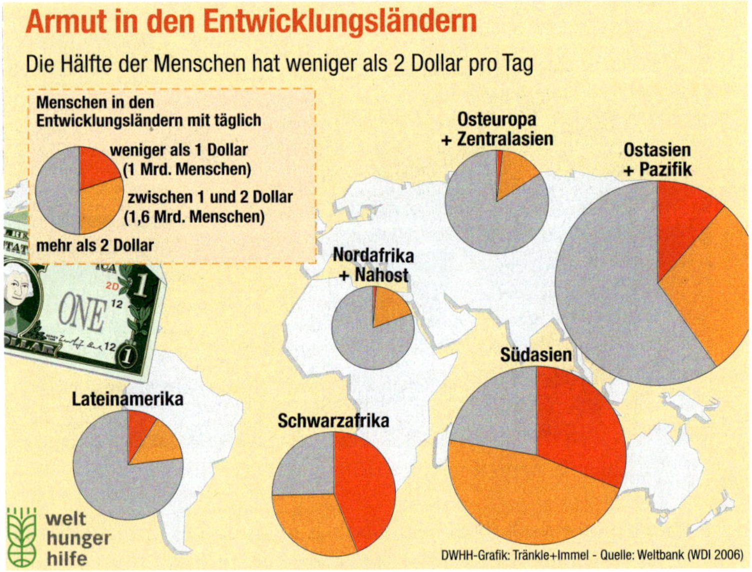

2. Armut in Entwicklungsländern
- Ermittle nach Regionen die absolute Zahl a) der Einwohner mit weniger als einem Dollar am Tag und b) der Einwohner, die zwischen einem und zwei Dollar am Tag zur Verfügung haben.

die absoluten Einwohnerzahlen 2004:
Lateinamerika 546 Mio.
Schwarzafrika 726 Mio.
Nordafrika + Nahost 300 Mio.
Osteuropa + Zentralasien 473 Mio.
Südasien 1447 Mio.
Ostasien + Pazifik 1870 Mio.

- Erläutere, wie der Kampf gegen die Armut geführt werden soll.

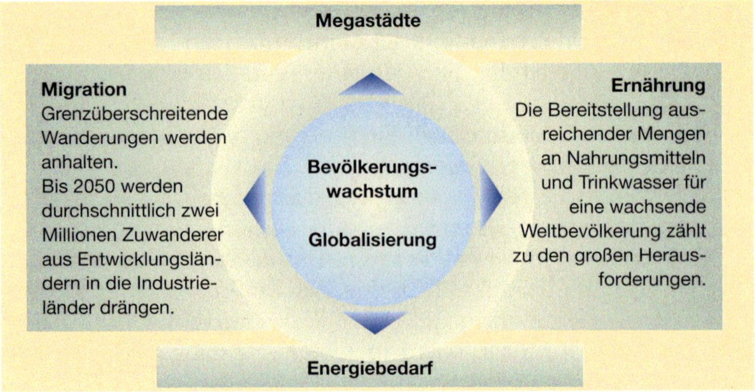

3. Ursachen von Konflikten
- Ergänze die fehlenden Informationen zu „Megastädte" und „Energiebedarf".
- Erläutere, ob deiner Meinung auch „Rohstoffknappheit" in den Industrieländern ein Konfliktpotenzial bedeuten könnte.

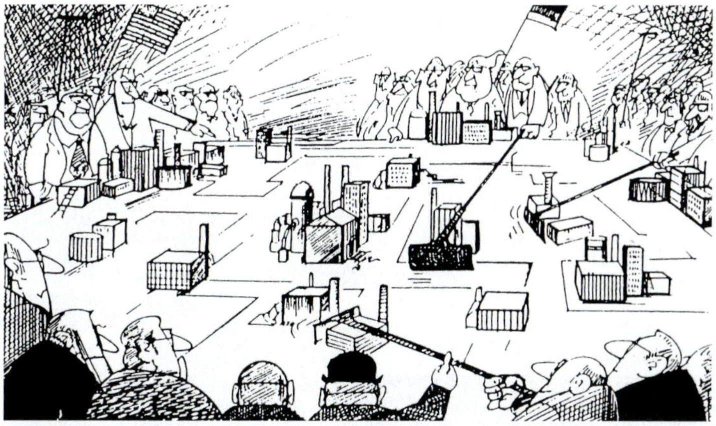

4. „Is was?“
- Kommentiere, ob die Karikatur heute noch die Wirklichkeit wiedergibt.

5. „Global Player“
- Multinationale Unternehmen sind auf der ganzen Welt vertreten. Welche Aussage vermittelt die Karikatur?

6. Entwicklungszusammenarbeit
- Der „Aufbau einer weltweiten Entwicklungspartnerschaft“ ist eines von acht „Millenniumszielen“.
- Was verbirgt sich hinter den Begriffen „Entwicklungspartnerschaft“ und „Millenniumsziele“?
- Erörtere, ob du Entwicklungshilfe für angebracht hältst.
- Der Grafik rechts kannst du entnehmen, dass Entwicklungshilfe „statistisch schöngerechnet“ worden ist. Wie kommt es zu dieser Aussage?

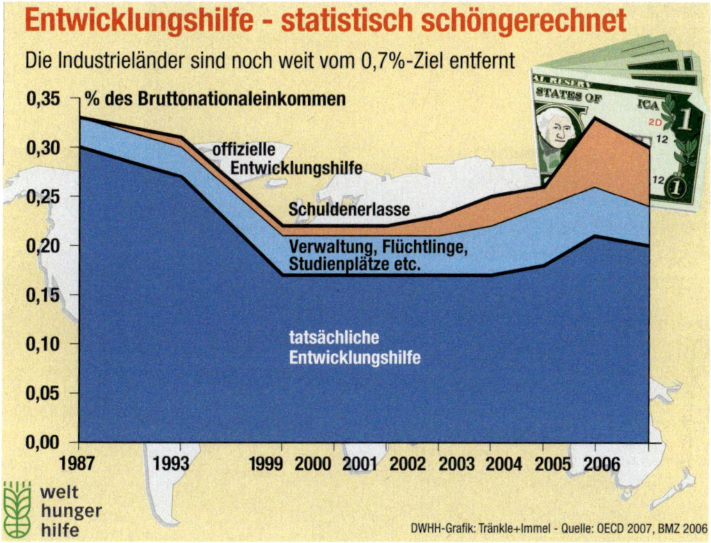

7. Handel mit Rohstoffen
- Finde die richtigen Begriffe zu den Aussagen:
- das Verhältnis der durchschnittlichen Preise für Exportgüter zu denen der Importgüter
- tierisches, pflanzliches oder mineralisches Ausgangsmaterial für die industrielle Produktion
- eine Art Steuer, die Industrieländer auf Importprodukte aus Entwicklungsländern erheben
- Ort, an dem Rohstoffe und landwirtschaftliche Erzeugnisse, aber keine Industriegüter gehandelt werden
- Verkaufspreis, den ein Produzent von Produkten erhält
- Rohstoffe, die Strom und Wärme liefern, als Treibstoff dienen und zu unzähligen anderen Produkten weiterverarbeitet werden, z. B. …
- Metalle, die kein Eisen enthalten, z. B. …
- Geld in ausländischer Währung, das im Außenhandel verdient wird
- Erzeugnisse, die am Ende eines Produktionsprozesses zum Verkauf bereitstehen
- Handel zwischen zwei Produktionsstufen (Erzeugung und Weiterverarbeitung)
- an internationalen Warenbörsen und auf dem Auslandsmarkt ermittelter Preis für Welthandelsgüter

Gipfel des Himalaya

Ausbruch des Ätna

Iguacufälle in Brasilien

Tornado über Kansas/USA

Planet Erde

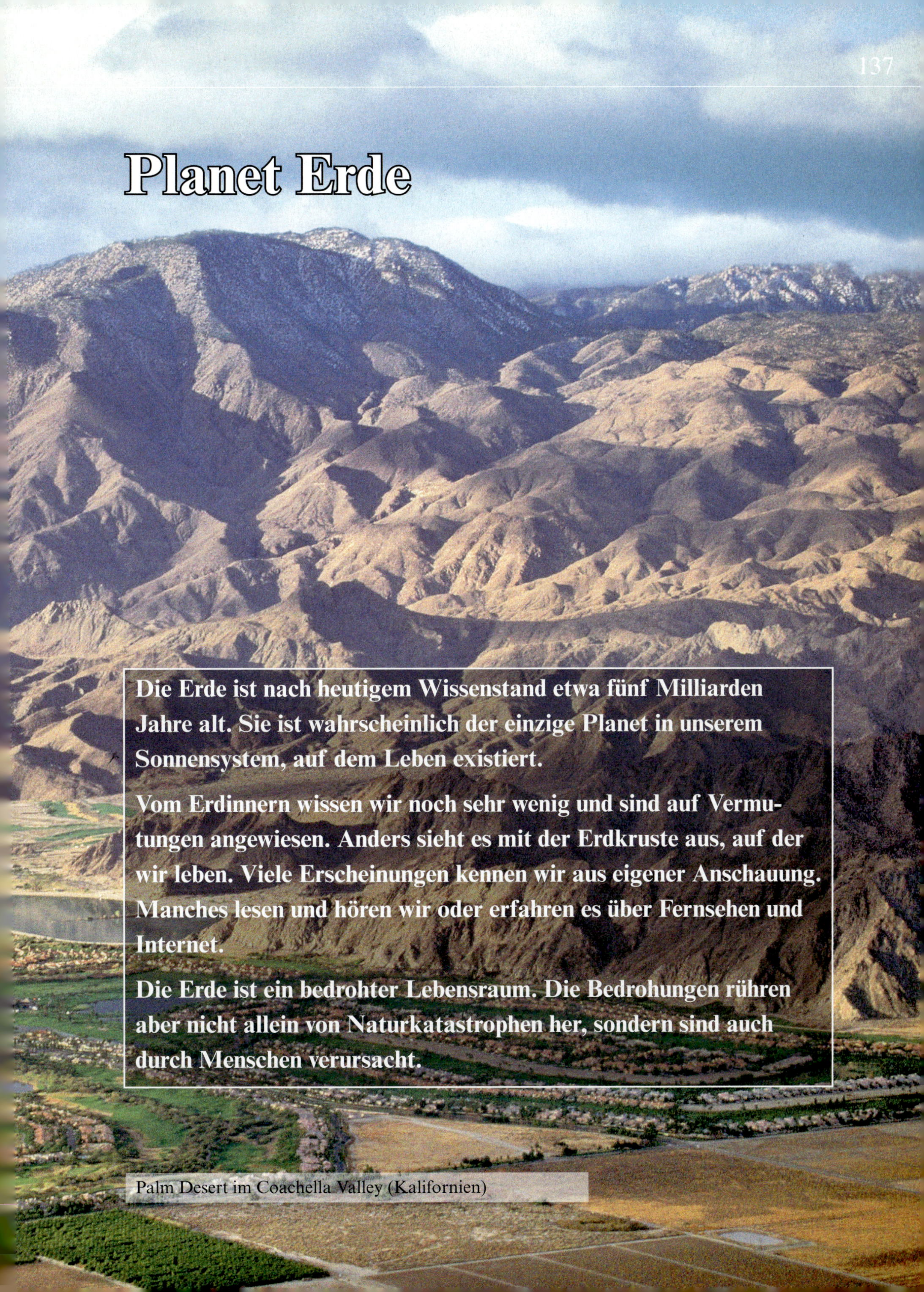

Die Erde ist nach heutigem Wissenstand etwa fünf Milliarden Jahre alt. Sie ist wahrscheinlich der einzige Planet in unserem Sonnensystem, auf dem Leben existiert.

Vom Erdinnern wissen wir noch sehr wenig und sind auf Vermutungen angewiesen. Anders sieht es mit der Erdkruste aus, auf der wir leben. Viele Erscheinungen kennen wir aus eigener Anschauung. Manches lesen und hören wir oder erfahren es über Fernsehen und Internet.

Die Erde ist ein bedrohter Lebensraum. Die Bedrohungen rühren aber nicht allein von Naturkatastrophen her, sondern sind auch durch Menschen verursacht.

Palm Desert im Coachella Valley (Kalifornien)

Der Schalenbau der Erde

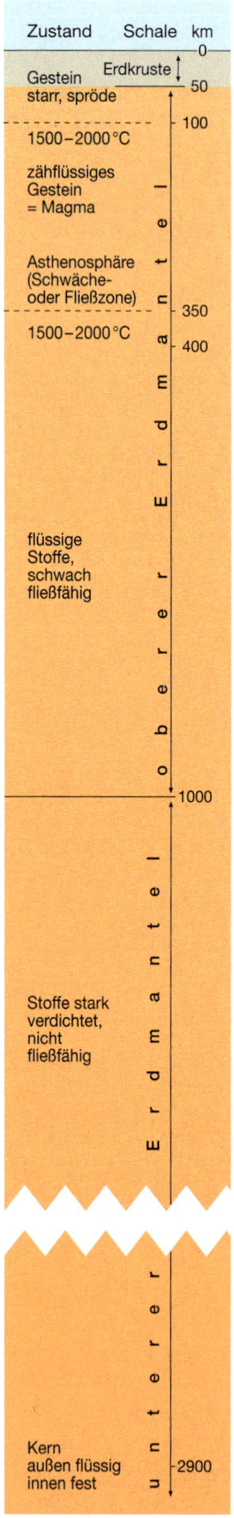

M1 Erdmantel

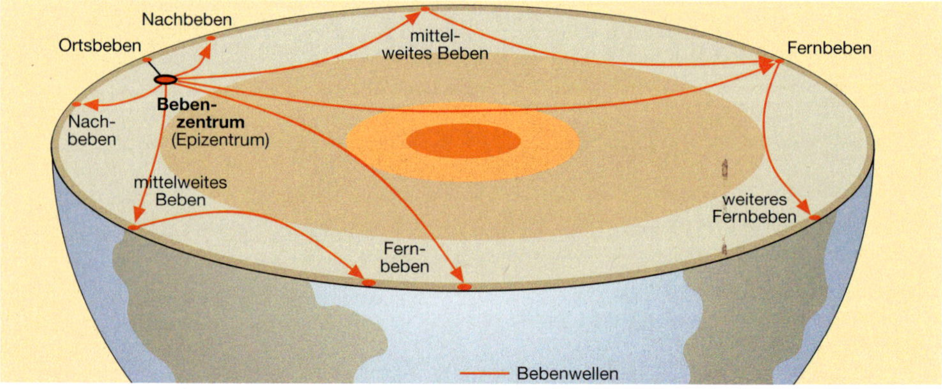

M2 Wege von Erdbebenwellen

M3 Fantasie-Geschichte

Reise zum Mittelpunkt der Erde
Durch einen Vulkankrater in Island erhoffen die wagemutigen Mitglieder einer Expedition, der weltweit angesehene Hamburger Geologe Professor Lidenbrock und sein wissenschaftlicher Assistent, endlich den Zugang zum Erdinneren zu erreichen. Die abenteuerliche Reise wird zu einem Streifzug durch die Zeit und die früheren Epochen der Erdgeschichte, als es noch Riesenwälder gab. Dinosaurier und andere auf der Erdoberfläche ausgestorbene Lebewesen sowie Urmenschen bewohnen die unterirdischen Meere und Festländer. Auf einem feuerfesten Floß gelangen die Forscher nach vielen überraschenden Entdeckungen bei einem Ausbruch des Vulkans Stromboli wieder an die Erdoberfläche. Die wissenschaftliche Sensation ist perfekt. *(nach: Jules Verne)*

Die Erde wird befragt
Die Beschreibung des Erdinneren in einem Roman aus der Jahre 1874 war reine Fantasie. Inzwischen haben die Geowissenschaftler eine genaue Vorstellung davon, wie es im Erdinneren aussieht – obwohl noch niemand dort war.
Anhand der Ausbreitung von Erdbebenwellen lassen sich Rückschlüsse auf den Aufbau der Erde ziehen. Man konnte feststellen, dass diese Wellen in bestimmten Tiefen wie an einem Hindernis abgelenkt werden oder dass sich ihre Ausbreitungsgeschwindigkeit ändert. Daraus kann man ableiten, dass die Erde in Schalen und aus unterschiedlich dichtem Material aufgebaut sein muss. Der Erdkern – so wollte es die Vermutung – besteht aus einer festen Eisen-Nickel-Legierung.

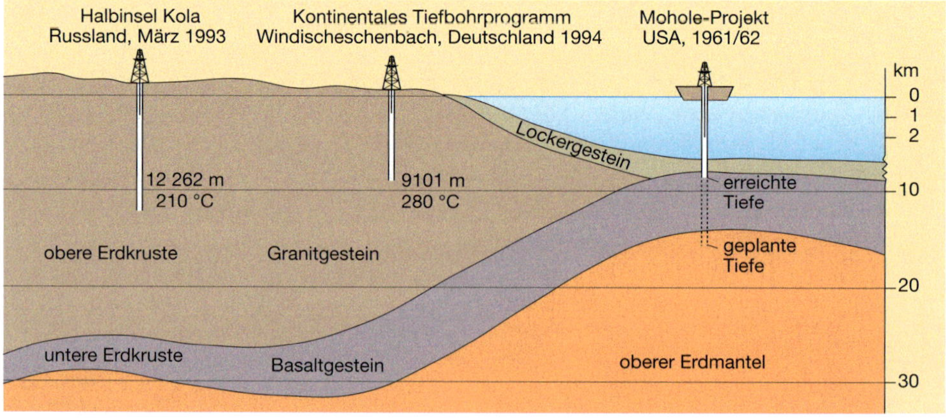

M4 Tiefbohrprojekte

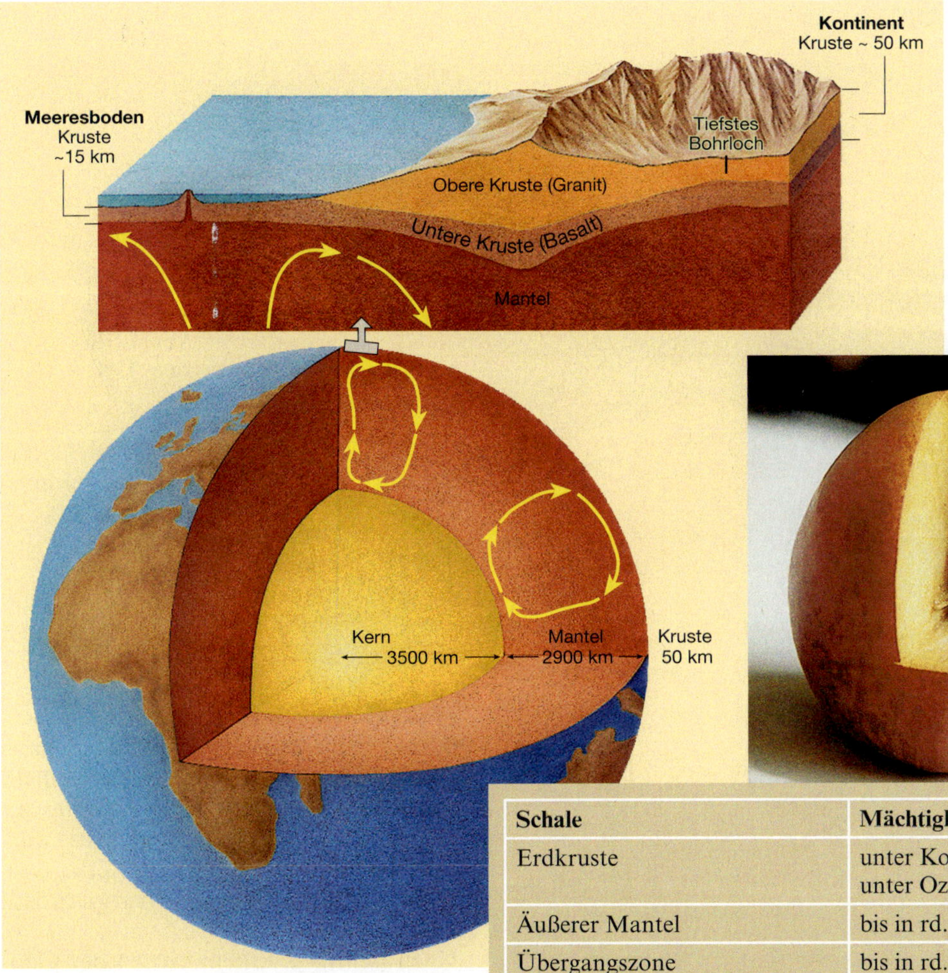

M5 Schalenbau der Erde

Schale	Mächtigkeit
Erdkruste	unter Kontinenten 30–60 km unter Ozeanen 5–10 km
Äußerer Mantel	bis in rd. 400 km Tiefe
Übergangszone	bis in rd. 900 km Tiefe
Innerer Mantel	bis in rd. 2700 km Tiefe
Mantel-Erdkern-Grenzraum	bis in rd. 2900 km Tiefe
Äußerer Erdkern	bis in rd. 4980 km Tiefe
Übergangszone	bis in rd. 5120 km Tiefe
Innerer Erdkern	bis in rd. 6370 km Tiefe

Temperatur im Erdkern 2000 °C – 4000 °C, im äußeren Erdkern rd. 2900 °C, im unteren Mantel rd. 2000 °C, in 14 km Tiefe noch rd. 300 °C

Bis zu einer Tiefe von 7 bis 10 km ist in der Erdkruste so viel Wärme gespeichert, dass ihre Gesamtmenge den Heizwert aller Brennstoffe um mehr als das 5000-Fache übersteigt.

M6 Bohrung in der Tiefsee

Das Projekt Mohole

Die USA starteten 1960 eine Bohrung, die so tief wie möglich in das Erdinnere eindringen sollte. Deshalb musste vom Tiefseeboden aus gebohrt werden. Das war technisch nicht einfach und kostete 15 Millionen US-Dollar.

Vor der Antilleninsel Guadaloupe brachte die Mannschaft die erste Bohrung nieder. Der Diamantbohrer durchdrang ohne Schwierigkeiten eine 170 Meter dicke, lockere Gesteinsschicht. Danach fraß sich der Bohrkopf Millimeter um Millimeter in das harte Basaltgestein vor. Dann musste der Bohrkopf ausgewechselt werden. Aber die Bohrtechniker fanden das Bohrloch nicht wieder. Das Vorhaben wurde abgebrochen. Auch ein zweiter Versuch endete vorzeitig. Diesmal riss das Bohrgestänge während eines Sturmes ab.

1. Erläutere, inwiefern Erdbeben zur Erkundung des Erdinnern genutzt werden können (M2).
2. Beschreibe den Schalenbau der Erde (M1, M5).
3. Berichte über das Projekt Mohole (M4, M6).
4. Informiere dich über das Kontinentale Tiefbohrprogramm Windischeschenbach (z. B. im Internet). Arbeite über dieses Projekt ein Referat aus (M4).

Driftende Kontinente

M1 Schema der plattentektonischen Prozesse

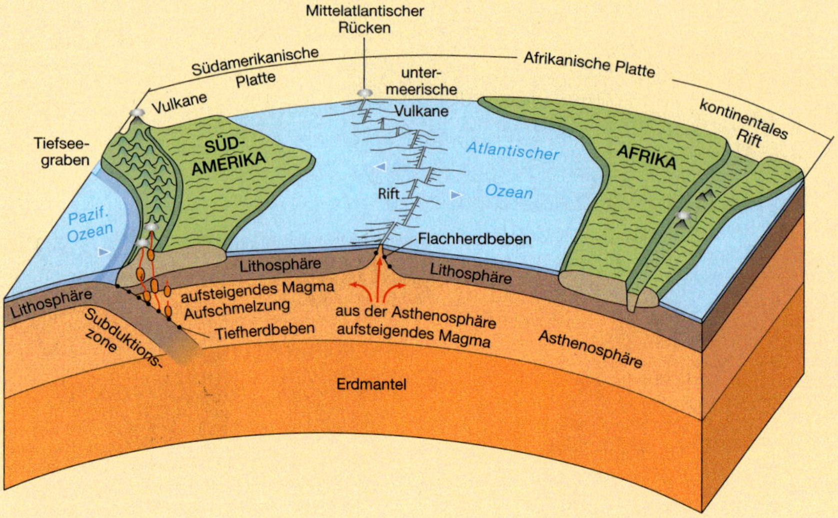

Lithosphäre (Griech.: *lithos* = Stein) = Gesteinsmantel der Erde

Subduktionszone (Lat.: *subducere* = Abtauchen) = Abtauch- oder Unterschiebungszone

Asthenosphäre (Griech.: *a* + *sthenos* = ohne Festigkeit) = weiche, plastische Schicht unterhalb der Lithosphäre

Rift (Engl.) = Spalt, Riss; *rift valley* = Grabenbruch

M2 Die Hypothese von der Kontinentaldrift

Zu Beginn des 20. Jahrhunderts war dem deutschen Forscher Alfred Wegener aufgefallen, dass Afrika und Südamerika wie die Teile eines Puzzles zusammenpassen. Ihm kam der Gedanke, dass die Kontinente in früheren Zeiten der Erdgeschichte eine Einheit gebildet haben könnten. Später brach diese riesige Festlandsmasse auseinander und die einzelnen Teile entfernten sich voneinander.

M3 Die Drift der Kontinente

Plattentektonik: das neue Bild der Erde

Alfred Wegeners Hypothese der Kontinentaldrift wurde zunächst allgemein abgelehnt. Erst in der zweiten Hälfte des 20. Jahrhunderts erkannte man aufgrund neuer Forschungsergebnisse, dass seine Überlegungen im Prinzip richtig waren.

Nach heutigen Erkenntnissen der Geologie besteht die Erdkruste aus mehreren großen und vielen kleineren Bruchstücken, die man „Platten" nennt. Diese starren und spröden Gesteinsplatten schwimmen auf dem zähflüssigen Gestein der Asthenosphäre.

Aus dem Erdinneren gelangt an manchen Stellen vermehrt Wärme nach oben. Dort quillt das Magma auf und drückt die benachbarte Gesteinsschmelze zur Seite. Anderenorts sinkt kühleres Magma wieder ab. Auf diese Weise entstehen geschlossene Magmawalzen, die man „Konvektionsströme" nennt. Die Platten werden von den Konvektionsströmen angetrieben – wie Eisschollen durch Meeresströmungen. Sie driften jährlich bis zu dreißig Zentimeter. Die Geologen entwarfen zu diesen Vorgängen eine Theorie der Plattentektonik.

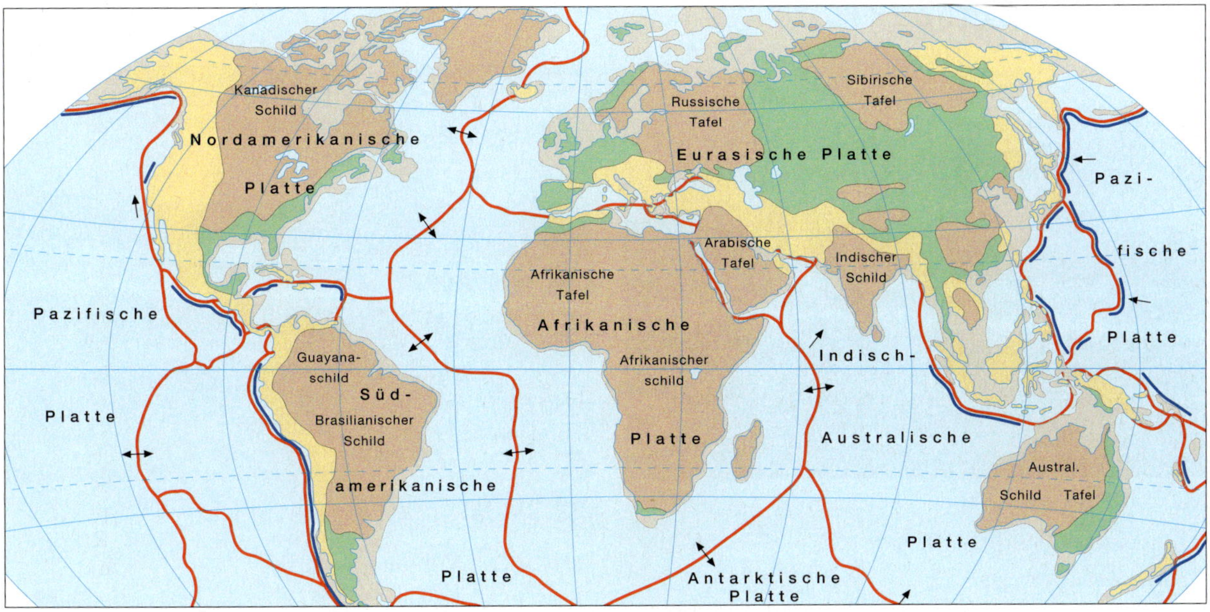

M4 Das Plattenmosaik mit geologischen Großformen und Schwächezonen der Erde

Plattengrenzen im Atlantik
Unter dem Atlantik strömt Mantelmaterial auf und dehnt den Ozeanboden. Dadurch steigt Magma auf und ruft untermeerische Vulkanausbrüche hervor. Das aufsteigende Material bildet ein untermeerisches Gebirge – den Mittelatlantischen Rücken. Beiderseits des Rückens werden die Platten durch aufsteigendes Magma auseinandergeschoben. Der Atlantik verbreitert sich durch die Bildung von neuem Ozeanboden. Afrika und Südamerika entfernen sich voneinander. An der Westseite wird Südamerika gegen die Pazifische Platte geschoben. Durch die Stauchung falten sich am Kontinentalrand die Anden auf. Das Basaltgestein der ozeanischen Kruste ist schwerer als das Granitgestein der kontinentalen Kruste und taucht unter den Kontinent ab.

Grabenbruch in Ostafrika
An einem mehrere Tausend Kilometer langen Grabenbruch wölbt aufsteigendes Magma die starre Kruste auf. Das Gestein wird gedehnt, bis es zerreißt. Gräben brechen ein, Vulkangebirge türmen sich auf, Afrika reißt auseinander.

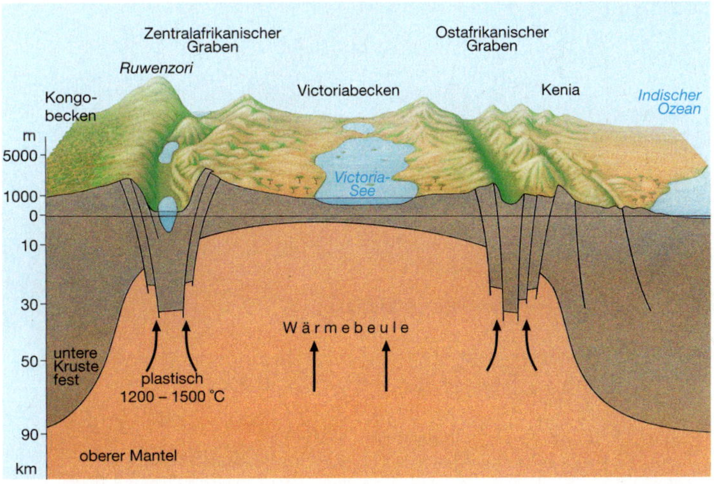

M5 Schnitt durch Ostafrika am Äquator

1. Erläutere die Theorie der Plattentektonik (Text, M1 – M3). Verwende dabei auch die Begriffe „Aufbrechen“ und „Öffnen“ sowie „Verschlucken einer Platte“, „Vulkanismus“ und „Erdbeben“.
2. Nenne große Platten der Erdkruste und beschreibe die Veränderungen ihrer topographischen Lage im Laufe der Erdgeschichte (Text, M3, M4).
3. Begründe, warum Ostafrika in einigen Millionen Jahren zu einer Insel wird (Text, M5).

Vulkane und Erdbeben

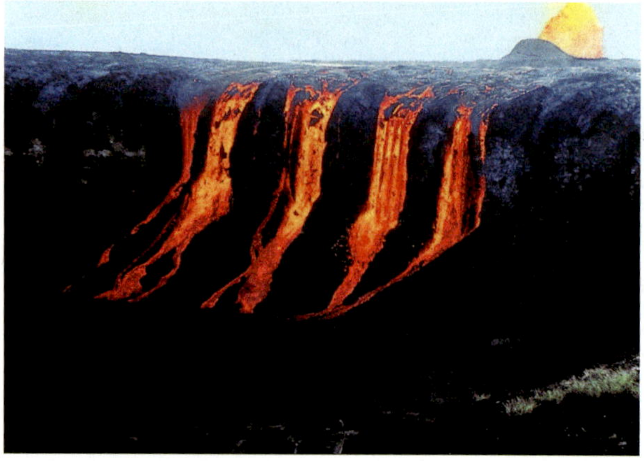

M1 Ausbruch eines Hawaii-Vulkans

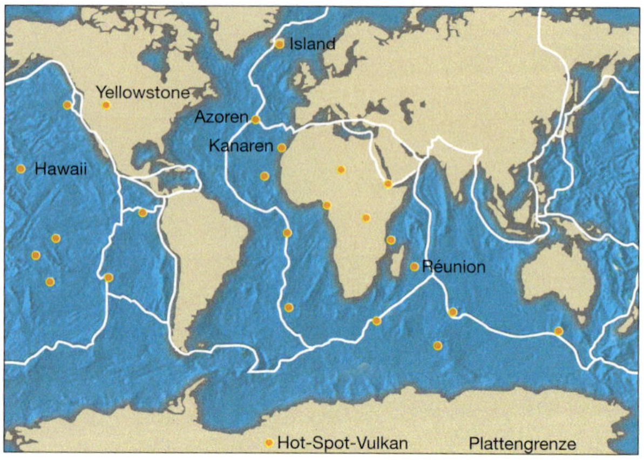

M4 Hot Spots der Erde

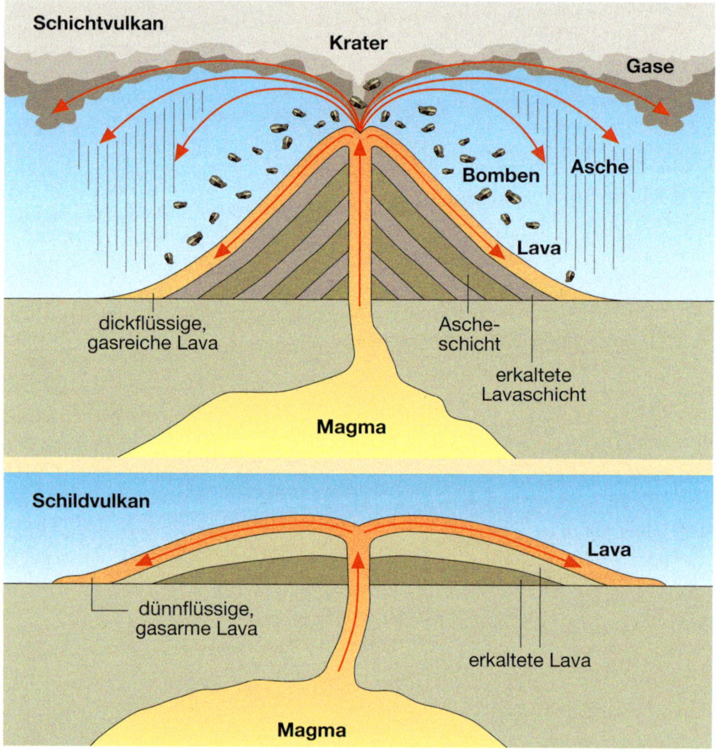

M2 Aufbau von Schicht- und Schildvulkanen

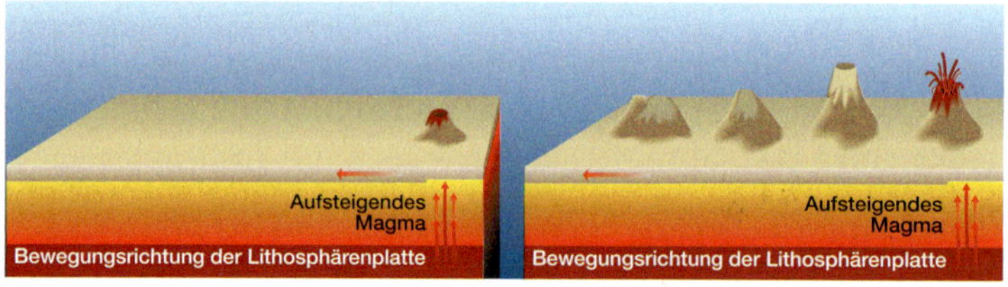

M3 Entstehung einer Inselkette durch einen Hot Spot

Vulkane

Das 1000 bis 1400 °C heiße glutflüssige Gestein, das Magma, steht in der Erdkruste unter hohem Druck. Es dringt durch den Vulkanschlot an die Erdoberfläche und tritt als Lava aus. Bei einer explosionsartigen Druckentlastung werden Lavafontänen und sogenanntes „Lockermaterial" – d. h. Asche und Gesteinsbrocken – herausgeschleudert und im Laufe der Zeit in Schichten abgelagert. Solch einen Vulkan mit steilen Hängen, der zähflüssige Lava befördert, bezeichnet man als „Schichtvulkan". Der Vesuv, der Ätna und der Teide auf Teneriffa sind Beispiele für diesen Vulkantyp.
Schildvulkane fördern dünnflüssige, gasarme Lava, die sich weit ausbreitet. Eine explosive Eruption findet nicht statt, weil sich im Innern des Vulkans kein hoher Druck aufbaut. Beispiele für solche „friedlichen" Vulkane sind der Mauna Loa und der Mauna Kea auf Hawaii.

Die meisten Vulkane liegen an Plattengrenzen, sie treten aber auch an kontinentalen Grabenbrüchen auf. Eine Sonderform sind „Hot Spots", die nicht an Plattengrenzen gebunden sind. Sie liegen seit Millionen von Jahren an der gleichen Stelle, während sich die Platten der Erdkruste bewegen. Dadurch entstehen immer neue Vulkane, aus denen sich eine Inselkette bildet.

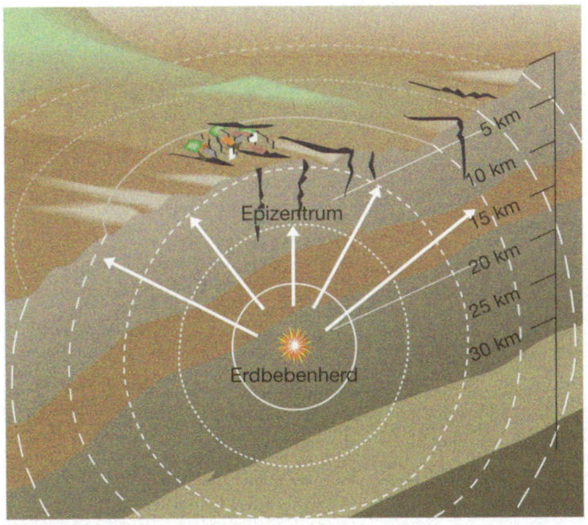

M5 Ausbreitung von Erdbebenwellen

M6 Zerstörungen nach einem Erdbeben in Izmit (Türkei)

Entstehung von Erdbeben

An den Plattengrenzen ist die Erdbebengefahr besonders groß. Erdbeben sind Erschütterungen der Erdkruste bzw. des oberen Erdmantels. Besonders gefährdet sind Gebiete, in denen sich die Platten aneinander vorbeischieben. Driften zwei Platten aneinander vorbei, können sie sich so verhaken, dass Spannungen auftreten. Wenn der Druck zu groß wird, reißen sich die Platten mit einem abrupten Ruck los und die plötzliche Energieentfaltung äußert sich in einem Erdbeben.

Die Erdbebenwellen breiten sich vom Erdbebenzentrum in alle Richtungen aus. Im Epizentrum – dem Ort über dem Bebenherd an der Erdoberfläche – werden die stärksten Erschütterungen registriert.

Messung von Erdbeben

Mithilfe eines Seismographen kann man Erschütterungen bei einem Erdbeben messen und den Verlauf aufzeichnen. Eine solche Aufzeichnung heißt „Seismogramm“. Die meisten Erdbeben entstehen in Tiefen bis zu 100 Kilometern. Die Stärke eines Erdbebens wird meist nach der Richter-Skala angegeben. Diese Skala ist nach oben offen. Beben der Stärke 2 bis 3 verursachen spürbare Erschütterungen, bei der Stärke 4 bis 5 kommt es zu Schäden an Gebäuden. Schwere Schäden an Bauwerken richten Beben der Stärke 6 und mehr an. Die schwersten Beben übersteigen den Wert 9.

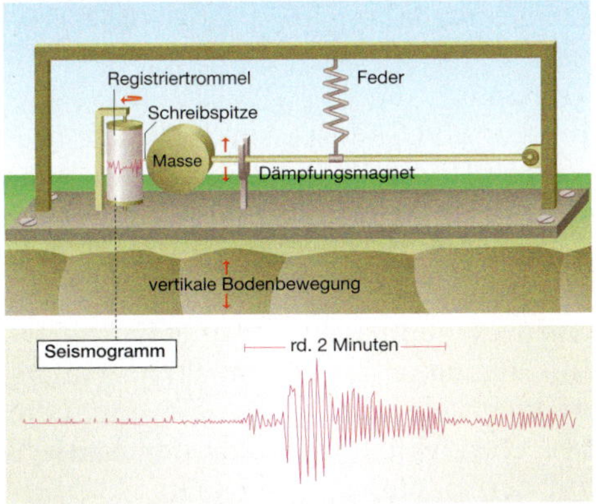

M7 Seismograph und Seismogramm

M8 Seismologe bei der Arbeit

1. Berichte über die Vorgänge bei einem Vulkanausbruch (Text, M1, M2).
2. Liste die Besonderheiten eines Hot Spots auf (Text, M1, M3, M4).
3. Erläutere die Entstehung von Erdbeben (Text, M6).
4. Beschreibe die Funktionsweise eines Seismographen (Text, M5, M7).
5. Erkläre, warum Vulkanausbrüche auch meistens von Erdbeben begleitet werden.

Tsunamis und Wirbelstürme

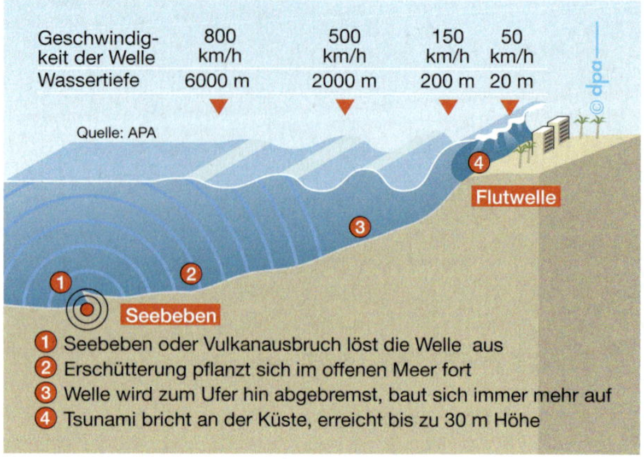

M1 Entstehung der tödlichen Flutwelle

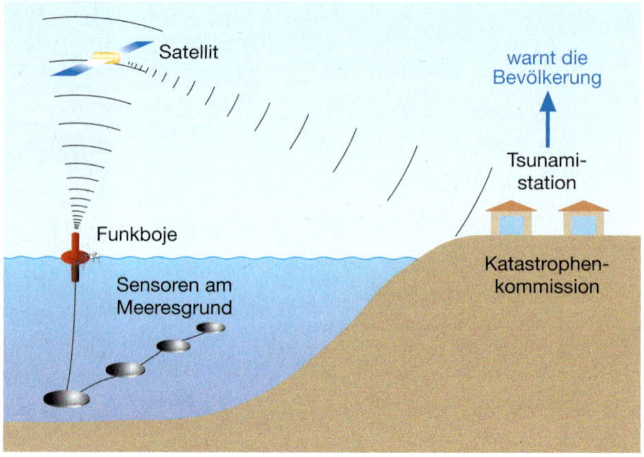

M2 Frühwarnsystem

2.4.2007: Tsunami im Südpazifik: Verwüstung der Salomonen-Inseln durch 12 m hohe Flutwelle, Auslöser: Seebeben Stärke 8 auf der Richterskala
17.12.2006: Tsunami vor Java: 2 m hohe Flutwelle Überschwemmungen, 700 Tote, Auslöser: Seebeben Stärke 6,8 im Indischen Ozean
26.12.2004: Tsunami im Indischen Ozean: bis 10 m hohe Flutwelle, 231 000 Tote, Verwüstungen in acht asiatischen Ländern Auslöser: Seebeben vor Sumatra, Stärke 9,3
27.8.1883: Tsunami im Indischen Ozean: 40 m hohe Flutwelle, Zerstörung von 295 Küstenorten, 36 000 Tote Auslöser: Ausbruch des Vulkans Krakatau

Tsunamis
In Süd- und Südostasien taucht die ozeanische (Indische Platte) um etwa sechs Zentimeter pro Jahr unter die eurasische Kontinentalplatte ab. Daraus entstehen in diesem Gebiet häufig Seebeben, die einen Tsunami auslösen können.
Ein Tsunami (Japanisch: lange Hafenwelle) ist eine Springflut, die durch ein Seebeben von mindestens der Stärke 7 auf der Richterskala entsteht.
Da auf dem offenen Meer die Wellenhöhe nur einen halben Meter beträgt, wird sie dort oftmals gar nicht bemerkt. Erst im flachen Küstensaum kann sich die Welle aufbauen und eine Höhe von bis zu 30 Metern erreichen.
Am Strand macht sich der Tsunami zunächst durch ein außergewöhnlich starkes Zurückweichen des Wassers bemerkbar, bevor es als zerstörerische Welle zurückkommt.
Da Tsunamis an Land erst spät bemerkbar sind, hat man bereits in vielen Regionen satellitengestützte Frühwarnsysteme auf dem Meeresboden installiert.

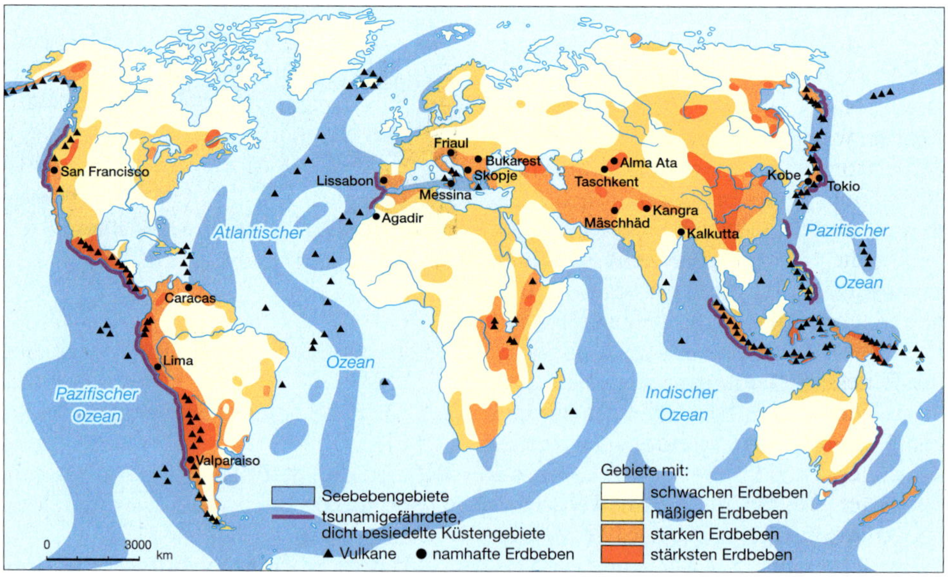

M3 Schwächezonen der Erde: Erdbeben-, Seebeben-, Tsunami- und Vulkangebiete

M4 Zugbahnen von Wirbelstürmen

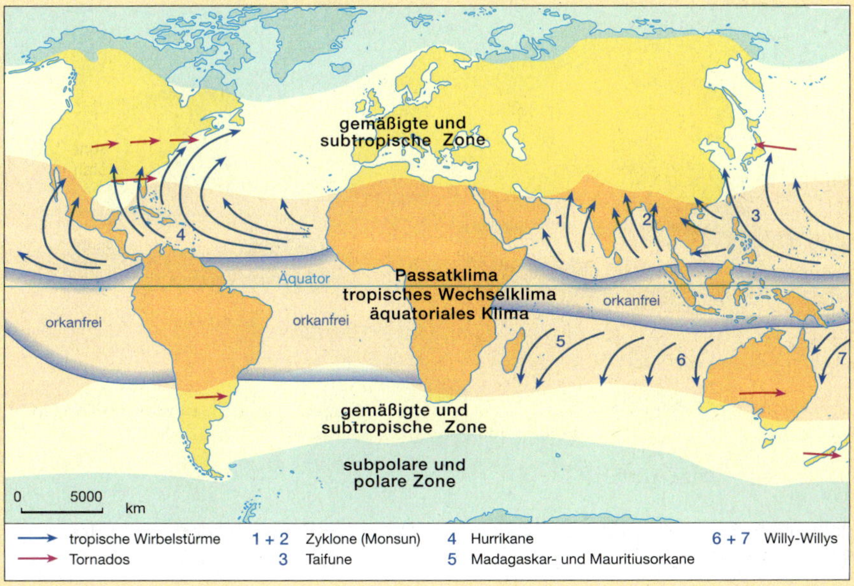

Hurrikan
2005: Katrina (USA), 1400 Tote, 60 Mrd. US-$ Schaden

Taifun
10.–16.8.2006: Saomai (China, Philippinen) 440 Tote, 1,4 Mrd. US-$ Schaden

19.9.2007: Wipha (Schanghai, Taiwan, Korea) Evakuierung von Bewohnern

Tornado
6.–8.4.2006: (USA), 12 Tote, 1,6 Mrd. US-$ Schaden

Wirbelstürme

Tropische Wirbelstürme (Amerika: Hurrikane, Asien: Taifune) bilden sich ausschließlich über den tropischen Ozeanen bei Wassertemperaturen über 27 °C. In der Mitte des Wolkenwirbels liegt das „Auge". Darin ist es windstill und wolkenlos. Das Auge wird von einem Ring mit heftigsten Gewittern, stärksten Regenfällen zwischen einem halben bis zwei Metern Wasser pro Quadratmeter am Tag und höchsten Windgeschwindigkeiten zwischen 200 und 400 km/h begrenzt. Nach außen schließen sich ringförmig weitere Regenwolken an. In einem tropischen Wirbelsturm kann an jedem Tag so viel Wärmeenergie freigesetzt werden, wie in einem Jahr weltweit elektrische Energie verbraucht wird.
In der gemäßigten und subtropischen Zone entstehen Tornados, kurzlebige Wirbelstürme von nur 100 bis 600 Metern Durchmesser. Sie sind sehr schnell drehende Winde, die um ein schmales Gebiet äußerst niedrigen Luftdrucks wehen. Charakteristisch sind ihre bis zu einem Kilometer hoch reichenden schlauchartigen Wolkenwirbel. Die Aufwinde sind so stark, dass selbst Lokomotiven und Autos hochgehoben werden können.

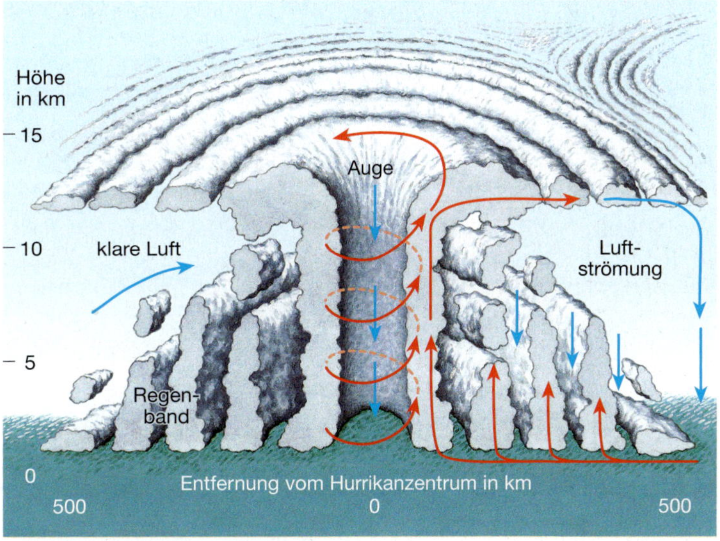

M5 Querschnitt eines Hurrikans

1. Erläutere die Entstehung von Tsunamis (Text, M1).
2. Lokalisiere Gebiete, die durch Tsunamis gefährdet sind (Text, M3).
3. Berichte über Frühwarnsysteme (Text, M2).
4. Beschreibe den Aufbau eines Hurrikans. Beachte die Ausdehnung, die innere Gliederung und die Luftströmungen (Text, M5).
5. Skizziere mündlich die topographische Lage sowie die Zugbahnen von Hurrikanen, Taifunen und Tornados (M4).

Erdgeschichtliche Entwicklung Europas

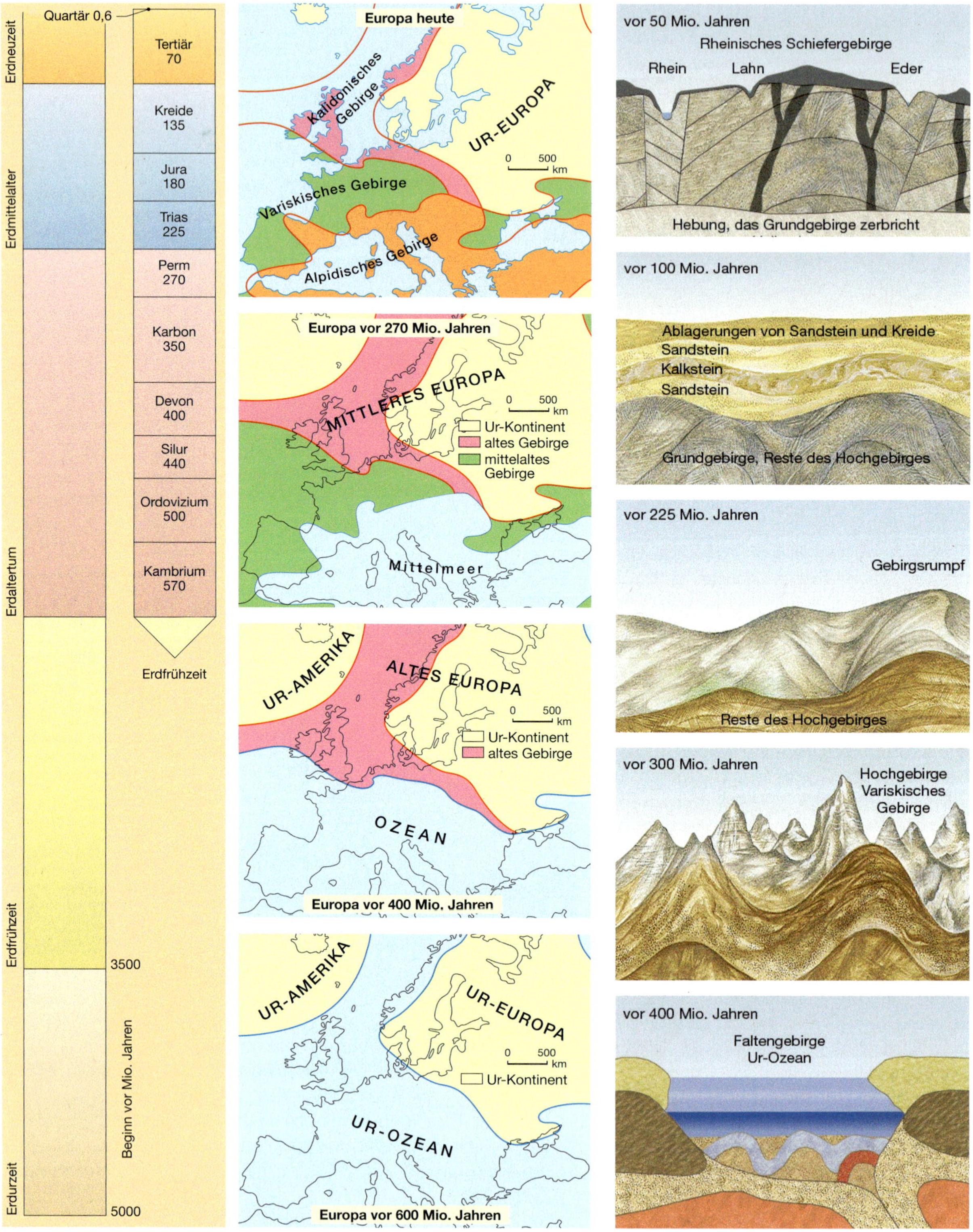

M1 Erdgeschichte Entwicklung Europas

M2 Gebirgsbildungen und Entwicklungen des Lebens auf der Erde (1 Präkambrium, 2 Kambrium, 3 Perm, 4 Quartär)

Zeit der jungen Gebirgsbildung. Es existierten schon die meisten Pflanzen- und Tierarten: Laub- und Nadelbäume, Vögel, Fische, Säugetiere.
Die jungen Gebirge wachsen seit 70 Millionen Jahren. Das können wir nicht sehen, weil die Hebung nur etwa einen Millimeter pro Jahr beträgt. Ohne die abtragenden erdäußeren Kräfte, wie Wasser und Eis, wären sie inzwischen viel höher geworden.

Zeit der Gebirgsbildung des Erdmittelalters. Pflanzen und Tiere, z. B. Reptilien, besiedelten vom Meer aus das Land. In vielen Millionen Jahren wuchs das Gebirge. Vor etwa 300 Millionen Jahren erreichte es seine größte Höhe.
Dort, wo heute das Erzgebirge liegt, war das mittelalte Gebirge wahrscheinlich über 2000 Meter hoch.

Zeit der alten Gebirgsbildung. Im Erdaltertum hatte sich in den Meeren eine Vielzahl wirbelloser Tiere wie Quallen, Korallen und Muscheln entwickelt. Auf dem Land wuchsen bereits Pflanzen. Tiere gab es hier noch nicht. Mit der Hebung der 600 Millionen Jahre alten Gebirge begann auch deren Abtragung.

Zeit der Ur-Kontinente. Die Erde entstand vor etwa fünf Milliarden Jahren aus einer Feuerkugel.
Vor etwa 3,5 Milliarden Jahren war sie so weit abgekühlt, dass sich eine Kruste aus festem Gestein bilden konnte. Es entstanden die Ur-Kontinente.

Die erdgeschichtliche Entwicklung
Die Entwicklungsgeschichte der Erde reicht etwa 5 000 000 000 (fünf Milliarden) Jahre zurück. Das ist ein Zeitraum, den man sich kaum vorstellen kann.
Geologen teilen die Geschichte der Erde ähnlich der Menschheitsgeschichte in fünf große Abschnitte ein. Sie berücksichtigen dabei die Entwicklung des Lebens auf der Erde, die Herausbildung der Kontinente und Ozeane, das Entstehen und Vergehen der Gebirge. Auch Europa hat sich in dieser langen Zeit zu seiner gegenwärtigen Gestalt herausgebildet. Es entstand ein stark gegliederter und vielgestaltiger Kontinent.

1. Werte die Materialien auf dieser Doppelseite (M1, M2) unter folgenden Gesichtspunkten aus:
   a) Pflanzen- und Tierwelt entwickeln sich im Verlauf der Erdgeschichte.
   b) Gebirgsbildungen verändern die Gestalt Europas.
   Lege dazu eine Tabelle an.
2. Arbeitet in Gruppen:
   a) Entwerft eine ein Quadratmeter große geologische Jahresuhr. Stellt fünf Milliarden Jahre Erdgeschichte als einen Tag dar.
   b) Stellt einen Zeitstrahl zur Erdgeschichte her. Setzt fünf Milliarden Jahre mit fünf Metern gleich.

Die Entstehung der Alpen

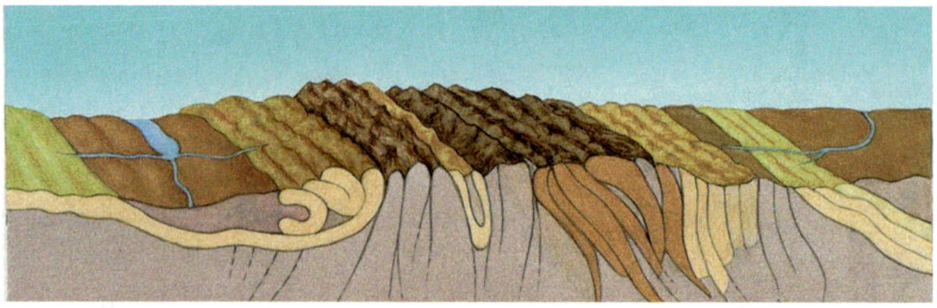

M1 Erdgeschichte Entwicklung Europas

M3 Gesteinsfalten (Lechtaler Alpen)

M2 Entstehung der Alpen

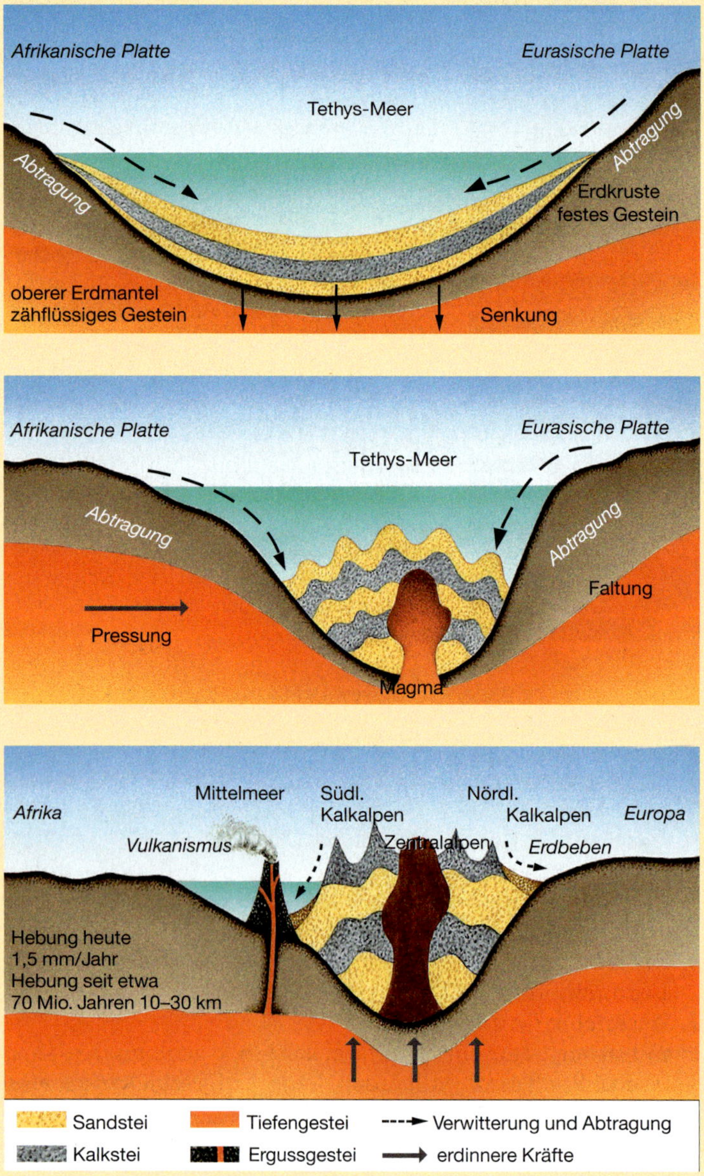

1. Abschnitt: Meeresbecken

Durch langsames Absenken des Meeresbodens bildete sich vor 200 Millionen Jahren ein weites Meeresbecken. Flüsse verfrachteten vom Festland Geröll, Sand und Schlamm in das Becken.

Kalkschalen von Meerestieren sanken auf den Meeresboden. So entstanden in Millionen Jahren kilometerdicke Schichten von Sandstein und Kalkstein.

2. Abschnitt: Faltung

Die Sandstein- und Kalksteinschichten gerieten in der Tiefe unter gewaltigen Druck und dabei erhitzten sich die Gesteine. Schließlich wurden die Gesteinsschichten plastisch.

Die Afrikanische Platte presste die Schichten gegen die Eurasische Platte. Im immer enger werdenden Meeresbecken wurden sie gefaltet. Aus den Gesteinsschichten wurde ein Faltengebirge.

3. Abschnitt: Hebung und Abtragung

Die Erdplatten hoben das Faltengebirge seit 70 Millionen Jahren ganz langsam um zehn bis 30 Kilometer. Sobald der Faltenbau über dem Meeresspiegel erschien, wirkten die Kräfte der Verwitterung und Abtragung.

Über lange Zeit wurde das Faltengebirge aber schneller gehoben, als Gestein abgetragen werden konnte. So entstand ein über 3000 Meter mächtiges Hochgebirge. Die Alpen wachsen im Jahr um etwa anderthalb Zentimeter. Beim Himalaya sind es bis zu drei Zentimeter.

Kaledonische Gebirgsbildung
Die älteste große Gebirgsbildung fällt in die frühe Erdalterzeit. Dabei entstanden die heute abgetragenen Rumpfgebirge in Nordirland, Schottland und Norwegen. Der Name leitet sich von „Caledonia" ab – der lateinischkeltischen Bezeichnung für Schottland.

Variskische Gebirgsbildung
Vor 300 Millionen Jahren durchzog ein Hochgebirge Mitteleuropa. Sein Name stammt von dem germanischen Stamm der Varisker. Das Gebirge entstand genauso wie die Alpen. Gegen Ende der Erdaltzeit ließen die erdinneren Kräfte nach, das Gebirge wuchs nicht weiter. Die erdäußeren Kräfte der Verwitterung trugen die Berge in Millionen von Jahren ab. Nach 40 Millionen Jahren war nur noch ein Gebirgsrumpf mit einer welligen Landoberfläche übrig.

Alpidische Gebirgsbildung
Die Alpen sind der Prototyp junger Faltengebirgsbildung. In der Erdneuzeit, dem jüngsten Abschnitt in der Geschichte der Erde, wurden die jungen Faltengebirgsgürtel aus dem Meer herausgehoben. Sie reichen von Gibraltar in Südeuropa und dem Atlasgebirge in Nordafrika bis zu den Sundainseln in Südostasien. Sie erstrecken sich in Ostasien sowie Nord- und Südamerika rings um den Pazifik. Die Alpen sind zwar nur ein kleiner Ausschnitt aus den gewaltigen Gebirgszügen, aber nach ihnen wurde die Entstehung der jungen Faltengebirge die alpidische Gebirgsbildung genannt.

Bruchschollengebirge
Die Faltung und Hebung der Alpen, die vor 200 Millionen Jahren einsetzte, übte einen starken Druck auf den Gebirgsrumpf des Variskischen Gebirges aus. Das starre Gestein, das inzwischen von Sedimenten bedeckt war, ließ sich nicht mehr falten und zerbrach in einzelne Schollen, die sich vertikal, horizontal oder gegeneinander bewegten. So wurden z. B. die Bruchschollen des Thüringer Waldes und des Harzes über 1000 Meter herausgehoben.

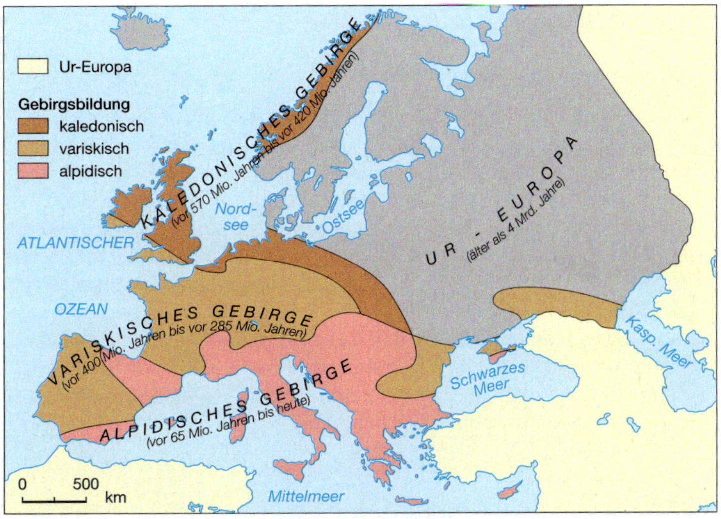

M4 Drei große Gebirgsbildungen in Europa

M5 Verteilung von Land und Meer vor 100 Millionen Jahren

1. Erläutere die Entstehung eines Faltengebirges (M1 – M3).
2. Ordne das Foto M3 dem entsprechenden Abschnitt der Gebirgsbildung zu (M2, M3).
3. Vergleiche die Verteilung von Land und Wasser mit der Verteilung vor 100 Millionen Jahren (M5).
4. Beschreibe den Verlauf der jungen Faltengebirgsgürtel auf der Erde (Text, vorderer Einband, Atlas).
5. Erarbeite einen Vortrag über die drei großen Gebirgsbildungen in Europa (Text, M4).

Wo findet man Bodenschätze?

M1 Was für die Geologen gilt

In den Gebieten, wo in Faltengebirgen an Rissen in der Erdkruste Magma gefördert wurde, schieden sich Erze aus. Am besten gelangen die Bergleute an die Erzlagerstätten, wenn die Faltengebirge infolge ihres hohen Alters abgetragen sind. In den Schilden der Urkontinente sind sie sogar von der Gesteinsabtragung freigelegt worden. Dort liegt auch Eisenerz, das unter Druck und Hitze aus dem Gestein ausgepresst wurde. Dazu gehören die riesigen Erzplatten der Lagerstätte von Kiruna. Salze, Kohle, Erdöl und Erdgas findet man hingegen an anderen Stellen der Erdkruste – vor allem auf den geologischen Tafeln. Die Lagerstätten können auch am Rand und innerhalb der Faltengebirge auftreten – dort, wo sich der abgetragene Gesteinsschutt absetzte. Diese Vorkommen sind meist kleiner als die in den Tafeln.

Bodenschätze in Europa
Auffällig ist die ungleichmäßige Verteilung über den Kontinent. Die Lagerstätten der metallischen und der Energierohstoffe sind aber nur scheinbar unregelmäßig über die Erde verteilt, denn deren Entstehung ist abhängig von der Entwicklung der Erdkruste in Jahrmillionen. Einzelne Staaten haben unterschiedliche Anteile an den Bodenschätzen. Deutschland z. B. verfügt über bedeutende Kohle-, Norwegen über Erdöl- und Schweden über Erzvorkommen.

M2 Entstehung von Erzlagerstätten

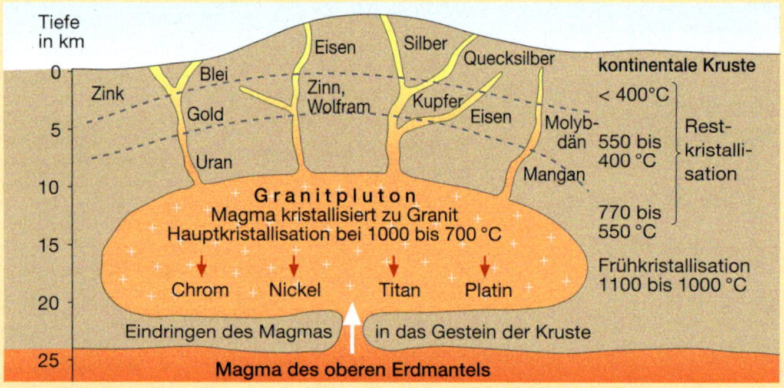

Im Laufe der Erdgeschichte unterlag die Erdkruste unter dem Einfluss erdinnerer Kräfte einer ständigen Entwicklung. Insbesondere bei der Bildung von Faltengebirgen bildeten sich Risse und Spalten. In ihnen wurde Magma aus dem Erdmantel gefördert, aus dem sich beim Erkalten der Gesteinsschmelze Erze ausschieden. Je nach der chemischen Zusammensetzung der Gesteinsschmelze und nach dem Zeitpunkt der Kristallisation bilden sich unterschiedliche metallische Minerale.

M3 Erdöl aus der Nordsee

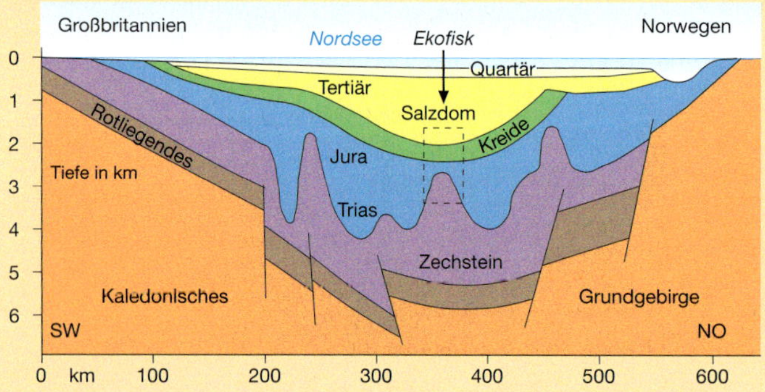

Das Erdölrevier Nordsee gehört zu den bedeutenden Erdöl- und Erdgasfördergebieten der Erde. Für die Nordseeanlieger stellt die Lagerstätte eine wichtige Energiereserve dar. Erdöl und Erdgas bestehen aus Kohlenwasserstoffen, die sich im Faulschlammgestein bildeten. Das sind feinkörnige Ablagerungen in sehr tiefen Meeresbecken. Sie entstehen in Jahrmillionen aus absinkenden Kalk-, Ton- und Sandteilchen zusammen mit großen Massen abgestorbener Pflanzen und Tiere.

M4 Braunkohle in Deutschland

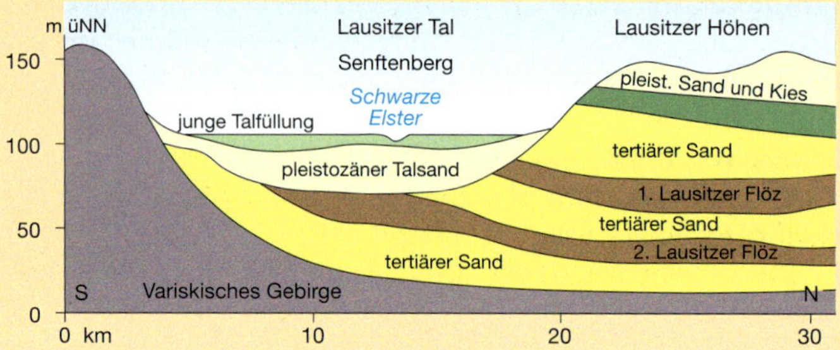

Seit dem Alttertiär überflutete das Meer im nördlichen Mitteleuropa immer wieder die flachwellige Landoberfläche des ehemaligen Variskischen Gebirges. In Becken und Mulden entstanden bei tropischem Klima aus den organischen Stoffen der Sumpfwälder die Braunkohlenlagerstätten des Rheinischen, Mitteldeutschen und Niederlausitzer Reviers.

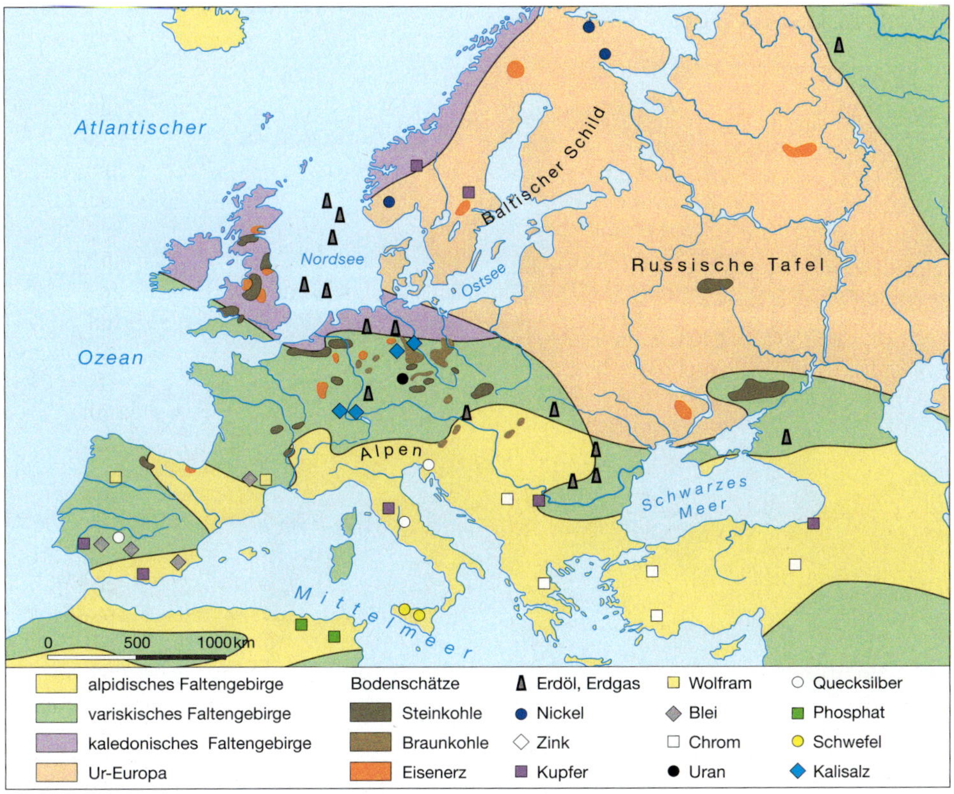

M5 Geologischer Bau und bekannte Lagerstätten

Was jeder von uns im Laufe seines Lebens an Rohstoffen verbraucht:

Sand und Kies	307,0 t
Braunkohle	158,0 t
Mineralöl	116,0 t
Erdgas [1000 m³]	89,6
Kalkstein	72,0 t
Steinkohle	67,0 t
Stahl	39,5 t
Zement	29,0 t
Steinsalz	12,0 t
Gips	8,5 t
Kaolin	4,0 t
Kalisalz	3,4 t
Aluminium	1,7 t
Kupfer	1,1 t
Stahlveredler	0,9 t
Phosphat	0,15 t

(Quelle: BGR)

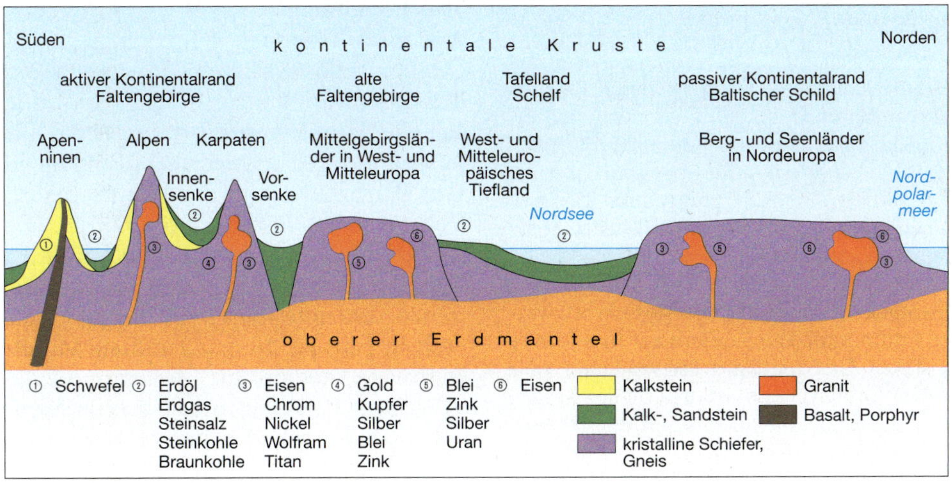

M6 Geologischer Bau und Lagerstätten Europas

M7 Deutschland – einer der größten Rohstoffverbraucher der Welt

Jeder von uns verbraucht im Laufe seines Lebens etwa 1000 Tonnen an Rohstoffen. Gut zwei Drittel davon entfallen auf mineralische Rohstoffe. Bei Metallrohstoffen sind wir zu 100 Prozent importabhängig.

(Quelle: Bundesanstalt für Geowissenschaften/BGR)

1. Vergleiche die Lagerstätten von Stein- und Braunkohle mit den Eisenerzlagerstätten (M2–M4) und berichte.
2. Erkläre die Verteilung von Metallrohstoffen und Energierohstoffen in Europa (M1, M5, M6).
3. Erläutere Folgen und Maßnahmen, die sich daraus ergeben, dass Deutschland einer der größten Rohstoffverbraucher der Welt ist (Tabelle, M7).
4. Gestaltet eine Wandzeitung zur Entstehung von Rohstoffen.

Gletschereis formte Landschaften

M1 Gliederung des Eiszeitalters in Jahren

2 000 000 bis 500 000:
drei Kaltzeiten und zwei Warmzeiten

Elster-Kaltzeit:
500 000 – 350 000

Warmzeit:
350 000 – 300 000

Saale-Kaltzeit:
300 000 – 130 000

Warmzeit:
130 000 – 70 000

Weichsel-Kaltzeit:
70 000 – 10 000

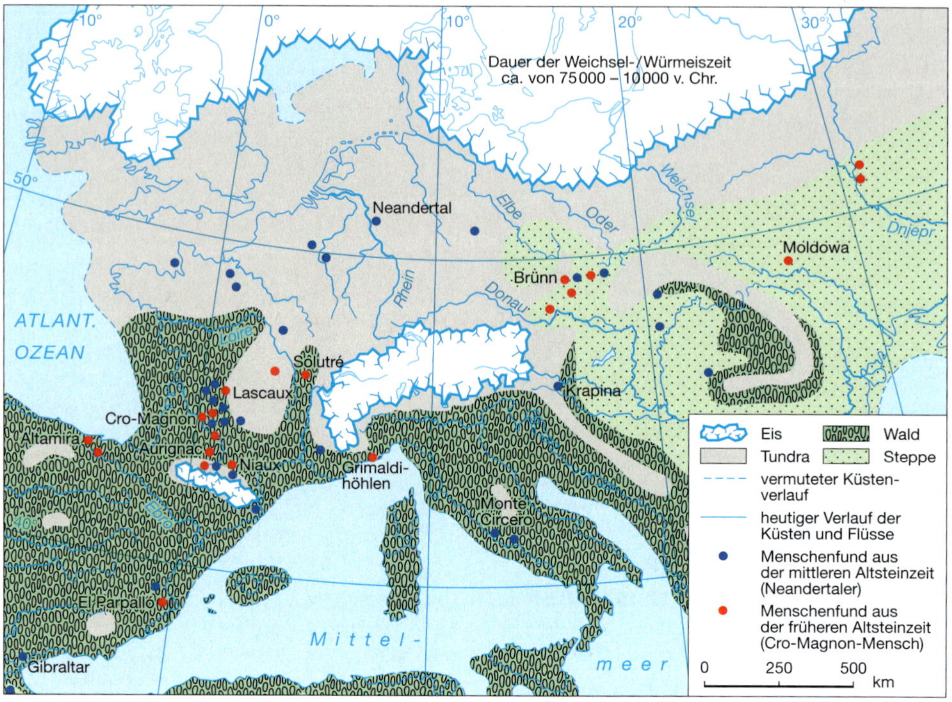

M2 Europa während der Weichsel-Kaltzeit

M3 Entstehung der glazialen Serie

Während des Eiszeitalters bildete sich auf der Skandinavischen Halbinsel bis zu 4000 Meter mächtiges Inlandeis. Es floss in den Kaltzeiten nach Süden ab und bedeckte in Europa fast fünf Millionen Quadratkilometer Landfläche. Gesteinsmaterial wurde mit dem Eis nach Nord- und Mitteldeutschland transportiert sowie abgelagert.
So entstanden die Teile der glazialen Serie: Grundmoräne, Endmoräne und Sander. Taute das Inlandeis ab, blieb das im Eis enthaltene Material, Steine und Lehm, als Grundmoräne liegen. Bis zu 60 Meter hohe Endmoränen aus Steinen, Kies, Lehm und Sand zeigen ein längeres Verharren des Eisrandes an. Das abfließende Schmelzwasser schüttete Sand aus den Endmoränen zu Sandern auf und formte breite Abflussrinnen. In diesen Urstromtälern fließen heute viele Flüsse in Richtung Ost- oder Nordsee ab. Lössstaub von den kahlen Moränen- und Sandflächen lagerte sich vor dem Nordrand der Mittelgebirge ab.

Das Eiszeitalter

Vor zwei Millionen Jahren begann ein Abschnitt der Erdgeschichte mit starken Klimaschwankungen. In den Kaltzeiten lag die Jahrestemperatur um sechs bis zehn Grad Celsius niedriger als heute, in den Warmzeiten war das Klima so ähnlich wie in den letzten 10 000 Jahren. Die letzte Kaltzeit ging vor 10 000 Jahren zu Ende. Unter den Bedingungen der Kaltzeiten verarmte die Pflanzen- und Tierwelt in Europa. In den Tundren Mitteleuropas lebten in diesem langen Abschnitt der Altsteinzeit bereits Menschen als Jäger und Sammler.

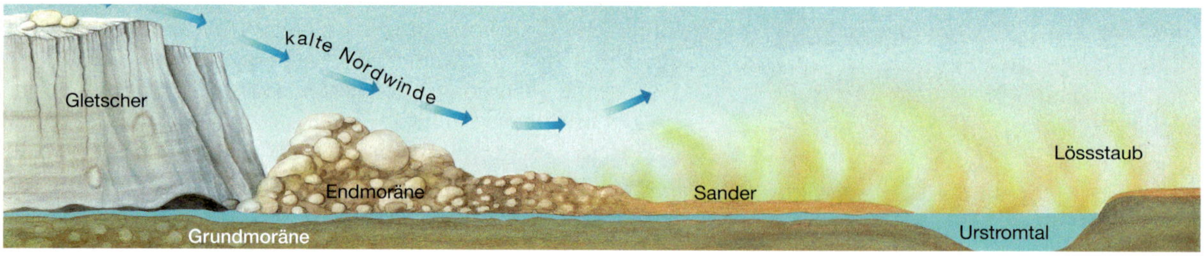

M4 Die glaziale Serie

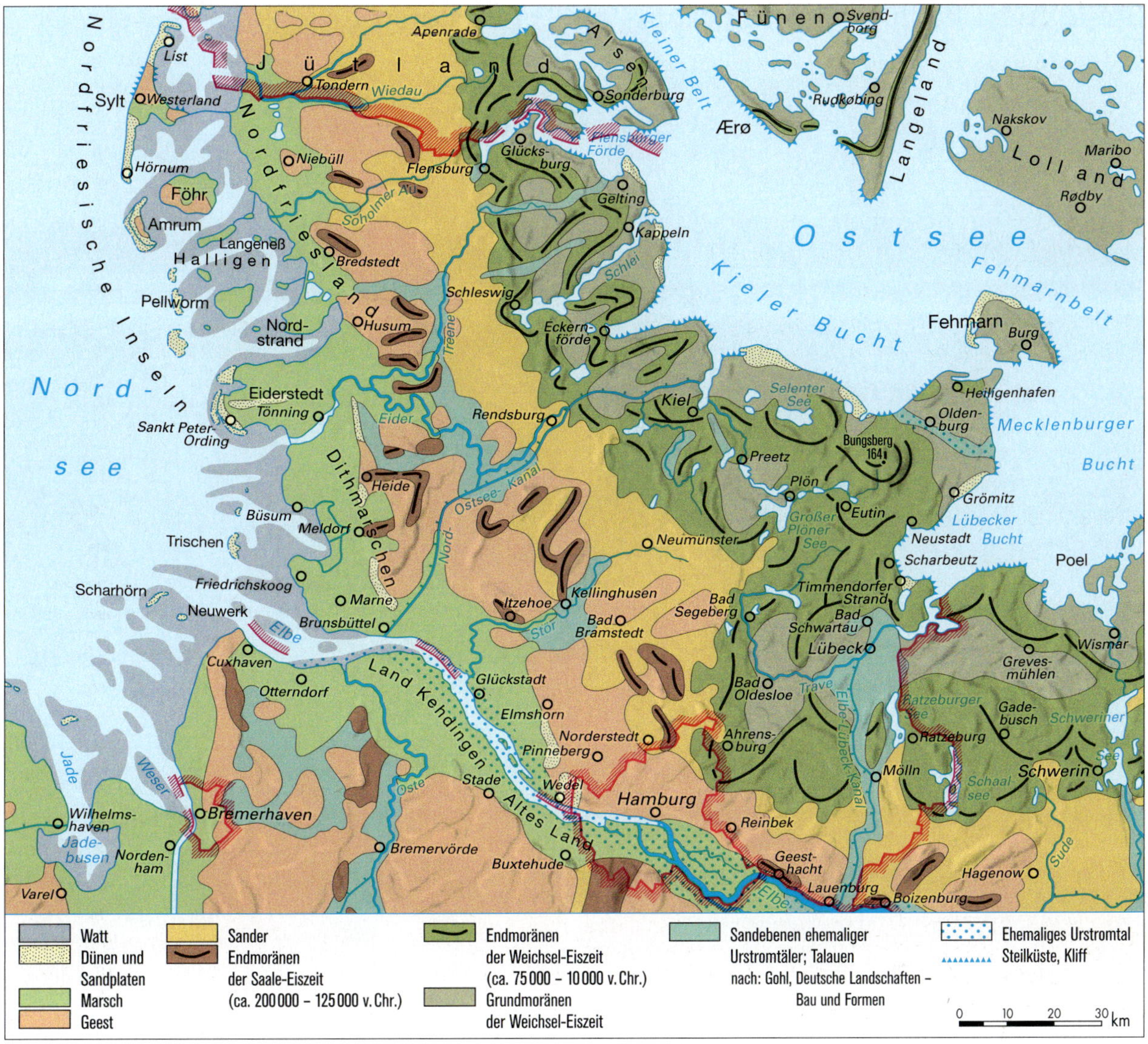

M5 Naturlandschaften in Schleswig-Holstein und Hamburg

Eiszeiten in Schleswig-Holstein

Nur an wenigen Stellen treten Formationen an die Erdoberfläche, die vor dem Eiszeitalter entstanden sind – wie der Buntsandstein auf Helgoland, die Kreide in Lägerdorf oder der Gips in Bad Segeberg. Das von Skandinavien anrückende Eis bedeckte Schleswig-Holstein zwei Mal, nur die letzte Kaltzeit – die Weichsel-Eiszeit – ließ den Westen und Süden eisfrei. Grund- und Endmoränen sowie Sanderflächen bilden den Kern der Halbinsel. Erst in der Nach-Kaltzeit führte der Meeresspiegelanstieg zu den Küstenformen an Nord- und Ostsee.

1. Stelle die Gliederung des Eiszeitalters auf einem Zeitstrahl dar (M2).
2. Beschreibe die Verbreitung des Inlandeises der Weichsel-Kaltzeit sowie die Verlagerung der Vegetationszonen in Europa (M1, Atlas).
3. Erkläre die Abfolgen der glazialen Serie (M2, M3).
4. Erläutere, wie die Oberflächenformen Schleswig-Holsteins durch die Kaltzeiten geprägt wurden. Benenne die Teile der glazialen Serie (Text, M3, M5, Atlas).
5. Beschreibe die räumliche Lage und die Entstehung von Landschaftsformen, die nach der letzten Kaltzeit entstanden sind (Text, M5).

Stelle deine Fachkompetenz bezüglich des Planeten Erde unter Beweis

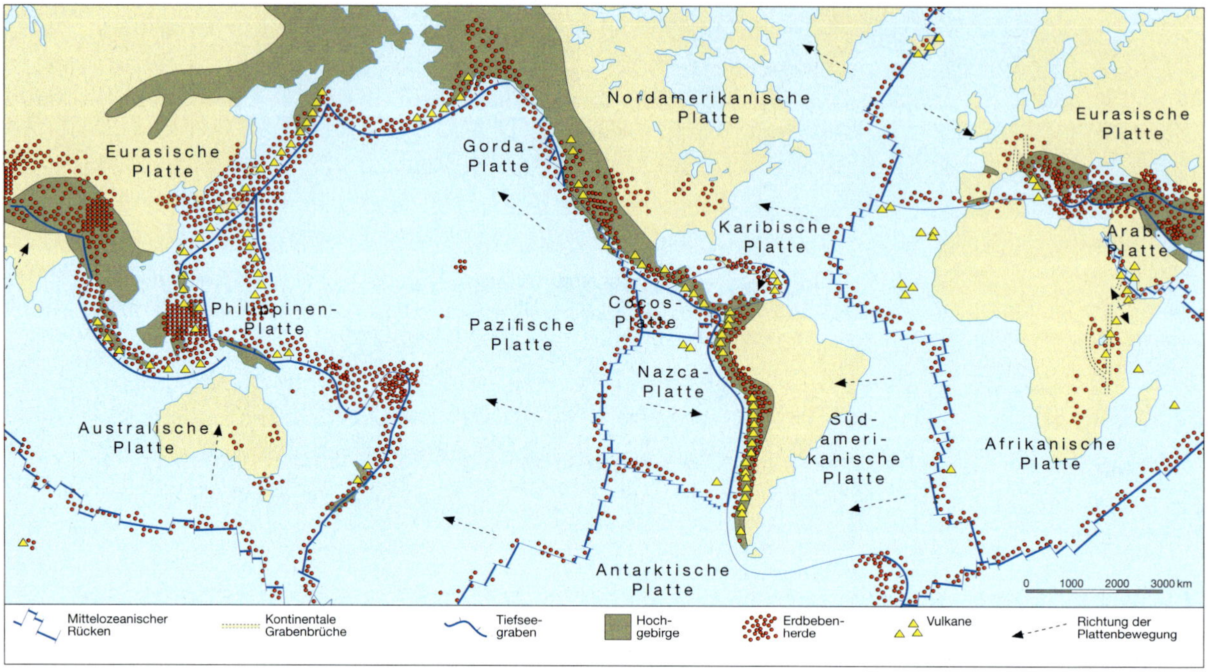

M1 Schwächezonen der Erde

1. Erläutere, wofür der Begriff „Schwächezonen“ verwendet wird.

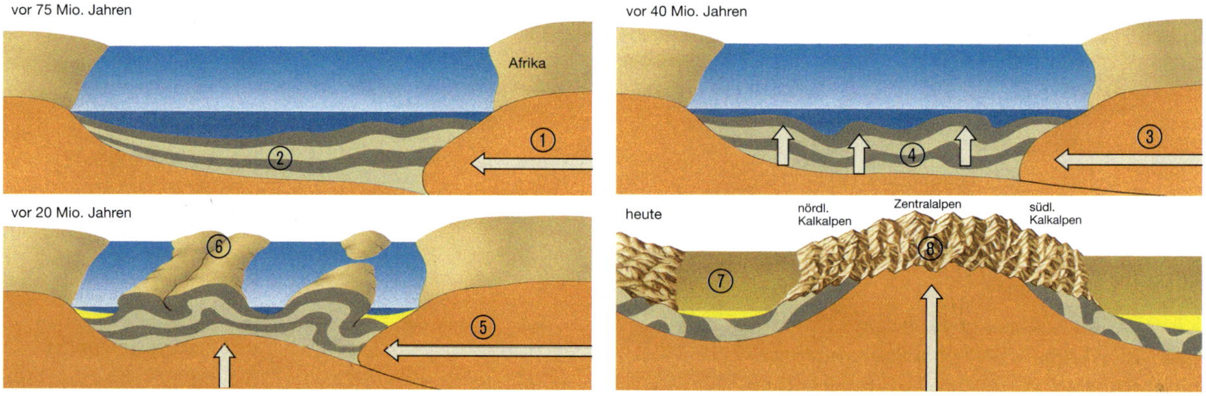

M2 Die Entstehung der Alpen

2. Erkläre den Ablauf der Entstehung der Alpen anhand der vier Skizzen. Ordne dazu den Nummern die richtige Aussage zu.

◯ Die Afrikanische Platte schiebt sich über die Eurasische Platte.

◯ Die Meeresteile haben sich mit Ablagerungsschutt gefüllt.

◯ Im Meer zwischen den Kontinenten lagern sich Sedimente ab.

◯ Die Afrikanische Platte bewegt sich weiter auf die Eurasische Platte zu.

◯ Durch den Druck, welchen beide Gesteinsplatten auf die abgelagerten Schichten ausüben, beginnt die Auffaltung des Gebirges.

◯ Die Afrikanische Platte bewegt sich nach Norden gegen die Eurasische Platte.

◯ Die abgelagerten Gesteinsschichten werden gefaltet und gehoben.

◯ Am Ende der Erdneuzeit ist ein neues Hochgebirge entstanden.

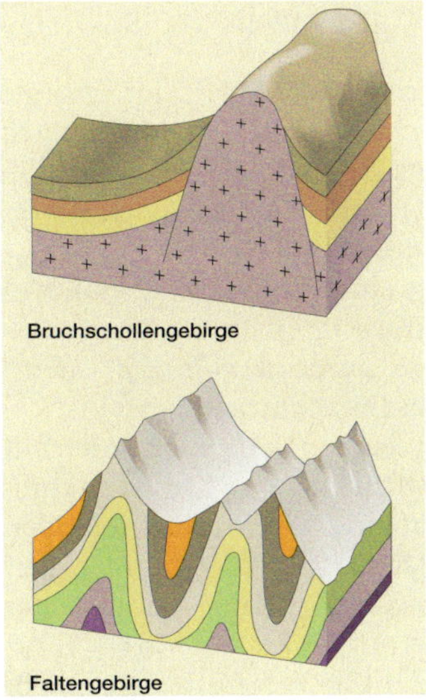

M3 Ein Blick in die Erdgeschichte

3. Bringe die Darstellungen A, B, C sowie D (auf dieser Seite rechts) in die richtige Reihenfolge und nenne die Zeitepoche.
4. Erläutere die erdgeschichtlichen Vorgänge.
5. Ordne die Abbildungen 1 sowie 2 in M3 einem Erdzeitalter zu und begründe deine Entscheidung.
6. Erkläre die folgenden Begriffe:

- Epizentrum
- Erdkruste
- Faltengebirge
- Glaziale Serie
- Grabenbruch
- Hurrikan
- Kaltzeit
- Kontinentaldrift
- Magma
- Plattentektonik
- Seebeben
- Tsunami

A

B

C

D

E

Register mit Begriffserklärungen

Agrargesellschaft (S. 116): Entwicklungszustand, der überwiegend von der Landwirtschaft geprägt ist, vor allem Produktion landwirtschaftlicher Erzeugnisse
Alpidische Gebirgsbildung (S. 149): Entstehung der heutigen Faltengebirge in der Erdneuzeit mit zwei Gürteln: West-Ost von Südeuropa nach Südostasien sowie Gürtel um den Pazifischen Ozean
Aquakultur (S. 11): Aufzucht und Zucht von Pflanzen und Tieren in Seebecken, Flussarmen, Fischfarmen
ASEAN (S. 91): Association of South East Nations (10 Mitglieder)

Biomasse (S. 68): Gesamtheit aller lebenden, toten und zersetzten Organismen
Bodenart (S. 74): Ton-, Schluff-, Lehm-, Sandboden, abhängig vom Verhältnis der verschiedenen Korngrößen im Boden
Bodenbildung (S. 74): Umwandlungs- und Verlagerungsvorgänge im Boden, führen zu Bodentypen
Bodenschätze (S. 12, 150): nutzbare Rohstoffe in oberflächennahen oder unterirdischen Lagerstätten
Brackwasser (S. 18): Wasser mit geringerem Salzgehalt als Meerwasser
Bruttonationaleinkommen, BNE (S. 128): auch „Bruttosozialprodukt" (BSP); von Bürgern eines Staates jährlich erbrachte volkswirtschaftliche Gesamtleistung, einschließlich der Einkommen von Inländern im Ausland, abzüglich der Einkommen von Ausländern im Inland

Chemiepark (S. 113): Ansammlung von Betrieben der chemischen Industrie; häufig Neugründungen

Dienstleistungsgesellschaft (S. 115): hoch entwickelte Gesellschaft mit überwiegendem Anteil der Erwerbstätigen im tertiären Sektor und nicht mehr in der Industrie; Ausübung von Tätigkeiten wie verkaufen, beraten, verwalten, transportieren, lehren
Druckwasserreaktor (S. 62): Kernreaktor mit Wasser als Kühlmittel

Energieträger (S. 56): Stoff, der Energie in sich speichert; Unterscheidung nach Primärenergieträgern (Kohle, Erdöl, Wasserkraft) und Sekundärenergieträgern (Strom, Benzin)
Entwicklungshilfe (S. 134): Maßnahmen zur Unterstützung eines Entwicklungslandes, heute durch den Begriff „Entwicklungszusammenarbeit" abgelöst
Entwicklungsland (S. 129): Land mit durchschnittlichem Pro-Kopf-Einkommen weit unter dem der Industrieländer, geringe Lebenserwartung, niedriger Ausbildungsstand, gering entwickelter Industriesektor
Erdbeben (S. 143): Erschütterungen der Erdoberfläche durch Vorgänge in der Erdkruste
Europäische Freihandelszone, EFTA (S. 90): Zusammenschluss von europäischen Staaten, die nicht der EU angehören; vier Mitglieder (Stand: 2008)
Europäische Union, EU (S. 88): freiwilliger wirtschaftlicher und politischer Zusammenschluss von Staaten in Europa; 1993 aus der Europäischen Gemeinschaft (EG) hervorgegangen; 27 Mitglieder (Stand: 2008)
EU-Binnenmarkt (S. 89): Wirtschaftsgebiet der EU ohne Kontrollen für Personen, Güter, Dienstleistungen und Kapital; nicht identisch mit der Eurozone (Länder, die den Euro eingeführt haben)

Fossile Energieträger (S. 58): alle aus der erdgeschichtlichen Vergangenheit stammenden Rohstoffe, die als Brennstoff dienen

Geothermie (S. 67): Erdwärme, Wärmeenergievorräte in der Erdkruste
Glaziale Serie (S. 152): Aufeinanderfolge von Oberflächenformen – Grundmoräne, Endmoräne, Sander, Urstromtal – die durch das Inlandeis und seine Schmelzwässer während der Eiszeit (Pleistozän) entstanden sind
Global City (S. 107): Metropole mit Hauptsitzen von global operierenden Einrichtungen, die weltweite Tätigkeiten steuern und kontrollieren

Global Player (S. 42, 131): international operierender Konzern (Weltkonzern) mit großer Wirtschaftskraft und Einflussmöglichkeiten auf politische Entscheidungen
Globalisierung (S. 32, 116, 131): Entstehen weltweiter Märkte für Waren, Kapital und Dienstleistungen auf der Grundlage von neuen Technologien im Kommunikations-, Informations- und Transportwesen; weltweite Wirtschaftsverflechtung der Länder
Grabenbruch (S. 141): lang gestreckter Einbruch in eine Gesteinsscholle der Erdkruste

Haupterwerbsbetrieb (S. 122): landwirtschaftlicher Betrieb, in dem der Inhaber seine Arbeitszeit mindestens zur Hälfte in seinem Betrieb einsetzt und mindestens die Hälfte des Einkommens (des Inhaberehepaares) aus dem Unternehmen stammt
Human Development Index, HDI (S. 128): Index der menschlichen Entwicklung; jährlich von den Vereinten Nationen auf einer Skala von 0 bis 1 veröffentlichte Werte für Einkommen, Lebenserwartung und Schulbildung; zeigt durchschnittlichen Leistungsstand eines Landes an
Hurrikan (S. 22, 145): Wirbelsturm, der über dem tropischen Bereich des Atlantiks entsteht und mit großer Geschwindigkeit nordwärts zieht
Hüttenwerk (S. 110): auch „Eisenhütte“ oder „Eisenwerk“; Anlage zur Erzeugung von Eisen und Stahl

Kaledonische Gebirgsbildung (S. 149): älteste große Gebirgsbildung, frühe Erdalterzeit, in Europa u. a. die Entstehung der Gebirge Schottlands, des westlichen Skandinaviens und auf Spitzbergen
Kaltzeit (S: 152): umfassenderer Begriff als „Eiszeit“; in Nordeuropa während des Pleistozäns Elster-, Saale-, Weichseleiszeit, in den Alpen Günz-, Mindel-, Riss- und Würmeiszeit
Kambrium (S. 147): erdgeschichtliche Phase des Erdaltertums; Beginn: vor 570 Millionen Jahren; mehr oder weniger zusammenhängende Landmassen im Bereich des Nord- und Südkontinents
Kernenergie (S. 62): auch „Atomenergie“; Wärmeenergie, die durch Umwandlung von Atomkernen gewonnen wird
Kernstadt (S. 120): zentrale Stadt in ihren Verwaltungsgrenzen; monozentrisch mit einem Kern, polyzentrisch mit mehreren Kernen wie die Städte im Rhein-Main-Gebiet
Konvergenz (S. 101): im wirtschaftlich-politischen Sinn allmähliche Angleichung der Wirtschafts-, Gesellschafts- und politischen Systeme
Kultur (S. 84): Bezeichnung für das gesamte Wissen, die Sprache, die Glaubensvorstellungen (Religionen), Lebensgewohnheiten (Bräuche, Sitten, Recht) und die technische Ausstattung eines Volkes bzw. einer Gruppe

Laufwasserkraftwerk (S. 66): Anlage an einem Fließgewässer zur Erzeugung von elektrischer Energie
Lufthülle (S. 52): Atmosphäre, Gasgemisch aus Stickstoff, Sauerstoff, verschiedenen Edelgasen, Kohlenstoffdixoxid und Wasserdampf; wird durch die Schwerkraft der Erde gehalten und nimmt an deren Rotation teil; Mächtigkeit mehrere Hundert Kilometer

Maastrichter Vertrag (S. 88): Vertrag über die Europäischen Union; 1992 in Maastricht (Niederlande) unterzeichnet; EU als übergeordnete Instanz für die Europäischen Gemeinschaften (EG); gemeinsame Außen und Sicherheitspolitik, Zusammenarbeit in den Bereichen Justiz und Inneres
Meeresverschmutzung (S. 17, 20): Verschmutzung durch verunreinigte Flüsse, Einbringen von flüssigen und festen Abfallstoffen, Schadstoffe aus der Luft; weiträumige Verteilung der Schadstoffe durch Meeresströmungen
Metropole (S. 98, 106): wirtschaftliches und kulturelles Zentrum eines Staates mit mehr als 2 Mio. Einwohnern, häufig Hauptstadt und politisches Zentrum
Mittelgebirge (S. 82): alte, abgetragene Gebirge, in Mitteleuropa (bis 1500 m hoch)
Muttergestein (S. 60): Gesteinsschicht, in der sich ein bestimmtes Mineral gebildet wird (z. B. Erdöl)

Nachhaltigkeit (S. 50, 73): Leitbild für zukunftsfähige, langfristige und für alle Menschen tragfähige Entwicklung mit gleichrangigen Zielen (Wirtschaftswachstum, intakte Umwelt, sozialer Zusammenhalt)
NAFTA (S. 91): 1994 gegründete Nordamerikanische Freihandelszone (USA; Kanada, Mexiko) mit dem Ziel, den Handel zwischen den Mitgliedsstaaten zu fördern
Natürliche Vegetation (S. 83): vom Menschen unbeeinflusster Lebensraum für Pflanzen; nur noch in wenigen Regionen erhalten

Off-Shore (S. 12): Flachmeerbereich bis maximal 200 m Tiefe vor der Festlandsküste, meistens bezogen auf Erdöl- und Erdgasvorkommen im Schelfbereich und in Binnengewässern

Peripherie (S. 98): gering entwickelte Gebiete in Randlage mit unzureichenden Angeboten an Arbeitsplätzen, Bildungs- und Ausbildungsmöglichkeiten
Perm (S. 147): letzte Phase des Erdaltertums, Beginn vor 285 Mio. Jahren; Ende der Variskischen Gebirgsbildung, Entstehung des Tethys-Meeres zwischen Laurasia (Nordkontinent) und Gondwana (Südkontinent), Salzablagerungen in Norddeutschland
Plattentektonik (S. 140): Lehre vom Aufbau der Erdkruste, die aus unregelmäßigen Teilstücken besteht und in das Magma des Erdmantels eintauchen
Pleistozän (S. 150): Eiszeitalter, Beginn vor 2,5 Mio. Jahren; wegen starker Klimaschwankungen Wechsel von Kalt- und Warmzeiten
Präkambrium (S. 147): erdgeschichtliche Phase aus der Erdfrühzeit; Beginn vor 4000 Mio. Jahren, Entwicklung der festen Erdkruste mit Wasserkreislauf
Primärenergie (S. 56): Energie, die in natürlichen Energieträgern (Steinkohle, Braunkohle, Erdöl, Sonne, Wasser, Wind) gespeichert ist
Privatisierung (S. 112): Überführung staatlicher Unternehmen in Privatbesitz; auch Rückgabe von zwangsenteignetem Besitz

Quartär (S. 147): jüngste Epoche der Erdgeschichte; Beginn vor 1,5 Mio. Jahren; Unterteilung in Pleistozän (Eiszeitalter) und Holozän (Beginn vor 10 000 Jahren bis heute); heutige Verteilung von Kontinenten und Ozeanen

Rohstoff (S. 70, 132): Ausgangsmaterial mineralischer, tierischer und pflanzlicher Art für industrielle Produktion
Römische Verträge (S. 88): in Rom 1957 von Belgien, Deutschland, Frankreich, Italien, Luxemburg und den Niederlanden unterzeichnetes Vertragswerk zur europäischen Einigung; Gründung der Europäischen Wirtschaftsgemeinschaft (EWG), aus der sich später die Europäische Union entwickelte

Schalenbau der Erde (S. 138): Sammelbegriff für den inneren Aufbau der sich aus mehreren Schalen zusammensetzenden Erde
Sozialistische Marktwirtschaft (S. 38): von China verwendeter Begriff für Wirtschaftssystem chinesischer Prägung; Kombination von marktwirtschaftlichem System und Fünf-Jahresplänen der Kommunistischen Partei Chinas
Speicherkraftwerk (S. 66): Anlage, bei der in der Regel nachts Wasser in einen hochgelegenen Speicher gepumpt wird und bei Bedarf über Turbinen zur Stromerzeugung zurückfließt
Standortfaktoren (S. 95, 98): Einflussgrößen bei der Standortentscheidung von Unternehmen; harte Standortfaktoren: Arbeits- und Grundstückskosten, Steuern, Abgaben, Umweltauflagen, Nähe zu Absatzmärkten; weiche Standortfaktoren: Wohn- und Freizeitwert, Sicherheit, Image
Strukturwandel (S. 109, 122): Veränderung der Wirtschaftsstruktur eines Landes oder einer Region durch neue Produkte, internationalen Wettbewerb, neue Produktionstechniken

Taifun (S. 145): tropischer Wirbelsturm in Ost- und Südostasien
Terms of Trade (S. 132): Preisverhältnis zwischen Ein- und Ausfuhrgütern, das angibt, wie viele Einheiten an Einfuhr-

gütern man für eine Einheit an Ausfuhrgütern erhält
Tethys-Meer (S. 148): Urozean im erdgeschichtlichen Mittelalter zwischen Nordkontinent Laurasia und Südkontinent Gondwana
Tiefseegraben (S. 12): lang gestreckte, rinnenförmige und sehr tiefe Einsenkung des Meeresbodens
Tigerstaaten (S. 40): Bezeichnung für wirtschaftlich aufstrebende ehemalige Entwicklungsländer in Ost- und Südostasien; teilweise übertragen auf Transformationsstaaten in Osteuropa
Topographische Lage (S. 82): kleinräumige Lage einer Örtlichkeit (Ortslage), z. B. am Hang, im Tal
Treibhauseffekt (S. 53): Erwärmungseffekt der Atmosphäre, verursacht durch den Einfluss von Kohlenstoffdioxid, Wasserdampf und weiteren Gasen; Veränderung des Wärmehaushaltes der Erde durch Treibhausgase, die einen Teil der Sonnenstrahlung durch die Lufthülle durchlassen und reflektierte Wärmestrahlung zurückhalten
Tsunami (S. 144): Flut an der Küste, verursacht durch untermeerisches Erdbeben (Seebeben) oder Vulkanausbruch

Variskische Gebirgsbildung (S. 149): in erdgeschichtlicher Epoche des Karbon (Beginn vor 350 Mio. Jahren); im Erdmittelalter erfolgte Gebirgsbildung im mittleren Europa, danach Abtragung und Einebnung sowie neue Hebung während der alpidischen Gebirgsbildung; Herausbildung des Rheinischen Schiefergebirges, des Harzes und anderer Mittelgebirge
Verkehrsmittel (S. 97): technische Einrichtungen (Fahrzeuge, Pipelines, Leitungen, Geräte) zur Beförderung von Personen, Gütern und Nachrichten, bilden zusammen mit Verkehrswegen Grundlage der Raumerschließung
Volkswirtschaftliche Gesamtrechnung (S. 129): Erfassung der Güter- und Einkommensströme in der Wirtschaft eines Landes; ermöglicht Überblick über gesamtwirtschaftliches Geschehen
Vulkan (S. 142): Stelle an der Erdoberfläche, meist kegelförmiger Berg mit einem Krater, der unregelmäßig Gas, Lava, Gesteinsbrocken und Asche ausstößt

Waldschäden (S. 72): Schäden an Bäumen und dem Boden durch Luftverunreinigung infolge der Industrialisierung
Warenbörse (S. 133): Ort, an dem Rohstoffe, landwirtschaftliche Erzeugnisse und Nahrungsmittel gehandelt werden
Wasserkreislauf (S. 54): Zusammenhang von Verdunstung des Wassers, Kondensation des Wasserdampfes in der Lufthülle bei Abkühlung und Wolkenbildung, des Niederschlags und des Abflusses an der Erdoberfläche oder als Grundwasser
Welthandelsorganisation, WTO (S. 92): Unterorganisation der Vereinten Nationen; 1994 gegründet – mit dem Ziel, die internationalen Handelsbeziehungen auf der Grundlage des Freihandels zu organisieren und Streitigkeiten zwischen Handelspartnern zu schlichten
Weltmarkt (S. 130): Begriff für weltweite Handelsbeziehungen und Globalisierung der Wirtschaft
Wetter (S. 24): augenblicklicher Zustand des Zusammenwirkens der messbaren Wetterelemente (Temperatur, Luftfeuchtigkeit, Bewölkung, Niederschlag, Luftdruck, Wind) in der Wetterschicht (Troposphäre), Wetterablauf über mehrere Tage oder Wochen wird als Witterung bezeichnet
Wirbelsturm, tropischer (S. 145): sich drehender und wandernder Luftwirbel mit extrem tiefem Luftdruck (Unterdruck); im Auge; orkanartige Windgeschwindigkeiten, Starkregen
Wirtschaftssektoren (S. 95): grobe Untergliederung einer Volkswirtschaft in primären Sektor (Landwirtschaft, Forstwirtschaft, Fischerei), sekundären Sektor (Bergbau, Industrie, Handwerk, Baugewerbe), tertiären Sektor (Dienstleistungen wie Handel, Transport, Verwaltung, Gesundheits-, Bildungswesen, Bankwesen, Touristik)

Zentrum (S. 98): wirtschaftlich starkes Gebiet mit hoher Bevölkerungsdichte, guter Infrastruktur, Angebot an vielen Arbeitsplätzen, Bildungs- und Ausbildungsmöglichkeiten

Bildquellen

Umschlag: Avenue Images GmbH, Hamburg
S. 003 (1): Cornelsen Verlag, Berlin
S. 003 (2): Cornelsen Verlag, Berlin
S. 003 (3): NASA
S. 003 (4): picture-alliance/dpa-Fotoreport R. Haid
S. 003 (5): Cornelsen Verlag, Berlin
S. 003 (6): P. Fischer, Oelixdorf
S. 003 (7): Corbis (N. Rabinowitz), Düsseldorf
S. 004/005: Cornelsen Verlag, Berlin
S. 008: Cornelsen Verlag, Berlin
S. 013: Cornelsen Verlag, Berlin
S. 014: Cornelsen Verlag, Berlin
S. 016 M1: dpa/ANSA-Foto
S. 016 M2: Das Fotoarchiv (Manson), Essen
S. 021: H. Schomann, Kiel
S. 022 M1: DFVLR, Oberpfaffenhofen
S. 022 M2: ZEFA (Black Star)
S. 027 l. o.: dpa/ANSA-Foto
S. 027 r. o., u.: Cornelsen Verlag, Berlin
S. 028/029: Cornelsen Verlag, Berlin
S. 034: Cornelsen Verlag, Berlin
S. 035 M5: Cornelsen Verlag, Berlin
S. 035 M6: Bavaria, Hamburg
S. 038: Volkswagen Group China, Beijing
S. 040 M 1: Mauritius, Berlin
S. 040 M2: E. Dege, Kiel
S. 041 M6: Republic of China, Government Information Office (Ming-Yuan Yeh)
S. 042 M1: Corbis (Larry Lee Photography)
S. 044: E. Kulke, Berlin
S. 045: Cornelsen Verlag, Berlin
S. 046: Cornelsen Verlag, Berlin
S. 047 M1: Corbis (Larry Lee Photography)
S. 047 M2: E. Kulke, Berlin
S. 047 M3: Mauritius, Berlin
S. 047 M4: Cornelsen Verlag, Berlin
S. 048/049: NASA
S. 048 (1): picture-alliance/dpa-Fotoreport/epa efe Navy
S. 048 (2): picture-alliance/dpa-Landov Laforet
S. 048 (3): picture-alliance/dpa/epa APA Neumayr
S. 048 (4): picture-alliance/ZB - Fotoreport/ P. Förster
S. 050: Cornelsen Verlag, Berlin
S. 053: A. Soest, Berlin
S. 055 M4 l.: G. Wolschin, Heidelberg
S. 055 M4 M.: K. Taubert, Springe
S. 055 M4 r.: picture-alliance/dpa-Fotoreport/ W. Langenstrassen
S. 062: picture-alliance/dpa I. Wagner
S. 063: dpa
S. 064: Das Luftbildarchiv, Kasseburg
S. 069: Cornelsen Verlag, Berlin
S. 070: H. Hooge, Herzberg-Pöhlde
S. 071: Blickwinkel (Fotohannes), Witten
S. 072: Cornelsen Verlag, Berlin
S. 073: G. Gerster, Zumikon (Schweiz)
S. 074: Y. Arend, Berlin
S. 078/079: picture-alliance/dpa-Fotoreport R. Haid
S. 078 (1–4): Cornelsen Verlag, Berlin
S. 082 M1 (1–3): Cornelsen Verlag, Berlin
S. 082 M1 (4): picture-alliance/dpa/epa ANSA De Renzis
S. 082 M1 (5): akg-images
S. 085: DLR (Öffentlichkeitsarbeit), Köln
S. 088: Haus der Geschichte, Bonn
S. 091: Cornelsen Verlag, Berlin
S. 092 M2: Grundig AG, Nürnberg
S. 092 M1: akg-images
S. 102/103: Cornelsen Verlag, Berlin
S. 102 (1): akg-images
S. 102 (2): Mauritius (Photononstop)
S. 102 (3): R. Koch, Dortmund
S. 105 M3: Y. Arend, Berlin
S. 105 M4: dpa, Berlin
S. 106: Geo-Media-Archiv Bronny, Senden
S. 107 (1-2): Geo-Media-Archiv Bronny, Senden
S. 107 (3+5): J. Schumacher, Bochum
S. 107 (4): B. Barajas, Dortmund
S. 107 (6): duisport, Duisburg
S. 107 (7): P. Liedtke, Herne
S. 108: Regionalverband Ruhrgebiet (RVR), Essen
S. 109: Foto wie S. 108; Grafik: Stadt Dortmund/Architekturbüro Stegepartner
S. 112 M1: Corbis, Düsseldorf
S. 112 M2: Cornelsen Verlag, Berlin
S. 113 M4: ullstein bild - Momentphoto
S. 113 M5: Thyssen Krupp Stahl, Duisburg
S. 124/125: Fischer, Oelixdorf
S. 127: ERL/CCC,www.c5.net
S. 129: Associated Press (AP), Frankfurt/M.
S. 132: Politikens PRE
S. 133: G. Saupe, Potsdam
S. 135 M5: Hanel/CCC, www.c5.net
S. 136/137: Corbis (N. Rabinowitz), Düsseldorf
S. 136 (1): H. Reißmüller, Kempten
S. 136 (2): dpa, Frankfurt/M.
S. 136 (3): dpa (rekos)
S. 136 (4): Superbild/Superstock [Tornado]
S. 139: Cornelsen Verlag, Berlin
S. 142: Cornelsen Verlag, Berlin
S. 143: dpa
S. 148: Mauritius (Mallaun)
S. 155: V. Janicke, München

Strukturdaten ausgewählter Staaten der Erde)

	Fläche (in 1000 km^2)	Bevölkerung[1] (in Mio., Mitte 2006)	Welthandel 2005[7] (in Mio. US-$)		Erwerbstätigkeit nach Wirtschaftssektoren 2003[3] (in %)			Kohlenstoffdioxidemissionen pro Kopf[3] (in t, 2003)
			Importe	Exporte	Landwirtschaft	Industrie	Dienstleistungen	
Afrika								
Ägypten	1 002	75,4	19 819	10 654	27,0	21,0	52,0	1,8
Algerien	2 382	33,5	20 357	46 001	20,7	26,0	53,3	2,4
Côte d'Ivoire	322	19,7	5 350	7 610	68,0[8]	–	–	0,3
Ghana	239	22,6	5 005	2 490	55,0	14,0	31,0	0,3
Kongo, Dem. Rep.	2 345	62,7	2 175	2 050	62,0	–	–	0,0
Libyen	1 775	5,9	7 000	30 110	17,0[8]	24,0[8]	59,0[8]	7,8
Nigeria	924	134,5	17 265	42 277	70,0[8]	10,0[8]	20,0[8]	0,4
Senegal	197	11,9	3 190	1 641	73,0	–	–	0,4
Südafrika	1219	47,3	62 304	51 876	10,3	24,5	65,2	6,9
Sudan	2506	41,2	6 757	4 824	80,0[8]	7,0[8]	13,0[8]	0,3
Amerika								
Argentinien	2 780	39,0	28 692	40 044	1,3	19,9	78,8	3,4
Brasilien	8 547	186,8	77 585	118 308	20,7	20,9	58,4	1,7
Kanada	9 985	32,6	319 686	359 399	2,6	22,3	75,0	17,5
Mexiko	1 958	108,3	231 670	213 711	16,4	24,8	58,8	3,6
USA	9 631	299,1	1 73248	904 383	1,6	20,8	77,6	19,7
Australien/Ozeanien								
Australien	7 692	20,6	125 280	105 825	3,8	21,2	75,0	17,4
Papua-Neuguinea	462	6,0	1 729	3 192	72,0	4,0	24,0	0,4
Asien								
Bangladesch	148	146,6	13 839	9 294	62,0	10,0	24,0	0,2
China, VR.	9 597	111,4	660 003	761 954	6,6	35,2	58,2	2,9
Indien	3 287	121,8	134 831	95 096	59,0[8]	12,0[8]	29,0[8]	1,0
Indonesien	1 923	225,5	69 498	86 226	43,3	13,2	43,5	1,5
Japan	378	127,8	514 922	594 905	4,5	28,4	67,0	9,4
Malaysia	330	26,9	114 602	140 949	14,8	30,1	55,1	5,0
Pakistan	796	185,8	25 331	15 917	42,0	21,0	37,0	0,7
Russland	17 075	142,3	125 303	243 569	10,0	31,0	59,0	10,7
Thailand	513	65,2	118 191	110 110	42,3	20,5	37,2	3,0
Türkei	779	73,7	116 553	73 414	34,0	23,0	43,0	2,9
Europa								
Belgien	31	10,5	318 658	334 298	2,1	24,4	73,5	11,6
Deutschland	357	82,4	773 804	969 858	2,3	29,9	67,8	10,4
Estland	43	1,3	10 033	7 667	6,2	32,5	61,3	12,0
Frankreich	544	61,2	497 853	460 157	3,8	24,2	71,9	6,3
Griechenland	132	11,1	53 965	17 044	12,4	22,4	65,1	8,6
Großbr. u. Nordirland	244	60,5	510 237	382 761	1,4	22,1	76,5	9,1
Irland	70	4,2	68 007	109 853	5,9	27,8	66,3	10,3
Italien	301	59,0	379 772	367 200	4,1	30,7	65,3	7,8
Niederlande	34	16,4	359 055	402 407	3,3	20,6	76,1	11,4
Norwegen	385	4,7	55 495	103 780	3,3	20,7	76,0	7,8
Polen	313	38,1	100 951	89 288	17,1	29,7	53,2	7,7

[1] Deutsche Stiftung Weltbevölkerung (Hrsg.): Weltbevölkerungsbericht 2006, Hannover 2006, [2] Weltbank (Hrsg.): Weltentwicklungsbericht 2006, Frankfurt 2006, [3] Statistisches Bundesamt: Statistisches Jahrbuch 2006 für das Ausland, Wiesbaden 2006, [4] Statistisches Bundesamt: www.destatis.de, 2007, [7] World Trade Organization: International Trade Statistics 2006, Lausanne 2006, [8] CIA: The World Factbook 2007, Washington DC 2007

Erde – Politische Gliederung